麥 田 人 文

王德威／主編

麥田出版

Edited by David D. W. Wang,
Professor of Chinese Literature, Harvard University.
Published by Rye Field Publications, a division of Cité Publishing Ltd.
11F., No. 213, Sec. 2, Xinyi Rd., Zhongzheng District, Taipei City 100, Taiwan.

麥田人文 2

知識的考掘

L'ARCHÉOLOGIE DU SAVOIR

◎作者………………米歇・傅柯（Michel Foucault）
◎譯者………………王德威（David D. W. Wang）
◎校修………………張國慶
◎主編………………王德威（David D. W. Wang）
◎總經理……………陳逸瑛
◎編輯總監…………劉麗真
◎發行人……………凃玉雲
◎出版………………麥田出版
城邦文化事業股份有限公司
104台北市民生東路二段141號5樓
電話：(886)2-25007696　傳真：(886)2-25001966
◎發行………………英屬蓋曼群島商家庭傳媒股份有限公司城邦分公司
104台北市中山區民生東路二段141號2樓
客服服務專線：(886)2-25007718；25007719
24小時傳真專線：(886)2-25001990；25001991
服務時間：週一至週五上午09:00~12:00；下午13:00~17:00
劃撥帳號：19863813　戶名：書虫股份有限公司
讀者服務信箱：service@readingclub.com.tw
◎城邦讀書花園……http://www.cite.com.tw
◎麥田部落格………http://blog.pixnet.net/ryefield
◎香港發行所………城邦（香港）出版集團有限公司
香港灣仔駱克道193號東超商業中心1樓
電話：（852）25086231　傳真：（852）25789337
E-mail：hkcite@biznetvigator.com
◎馬新發行所………城邦（馬新）出版集團Cité(M) Sdn. Bhd.(458372U)
11, Jalan 30D/146, Desa Tasik, Sungai Besi,
57000 Kuala Lumpur, Malaysia
電話：（60）3-9056-3833　傳真：（60）3-9056-2833
◎印刷………………宏玖國際有限公司
◎初版一刷…………1993年 7月31日
◎初版11刷…………2011年 4月12日

售價 / NT$350
ISBN-10：957-708-119-3
ISBN-13：978-957-708-119-3
Printed in Taiwan

知識的考掘

L'archéologie du savoir

米歇・傅柯／著
王德威／譯

譯序

王德威

米歇・傅柯（Michel Foucault，一九二六～一九八四）是當代歐美學界最受矚目的文化、思想史學者之一。從早期的《文明與瘋狂》到晚期的《性意識史》，傅柯拆解西方文藝復興以降的理性信念，質疑歷史的法統秩序，探勘知識、權力、話語、身體間的互動網絡，所述所作，在在引起熱烈爭論。而他對西方現代文明裡「人」之觀念的興起與瓦解，「人文知識」學科的建構與播散，尤有尖銳的見解。

《知識的考掘》（一九六九）是傅柯中期的重要著作，在他整個研究體系中，也具有承先啓後的意義。「考掘學」的建立，是全書議論的焦點。在傅柯的定義裡，「考掘學」（archaelogy）應與傳統的「歷史、史料學」（history; historiography）相對立。一反以往史家依賴時間座標所敷衍的延續性、敍述性史觀，「考掘學」從空間座標出發，強調歷史的斷層性及物質性——就像考古學的遺址遺物一樣，層層積累、錯綜零碎，有待我們不斷的挖掘拼湊。藉此傅柯申明每個時期的「精神」、「文明」、「意義」的流變不是自發連續的，而總是有一橫向的、矛盾的、擴散的特徵。「考掘學」的用意，即在描述這些特徵，從而再思「人爲」知識和歷史的有限性與無常性。

傅柯這樣的論式，一方面爲彼時沈滯的文化、思想史界打通一條出路，一方面卻也難逃自身預設的局限：「考掘學」畢竟也得成爲被考掘的對象。我們要問，傅柯亟亟將時間空間化、斷層化的努力，「歷史」動機何在？「考掘學」與傳統史學果能一刀兩斷？或者僅是辯證關係中的共謀？「考掘學」究竟是一種預言？一種方法？一種理論？還是一種遊戲？折衝於結構與解構、現代與後現代、人文與反人文的思潮中，「考掘學」所顯現的矛盾與警醒、洞見與不見，正是世紀末西方知識論中的一景。

本書的翻譯，早於一九八三年即已完成。延至十年後出版，難免不使人有「出土文物」之感。但從「考掘學」的定義來看，本書倒成了現成的「文獻」，透露八〇年代知識界律動之一端。在這十年間，傅柯的理論已漸被典範化（或店販化？），成爲東西學界嘮嘮不休的家常話題；「考掘學」中的優點及漏洞，亦屢經傅柯本人及其從者所指出。而在傅柯遽逝後，他言行不一的公私生活也逐漸被發掘而公諸於世。這十年裡的台灣，政治及知識界由戒嚴到解嚴，國家及法統不斷承受劇烈激盪。在台灣的中國人將何去何從，正面臨方興未艾的考驗。

然而就著傅柯式的觀點，我們要問：我們眞是在重寫歷史麼？或僅是上演一個似非而是的老舊歷史版本？眼下的眾聲喧嘩眞是百家爭鳴的好景，還是老套霸權聲音的回音？透過中文話語的迻譯，傅柯的理論是遲到的知識法寶，還是被本土菁英分子「拿來」物盡其用的西學消費品？在不同的歷史現場，「考掘學」促使我們挖掘歷史「文獻」、「文物」不同的層面，提出不同的問題。

傅柯的文字素以晦澀迂迴爲能事。這是他研究問題的方式，也是他的「演出」姿態。翻譯《知識的考掘》本身就是一場知識與語言的鬥爭。對初次接觸傅柯的讀者，書首的兩篇導論，或可稍有提綱挈領之效。本書的校修承蒙台大外文系張國慶教授鼎力協助，特此致謝。我與張年齡相若，卻有幸在台大任教時，與他結下師生緣，深深敬重他排除萬難，勤奮求學的決心。十年後，他學成歸國，並慨然答應與我合作完成此書，實在是值得一記的快事。同時，我也要感謝鄭立俐小姐的細心編輯，及麥田出版公司的支持。

目錄

《導讀1》

淺論傅柯

王德威

一九六〇年代末期及七〇年代初期在歐美風行一時的結構主義（structuralism）到了七〇年代末期已漸爲「後結構主義」（post-structuralism）及「解構主義」（deconstructionism）等思潮所取代。時爲人所提及的大家有晚期的巴特（Roland Barthes）、耶魯的「四人幫」（Geoffery Hartman; Harold Bloom; Paul DeMan; J. Hillis Miller）、德希達（Jacques Derrida）以及傅柯（Michel Foucault）等人。他們立論的出發點雖各有不同，但在探討語言於人類思維及歷史中舉足輕重的角色時，卻有相互呼應之妙。這些批評家中尤以德希達的影響最大；他對「書寫」語言價值的質疑，乃至對於西方形上學傳統的重新評估，在在都引起了廣泛的討論。相形之下，我們對傅柯的注意，未免稍見遜色。事實上，傅柯的論述對後結構主義以還的風潮，極具啓發意義，而他所致力於的「歷史」、「人」，與「人類學科」諸觀念之再定義，更是發人深省。這篇文章將以傅柯數部主要著作爲出發點，對他的貢獻作扼要的介紹。

一、文明與瘋狂

傅柯（一九二六～一九八四）在結構以及解構潮流以還的芸芸眾家中算得上是中堅分子。他的學術背景亦是獨樹一幟，曾先後獲得哲學、心理學，以及精神病理學的學位。這樣的學術訓練，無疑擴展了他的知識領域，使他在探尋語言、文化，及歷史的相互關係時，頗收觸類旁通之效。傅柯的第三部作品也是他的成名作《文明與瘋狂》（*Histoire de la Folie*，英譯名爲 *Madness and Civilization*），即是根據他對「精神失常」病例史的研究而寫成。傅柯的思想發展過程約可分爲三個階段：早期他憑藉著所熟悉的醫學經驗，致力於理論架構的建立。中期以後，則對語言、知識、歷史三個範圍，作深入探討。而晚年，他的興趣更轉注於尼采式「權力」在我們社會文化各層面運作的過程。然而這三個階段是脈絡相連、互有淵源可尋的。

傅柯與德希達的相似處，厥在他們否定人類知識文明中，對事物本源或本體的天真看法。

他們的入手處都是語言的研究。由於語言是傳達知識訊息，乃至於構造整個社會文明的基本媒介，我們對語言描述事物的功能自應持極端嚴肅的態度。語言作爲人類傳遞訊息的主要符號，如果不能完整有效的表達其所指涉的事物時，那麼它所傳送的訊息之眞實性與準確性就有待我們推敲了。德希達的一個重要觀念「歧異」即是利用法文「différance」的多義性來說明此項問題：當語言用於指證一項特定事物時，一方面它似乎將其與別的事物之定義作了區別（differ），但另一方面它所標明的意義卻是語言本身層層牽延的結果（defer）。所以我們永遠是在語言的重重衍生意義中打轉，無法透達事物的本相；而我們通常信以爲「眞」的一些事物定義，實際上都是經過語言扭曲後的幻象。由是觀之，我們對知識本源（origin）或本體（ontology）的探求，都成了水中撈月、渺不可及的奢望了。然而，人類追求「眞理」、「眞實」、「起源」的企圖卻未嘗稍息，也因此語言媒介的功能也就更形複雜。如上所述，語言一方面牽延我們對事物核心的接觸（decentering）；但另一方面卻在傳達知識的過程中，製造了無數權宜的、將就的「核心」，以暫時滿足人類求眞求全的企圖。德希達最膾炙人口的理論就是他指出西方綿延了兩千年的形上學傳統事實上完全根植於語言的推衍，形成一種以語言爲基設的知識系統（logocentrism）。

傅柯大體上呼應了德希達輩對語言功能的質疑，諸如語言牽延本物核心意義的表達，以及連帶的反本體論觀等。他尤其反對把語言當作一個清明透徹的媒體，能將事物本相一成不變反映出來（representation as straightforward mimesis）這類皮相的理論。他認爲語言和世界上其他事物一樣的晦暗難明，如果我們以爲只要藉著語言的表達就可求得事物的眞理，那無異是緣木求魚之舉。語言雖然是傳達外在消息的媒介，但它本身也是萬事萬物的一環，不應被另眼看待成一種神聖不可侵犯的東西。但有趣的是，人類自中世紀以來即沉迷於語言的透明表徵能力，不斷企圖藉著語言的排比，尋求事物間的秩序。尤其甚者，傅柯宣稱人類的歷史觀、知識觀，乃至於「人」本身的定義，都與語言被用爲表象的工具息息相關。隨著各個時代社會裡語言象徵意義的遞變，人類對歷史文化的詮釋也因之而異。

在我們進一步研析傅柯的語言觀之前，我們不妨對他的鉅著《文明與瘋狂》稍加回顧，因爲該書不但在方法學上照映了傅柯後來的方向，在理念上也有其開宗明義的地位。

在《文明與瘋狂》一書中，傅柯仔細的追踪「瘋狂」一詞之定義從十六世紀以來到二十世紀的演變。他基本上區分了四個主要時期，即中古時代末期、理性主義時期（傅柯稱之爲「古典主義」時期）、十九世紀，以及二十世紀。他發現每一時期對「瘋狂」的定義都取決於社會型態、文化模式，甚至經濟結構的變動，而人們對瘋人的處置亦因之而異。但傅柯最引人深思的論點是：瘋人或非理性者的存在，是促進社會穩定的必要條件。我們對自身所創造「理性文明」的肯定，端賴於排除那些「非理性」的人或事於社會之外，使其有別於我們。傅柯並認爲，我們對某一時代「理性」定義的探討，往往須經由被排斥爲「非理性」的一面著手。

傅柯指出，在中古時代末期，「瘋狂」一詞頗有曖昧之處。瘋人雖有別於常人，但卻不被鄙視。相反的，瘋子被目爲是上邀天眷的一個特殊階級，與人生以外的世界有神秘的接觸。他們以孩童式的純眞，能見人之所不能見，言人之所不能言。所謂的愚人事實上擁有常人所無的智慧；我們常說的「聰明的傻子」(wise fool)，即其一端。但在十六世紀末期，此一觀念產生了劇變。自理性主義萌芽以來，人們不再視瘋子爲一特殊的、受到祝福的一群人。他們乖違常態的行爲現在被看作是一種病態，所以應該與普通人隔離，以免危害社會秩序。這種觀念的具體表現是一六五六年巴黎綜合「醫院」的建立。在那裡瘋人被集中監禁，過著牛馬不如的生活。理性主義時代的人洋洋自得於進退有節的文明生活，但他們對瘋人的鄙視嘲弄，卻毋寧是對理性的一種極大諷刺。更引人注意的是，瘋人和罪犯及窮人都是被監禁在一起的。這顯示了當時的人對違反社會規範者的處理是抱著一視同仁的態度；只要對「理性」的社會秩序有害者，一律皆被摒除於社會之外。

十九世紀時，瘋人的定義又經歷了一次改變。病理學家如皮奈爾（Pinel）及杜克（Tuke）認爲瘋人只是常人中因發育遲滯或意外產生的生理病態而已；他們雖與常人不同，但也不該被視爲異類，受到監禁嘲笑等虐待。一反十八世紀的隔離政策，這些十九世紀的病理學家主張對病人加以特別治療。然而更重要的是，瘋人在此時已不再和窮人及罪犯雜處一室了。傅柯指出這一點所含的社會意義實大於醫學意義。十九世紀正是產業革命方興未艾的時分，社會對廉價勞工的需求陡然大增。所以窮人得以脫離監禁狀態並不意味著人道主義的勃興，而僅是因應實際的社會工商需要。在工廠中做工的窮人其景況之悲慘，較前之監禁生活猶有過之而無不及。另一方面，獄政制度的確立亦反映了新興中產階級因恐懼窩藏在罪犯中的革命分子，而採的必要措施。因此，瘋人於此時被另眼看待，未必完全是醫學「進步」的成就，而主要是社會政經文化結構變動下的結果。

到了二十世紀，佛洛依德等人所創的心理分析學又爲理性與瘋狂的區分，另出新裁。這些精神分析學家們相信理性與瘋狂的界限實在模糊難分，因爲即使常人如你我者也都有致使瘋狂的潛因。與其稱某人爲瘋子，遠不如稱其爲精神失常來得恰當。而佛氏所倡導的「傾聽分析」法其意義更非比尋常；因我們終於給病人「正式說話」的機會來探究其病因，並藉以推斷潛伏於每一個人心靈中可能致病的癥結。與十七、八世紀隔離瘋人任其自生自滅的態度相比，本世紀的心理治療不啻有天壤之別。

傅柯對瘋人所以仔細研究，其著眼點自然不僅限於調查「瘋狂」之定義與社會變動的關係。《文明與瘋狂》一書事實上揭櫫了許多饒有深義的觀念，成爲後來傅柯立論的起點，其中犖犖大者，可分述如后。

第一、從「瘋狂」定義的轉變，我們得知每一個社會或文化都有駕馭其成員思維、行動，和組織的規範或條例。傅柯在此沿用了語言學裡的詞彙，稱這些規範或條例所鑄成無形或有形的結構爲**話語**（discourse），以取其表明傳達訊息之義。一個社會中的各個層面（政、經、文、教、醫、商等）都有他們特定的話語存在，而這些話語組合起來，就成爲一個縝密的網絡，使該社會的所有活動皆受其定義和限制。以「瘋狂」的定義爲例，前述中古末期對該詞所作的話語顯與新古典主義期大不相同，而與促成「瘋狂」話語有關的醫學、法律、經濟話語亦因之而異。但在同一時期（或社會）裡的各個話語並非雜亂無章、各自爲政的。相反的，這些話語都受制於該時代對外在世界的一特定認知模式，此一認知模式所衍生成的知識範圍，被傅柯稱爲「知識領域」（epistémé）。由於語言是傳達知識的主要媒介，我們對操縱某一「知識領域」的那個認知模式的探討，可以從研究話語在該領域內作用的過程著手。可想而知的，傅柯把中古末期以來的歷史，分劃爲四大「知識領域」，即中古末期、(新)古典主義、十九世紀，和二十世紀。而定義瘋狂之話語，自然與其所屬的「知識領域」有絕大的關係。

第二、話語的功能不僅在建立發出話語者（立法當局、社會輿論、禮教傳統等）與其聽眾（社會成員）的密切關係，且在其訊息傳遞的過程中，暗含了權力的施加和承受的意義。以瘋狂與理性的區別爲例，每一時代自居爲理性階級者對瘋人都有獨特的看法和處置。不論寬嚴，這些看法和處置都隱含了理性者對瘋人施加壓力，俾能將他們排除於理性藩籬之外的企圖。這種權力的運作是話語進行之一大特色，後文當再申論之。

第三、每一個時期的「知識領域」都是各自獨立、互不相屬的。傳統歷史學主張在各個時代社會間找出一個起承轉合的連續性，但對傅柯而言，這樣的企圖實爲自欺欺人之舉。我們縱觀中世紀末以來各「瘋狂」話語，可知其間並沒有邏輯發展上的必然性。新古典時期對瘋狂的觀念與十九世紀不同者，不在於任何新的發現或醫學「進步」，而在其所屬的知識領域各有全然不同的思維認知模式。所以傅柯對瘋狂的「歷史」研究實在是反傳統歷史觀的。

第四、所謂「理性」一詞之產生，並不代表我們的知識領域中眞有一不可變易的「眞理」存在。理性只有在與瘋狂相對立時才能顯出其意義；只有我們在排除瘋狂者於社會之外，才能界定社會內之理性的眞確性與權威性。耐人尋味的是，「瘋狂」的話語之產生，非是由瘋人們自己決定的，而是由自命爲理性者所操縱。換句話說，瘋狂的最終定義是深植於那些制定一「瘋狂」話語的理性者心中。儘管表面上瘋人被摒除社會外，但有關「瘋狂」的話語卻源自於「理性」社會的核心意識中。由是觀之，瘋狂與理性間的關係從來就是混淆不清，但又相輔相成的。傅柯最驚人的結論是，沒有瘋狂的話語，我們永遠無法廓清理性的範疇。

傅柯對瘋狂與理性的詮釋，未嘗不可看作他研究語言與知識之關係的一個先聲。我們欲探尋某種知識並將其表達出來時，有賴於語言作爲媒介。在此一過程中，我們有意忽略語言本身爲一實存的事物，而將它當作一透明的工具來描述其他事物的意義。從某一方面說，我們壓榨語言的本身地位，使其爲我們所用；但實際上我們都在不知不覺中爲語言所左右，因爲我們用來表達各種知識的話語，其本身就是一種語言的排比，一種有關語言的話語實踐。就像瘋狂是被排於理性範疇之外但其話語又深植於理性的意識中一樣，語言一方面爲人類壓縮成一「透明」的媒介，自身成爲「無聲」的話語，但是另一方面卻是一切知識話語之本，統御了一切人類思想行動系統。

二、事物的秩序?語言的秩序!

傅柯討論話語與社會文化及知識領域間最詳細的一本書首推《事物的類別》（*Les Mots et Les choses*, 1966，英譯爲 *The Order of Things*）。在該書中傅柯指出近代知識的起源是文藝復興時代，而這與人類重新認識語言的功能有著密不可分的關係。這裡所謂的知識，是指我們觀察世界萬物時，欲自其中歸納出一些條理秩序的企圖。此一規劃事物的秩序，求取眞知的努力又和「人」爲世界中心之觀念的興起，若合符節。我們人類以爲，如果我們能夠妥善的運用語言，就能夠透過語言來描述事物的秩序，求得事物的「眞」相，進而主宰世界。傅柯的看法與此大相逕庭。他認爲世界既非一片混沌，也不是秩序井然，所有事物不過是散居其內，有其自身的存在而已（appear to be）。語言與人也不過是這些事物中的一環，沒有特殊的地位。而人類自文藝復興以來所高倡的「人文主義」以及「人類學科」(human sciences)，從長遠的歷史眼光來看，僅只是電光石火的一剎那而已。同理，語言也是「暫時」的爲人類用來作追尋世界秩序的工具罷了。語言實質上不具有「重現」(represent)其他事物本體的特殊能力。人類以爲憑藉語言就可無往不利的傳達知識或事物的某種秩序，但其所得的結果，實在僅是語言本身秩序的變幻。所以傅柯將其法文原作《事物與文字》一書的英譯定名爲《事物的類別》，實深含反諷的意圖，因爲事物本無類別秩序，一切的意義都是爲人類所附加的。

傅柯所指的「人類學科」，就是人類企圖運用語言來描述人類與外界種種關係的集合。「人類學科」基本上可分爲三大範圍，即「生命」(life)範圍——人的生理本質之研究；「勞力」(labor)範圍——人的社會本質之研究.,以及「語言」範圍——人的文化本質之研究。無庸置疑的，此三大範圍是互相連屬交接，構成人類知識文明的根本，而以語言範圍最具關鍵性的地位。因此，我們若欲追溯近四百年來「人類學科」的誕生與發展，研究語言在各「知識領域」中所提供的結構模式，自然是最近便的方法。

傅柯認爲，在十六世紀的時候，人們對語言事物的瞭解，是基於一種「異中求同」的期望(same in the different)。宇宙萬物都被看作是層層相屬，互有類似的地方。所以，語言如用來指涉一特定事物，那麼它與該事物間必有密不可分的「相像」(resemblance)處。而在此一基設的推衍下，所有科技文明的發展，都顯示了當時人們追求各個分離事物間相似處的努力。由此可見文藝復興時期的語言觀是相當純眞的，因人們以爲只要找到了語言的眞理，藉著「相像」功能作用，他們終必找到所有事物的眞理。

但這種追尋事物與事物，及事物與語言間「相像」處的行爲，是註定要遭到困難的。在縝密的探求事物相類似處的過程中，人們終會意識到事物間相異（differentness）處是如何也不容忽視的。十七世紀以來，這個「相異」的問題成爲思考模式的重心，而對世界的觀照，也由研究其「密切連續性」（continuity）轉而爲「接觸性」（contiguity）；前者強調一意義或功能的重複出現於各事物中，而後者則注重各事物間毗鄰的密切關係。當時的學人都熱中於分門別類的排列出宇宙萬物所羅列的基本次序，由「分類學」（taxonomy）之盛行，可見一斑。在這個時期，語言系統也失去了以往和事物水乳交融的關係，而被一分爲二：就是意指（signified）和意符（signifier）。從此以後，語言被另眼相看，成爲「重現」或代表外在事物的媒介。

這一語言功用的劇變在文學史上有一項重要的作品可資佐證，那就是賽凡諦斯（Cervantes）的《唐・吉訶德》（*Don Quixote*）。傅柯以爲，唐・吉訶德的故事不僅僅是一個村夫荒謬可笑的歷險記，它同時也象徵了人類處理語言與世界之關係中，一段承先啓後的關鍵過程。吉訶德冒險最引人深思處，是他不斷把讀自書本的文字描述，代換到一個毫不相干的外界現象上。於是，對這位浸淫在騎士小說裡的幻想家，風車成了巨人，羊群化爲百萬大軍。從吉訶德的立場來看，外在的事物及書中的語言描述應是天衣無縫的相吻合才對。因此我們可以說，吉訶德的「歷險」實際上是他漫遊於書本字裡行間的經過。外在事物的眞確性（風車、羊群）在此無關宏旨，吉訶德信以爲「眞」的世界，就是騎士小說裡的世界，也就是由文字所構成的世界，一點不多，一點不少。傅柯認爲這正是反映了文藝復興末期的語言觀。

然而，《唐·吉訶德》另一面也暗示了文藝復興時期的語言觀將告一段落，以及十七世紀以「相異」、「分類」爲主的語言模式之興起。這是因爲作者不斷的告訴我們，外在世界與書中的文字春秋「畢竟」有所差異。吉訶德的故事越往深發展，我們就越意識到，文字只有出現在其所屬的文本（text）中才具有意義。離開了文本，文字與廣大的世界顯得格格不入。這也解釋了爲何唐·吉訶德不能將得自書中的知識，印證到實際天地中。他的一「言」一行，都是一種「瘋狂」的表徵，雖則他自己頗沾沾自喜於發揮了騎士的「眞理」。

到了十九世紀，人們不再視世界爲一由各個獨立之事物所羅列而成的秩序。往昔所謂「相似」或「相異」的語言知識模式現由一「有機體」的觀念所取代。十九世紀的學者強調，所有事物間都有一種內在的相互作用關係，只有在這些內在關係作最有效的運作時，世界才能充分顯示其秩序。各有機結構間也許沒有表面的相似（或相異）處，但他們其間的運作功能（function）卻是互有脈絡可尋的。十九世紀對事物運作功能的注重，導致其對「時間」觀念的空前強調。正像新古典主義研究各個事物在一空間裡排比的秩序一樣，十九世紀把「歷史」

的觀念發揮得淋漓盡致。此處「歷史」自然不只是過去事件的重組；對當時的學者，歷史是研究所有知識的入門方法。藉著歷史學中「發展」、「進步」、「推衍」、「形成」(becoming) 等看法，我們就可無往不利的探求事物的根源。職是，在「人類學科」的三人範圍中，語言文獻學 (philology) 取代了以往的世界文法觀 (universal grammar)；財富分配理論取代了「財富基礎」論 (true basis of wealth)；而生物學 (biology) 取代了前期的自然史觀。

但在十九世紀末期，已有人對「人類學科」以及語言「重現」事物本源的觀念，提出質疑。尼采 (Nietzsche) 和馬拉美 (Mallarmé) 分自哲學及文學的層次，大聲疾呼人類對世界認知的一些謬誤。馬拉美的象徵主義詩歌重喚我們對文字原始活力的重視。文字本身是一桀傲不馴的實體存在，是不會永遠平白爲人類利用作傳達訊息之工具的。尼采對傅柯的影響更是有目共睹。他以先知的姿態預言「人類學科」以及「人」的觀念終將自其內部解體而破滅。由語言所形成的話語絕非一「中性」的訊息傳遞的方式，相反的，它充滿了對知識的意欲乃至權力的伸張。

傅柯更指出，這種尼采式的世界觀(及語言觀)在二十世紀的各知識領域中都顯露端倪。以語言學而論，我們今日對語言文字的精密研究，似乎較以往更能掌握其精髓，但同時語言學家也注意到語言本身就是一項問題，它的正確有效性都一再引起我們的懷疑。而其他的兩個知識領域，也顯出同樣的難題。此一現象揭露了所謂人類科學外，宇宙仍是一片浩瀚無涯的黑暗，不爲我們有限的知識範圍所駕馭。「人」只是世界中一暫時的過客，「人」的觀念之出現也僅屬一偶發的「事件」（event），沒有其必然性或本體學上的邏輯性，也更非宇宙的「中心」。以渺小的「人」之立場來劃定宇宙事物的秩序，那無疑是如蚍蜉之撼大樹，徒顯其不自量力而已。傅柯對語言、人，以及宇宙秩序的關係有如下一番語重心長的觀察和慨嘆：

> 人僅是出現於兩種語言模式間的一種形象而已。或換句話說，只有當語言被充當作表象（representation）的工具時，或泯滅自身存在於表象功用中，甚或在掙脱此一束縛而致支離破碎的情況下，人的形象才得以產生：在語言支離破碎的夾縫中，人構築了他自己的形象……正如我們從事人類思想的考掘時可輕易得見的，人只是近世的一個發明，而其命數至今可能也將告一終了。如果人之結構的消逝就像它出現的那般突兀，如果我們目前對將要來臨的大限僅知其然而不知其所以然——即是說對此一大限的發生形式及可能性一無所知，就像十八世紀末期（新）古典思潮突然崩頹一樣，那麼我們可以斬釘截

鐵的說，人，就像畫在海濱沙灘上的一張臉一樣，終將爲歷史的浪潮所沖失。（註）

對傅柯的理論，有人也許曾提出如下的質疑：既然語言是如此的不可捉摸，而人的地位又是如此的一文不值，那麼又何苦長篇大論的絮絮不休呢？傅柯和其他解構主義評論家對這樣的質問也許會覺不值一哂。他們的理論正眞切的顯露了本世紀思潮中左支右絀的兩難，而他們對其理論中所面臨的矛盾是有自知之明的（self-conscious）。但也唯其如此，傅柯輩的觀點才印證了他所謂的二十世紀知識領域的特色：我們一方面已將人類科學的研究，推展到了精細微妙的極限，但另一方面卻對知識（事物的秩序）從其根本的媒介——語言，發生了無窮的疑問。傅柯因而預言「人」的科學已到盡頭，轉而企盼尼采式的毀滅與超越。著名批評家海頓・懷特（Hayden White）曾將修辭學上的四種類型，巧妙的用來定義傅柯的四大知識領域：即隱喩（metaphor）——中世紀末，文藝復興；轉喩（metonymy）——十七、八世紀，（新）古典主義期；提喩（舉隅）（synecdoche）——十九世紀；反諷（irony）——二十世紀。以修辭學中的符號來註解傅柯以語言發展爲中心的歷史觀，可謂有一針見血之妙。

三、話語

在上兩節中，我們已一再強調語言是人類追求知識、表徵事物秩序的一大關鍵。但知識的傳達有賴我們進一步把語言組合成一有意義的話語，方能建立起一完整的知識系統。話語因而是傅柯理論中極其重要的一環。話語一詞指談話時，說話者（speaker）將其理念或訊息以一可以辨認而又組織完整的方式，傳送給一聽者（listener）的過程。但傅柯擴大其定義，泛指人類社會中，所有知識訊息之有形或無形的傳遞現象，皆爲話語。所以，我們可以說社會的各個層面都有其特定的話語存在。這些話語互相推衍連結，形成一個可以辨認的「話語形構」（discursive formation）。照傅柯的說法，此一話語形構散見於各行各業：如「社教制度、經濟及社會體系、行爲模式，以及各種系統規範」中。在此一話語形構下，所有知識之獲取及思維行動之方式都有一定軌跡可尋，而由此產生的一個特殊的文化及認知體系，就是前已提及的「知識領域」。然而，話語不是一個僵化靜止的過程。由於話語的兩端永遠隱含了一個說話者（社會權力機構體系）及一聽眾（社會成員），這其間複雜的變化自然有待我們作進一步的探討。

但從最淺近的一個層面來看，傅柯所定義的話語至少包含下列三項意義：第一、所謂的話語在表面上似乎是有頭（說話者）有尾（聽者），而其所傳送的訊息亦清晰可辨。但實際隱藏在每一話語下的意義結構，卻是千頭萬緒、指涉龐雜的。因此，話語的一大特色，就是賦予訊息或知識一個開端和結束，進而製造一「完整」（finite）、有中心思想（centered）的幻象，以供聽者的迅速接納。傅柯把此一現象稱爲「稀釋」（rarefaction），一方面暗示由話語所指涉的事物已被孤立化、簡單化了，另一方面也指出話語一旦成立，就有與眾不同的意義，亦不容與未被指陳的事物狀態所混淆。第二、由第一點引伸可知，話語的指涉面實際上是既深且廣，而且與別的話語必定是息息相關的。所以「組織關聯性」（intertextuality）是「話語形構」中的一大要項，正是所謂的牽一髮而動全局。第三、話語的本質永遠是動態的、意有所圖的（intentional）。被話語所含括或排斥的事物狀態永遠是處在相對立競爭的局面中（如瘋狂與理性之爭）。它並隱含了權力（甚或暴力）的過程。照傅柯的觀察，人類社會中對政治和性活動的種種限制，尤其明白表示這一權力的作用。

話語既非一平靜的訊息傳遞過程，那麼它一定具有強烈的排他性（exclusion）。而傅柯以爲，此一排他性是話語之所以形成的主要功能之一。至於話語的排他性有些什麼特點呢？傅柯進一步以三點說明之。第一、話語必定包含了許多的禁令，以限制其意義的蔓延。這些禁令所構成的藩籬，在每一個社會中可說是俯拾即是。上至政府的法令規章以及禮教傳統，下至日常生活裡行事進退的規矩，都充分的顯示了各類話語都有其成文或不成文的規矩存在，冀求人人遵守，勿踰越界限。第二、話語亦企圖釐清理智與瘋狂的界限。此點於第一節已有詳述。我們回顧所謂「瘋狂」的歷史，可知有關瘋狂的話語在各知識領域中並無順序發展的脈絡可尋，但有一點可資注意的是，人類往往藉「瘋狂」的話語來括清理性的定義；將「瘋狂者」排除社會之外，以維內部的秩序。第三點也是最重要的一點是，話語特重眞(truth)與僞(false)的區別。長久以來，人類求知的欲望與其求取眞理的欲望(will to truth)是牢不可分的。每一話語的產生，都代表了這一追求眞理欲望的又一嘗試。每一話語所標榜的，都是對眞理的全然瞭解。而在話語範圍以外的，則被認爲是假的或無足輕信的了。事實上，自第二節的討論可知，所謂對「眞理」的話語，原不過是我們利用語言所排比出的「事物的秩序」，不能代表眞理眞知。傅柯於此強烈的暗示當我們表示對某一事物的知識時(I know)，我們形之於外的卻必是述說(I speak)。各種知識話語與語言的密切關係，由此可見。

以上所討論的是話語之外緣關係。另一方面，話語的內部也有一套自我組織的系統，就是前已提及的「稀釋」過程。「稀釋」也是使話語「看起來」卓有創見、言之成「理」的必要功能。更是建立起話語之「有始有終」效果的必要手段。傅柯指出，在此一「稀釋」的功能下，亦可找出三大方向。第一是「評論」（commentary）。所謂「評論」是指話語的產生都是對前已存在之話語的一個回響、一項詮釋。在大多數的社會中，各宗教、法律、文學，乃至於科學等方面的話語，均強調這一評論的功能，使我們感到每一話語都是其來有「自」，而非偶然下的產物。不僅此也，話語的「評論」功能亦表明了在闡論前人述作時，新的話語終於「說出了」一些前此而被人所注意的微言大義，因而更接近眞理。這項「評論」的功能在文學方面尤其明顯。如果我們將荷馬的《奧德賽》（*The Odyssey*）當作是一項話語系統的源頭（自然，《奧德賽》仍只是一項作品、一個話語），那麼我們可以看到後世無數的批評、註釋、翻譯、模擬都是表面上自成一家之言，而內裡互有所屬，直溯荷馬的原作，成爲《奧德賽》問世以後各種不同的「評論」形式。二十世紀喬伊思（James Joyce）的《優里息思》（*Ulysses*）其本身固是一曠世鉅著，但也是對《奧德賽》以降的話語之「評論」。

話語第二項自我「稀釋」的功能是作者觀（author）的建立。這又可以由文學史的現象來解釋。傅柯以爲作品的「作者」觀是自文藝復興以來才逐漸確立的。一項文學作品（或其他各類話語）如標示了作者的大名，就意味著該作品爲其所「創作」、「組織」，而其「中心思想」也可自作品中尋獲。事實上，作者只是一個話語的功能（function）而非源頭（origin)。一篇作品（或一項話語）的產生並不能看作是作者一人的成就，而是超乎作者之上，一個廣大的作者群（AUTHOR）之話語「稀釋」的結果。套句俗話，個別的作者或作品只是一大塊冰山浮現於海面上的一小部分而已。所以，沒有一部作品（text）可以被孤立於其他作品之外的。它的意義必須在與其他作品及話語互相參照印證下（intertextul relationships），才能顯現。同理可證之於社會的其他話語。各個話語之「作者」有形或無形的存在，都是話語本身所創造的幻象。作者觀僅爲話語提供了一不實但近便的意義源頭。

話語第三個內部功能是「規律」（discipline）。「規律」一反前述的「評論」及「作者」功能：它代表了一套不言自明的「眞理」、「鐵則」，或「定義」。不像「評論」講求微言大義或是「作者」強調作品（話語）的原創性，「規律」是話語產生的前提，爲其意義出現的先決條件。但是，雖然規律於話語出現時被奉爲圭臬，但規律本身卻非一成不變的眞理，它亦包含了不爲一特定知識領域所察覺的錯誤。比方說，十八世紀研究語言學的一些不容置疑的前提，到了十九世紀已被完全推翻斥爲僞說了。雖則如此，規律仍是發展一話語的不二法門。

傅柯又指出，自二十世紀以來人類對話語的存在及功能有著模稜兩可的看法：我們承認各種各樣話語是構成社會文化的基石，但我們也深深感受到話語對人類一切思維行動的控制。今天正是我們重新思考話語的本質以及其所連帶引出之問題的契機。欲達此目的，我們須重新衡量人類追求眞理之欲望，把話語當作是一個事件（event）而不僅是傳訊的媒介，同時更要認清意義符號在話語中的主宰地位。職是，傅柯提供了四項方法或門徑，以供研究話語者參考。

第一、我們應認清話語的可逆性（reversibility）。傳統上我們以爲話語必是傳達眞理、規範知識行爲的鐵則，並有一作者於其中經營。但由上述各節的研究，我們可知我們所奉爲圭臬的一些定理定義，並非一成不變垂諸永久的，而是隨著各個時代、知識領域的變動而解體或重組。第二、我們要認清話語的「斷續性」（discontinuity）。這也就是說在同一話語形構下的各話語並非是永遠和平共存的。每一話語有它自己的界限範圍，往往互相競爭排斥。因此，話語的本身也不斷的分化演進，生生不息。而各話語所形成的知識之網就更是複雜萬分了。第三、話語有其「特殊性」（specificity）。話語是在人類干擾事物本來面目時，所同時出現的意義系統。而我們對世界的看法也不僅是浮光掠影而已。話語是我們有意強加於事物上的一套特殊意義，是我們企圖使大千世界產生「秩序」的一種行爲。第四、「外延性」（exterioricity）。如前所述，我們若想由一話語中追求眞理或眞知，其結果必屬徒勞無功。一項話語只爲我們建立了所謂「眞理」的範圍（context），及使其意義作用的特殊規範而已。正如理性社會之形成，在於將瘋人排除於社會之外，以確立理性的權威與意義一樣，有了話語的作用，我們才得以規劃世界，導向知識的誕生。

四、知識「考掘學」

對以傳統是尚的歷史學家，傅柯的理論無疑的荒謬之極。他之強調人類學科的過渡性、語言的隱晦性，乃至於瘋狂爲理性規範的前提等觀念，在在揭示他反抗傳統歷史理論架構的決心。在這些方面，他的師承最明顯的固然是尼采（尤其是對權力的探討，以及其「宗譜學」〔geneaology〕的強調），而馬克思的一些觀念（如專注語言知識的「物質性」〔materiality〕）也是呼之欲出的。我們此處且將他的哲學背景略而不談。純就他處理人類歷史文明的方法來看，我覺得他的貢獻應有下列數端：其一、傅柯提醒我們人類歷史中沒有所謂放諸四海而皆準、垂之百代而不衰的眞理或規範，而各個知識領域中思維行動的轉換，也往往是互不相屬的。換言之，他強調人類歷史演變中，存在著無數的空檔或深淵（rupture; abyss），一切的傳統感或連續性（continuity; traditionalism）都是人類一廂情願所造作的。其二、正因爲我們打破了此一歷史「傳統」、「連續」之說，我們得以站在一個新的立場去分析每一個知識領域的特色，從而發掘各個大小話語間的特色及組成架構。也因此，我們不再只專注各時代的大家或代表人物（「作者」！），我們也須進一步研究那些名不見經傳的人或事，因爲他們在構成一時代的話語，亦佔有舉足輕重的地位。其三、傅柯喚醒我們沈迷於語言表象功能的美夢，促使我們重新認識符號系統的功能與局限。

傅柯將其歷史觀和語言觀匯集成爲一種新的知識方法，名之爲「考掘學」（archaeology）以有別於傳統的歷史（history）。傅柯建議，我們應視各時代的話語如同一檔案（archive）集合，而我們研究各知識領域中的話語或探尋其結構，就好似翻查檔案一般。對傅柯而言，每一知識領域的內涵，恰似考古學中的遺文遺物，需要我們不斷的挖掘，以獲取更多有關某一時代的風格模式。也就是說我們應放棄傳統中以時序縱貫爲基準（diachronic）的方法，轉而專注於以空間橫斷面爲基準（synchronic）的探討。

傅柯的立論，自然是以西方文藝復興以來人文知識的發展爲著眼點，未必適用於我們探討中國知識文明的精髓。比方說，他所界定的「人」之觀念是否能吻合中國歷史中「人」之觀念的演進，就大有商榷的餘地。但另一方面，從方法學的立場看，他對歷史所作的詮釋乃至於對語言功用的問難，卻是頗值我們細審的。如何將傅柯的話語各觀點轉而用於重新審查中國文化知識的演變，或如何藉著傅柯「知識領域」的定義，來觀察中國歷史、知識上的分期或分類，是從事比較文學或史學者所可努力的方向。

(註)··Michel Foucault, *The Order of Things,* Trans. Alan Sheridan (New York: Tavistock, 1980), pp. 386～387.

參考資料

Kurzweil, Edith. *The Age of Structuralism.* New York: Columbia Univ. Press, 1980. pp. 193～223.

Said, Edward. *Beginnings.* New York: Basic, 1975.pp.298～330.

Sheridan, Alan. *Michel Foucault: The Will to Truth.* New York: Tavistock, 1980.

Lentricchia, Frank. *After The New Criticism.* Chicago: Univ. of Chicago Press, 1980. pp. 157～209.

White, Hayden. "Foucault Decoded: Notes from Underground," *History and Theory,* 12 (1) , 1973.

———— • "Michel Foucault," *Structuralism and Since.* Ed. John Starrock. New York: Oxford Univ. Press, 1981. pp. 81～115.

《導讀2》

「考掘學」與「宗譜學」

——再論傅柯的歷史文化觀

王德威

考掘學（archaeology）與**宗譜學**（genealogy）是法國學者傅柯（Michel Foucault）在從事歷史文化現象的考察時，所引用的兩個詞彙。這兩個詞彙大體代表了傅柯治學過程的兩個階段，而以一九七〇年傅氏就任法蘭西學院（Collège de France）講座所發表的演說——「關於語言的話語」（"The Discourse on Language"）爲其時間的分界線。雖然「考掘學」與「宗譜學」在涵義以及方法運作上頗有出入，但作爲傅柯批評傳統歷史人文研究的理論而言，則實有相互呼應之妙：兩者皆否定傳統史學及人文學科的形上基礎，力圖扭轉研究成規，以求重新評估「歷史」、「知識」、「眞理」、「權力」以及「人」的定義暨相互關係。由於傅柯行文著述素以縹緲晦澀爲能事，往往使讀者如墜五里霧中，且其辯證發展有待自圓其說之處仍多，是以本文不敢奢言綜論傅氏晚年理念之全貌。我僅希望藉著「考掘學」

與「宗譜學」二詞加以引伸，勾勒傅氏研究方向之梗概，並質疑其中待解析的論點。此外，本文亦圖將傅柯理論納入晚近後結構主義潮流中稍加參詳，以收觸類旁通之效。

一

傅柯提倡「考掘學」與「宗譜學」主要的動機，在於批判或甚而推翻傳統及現行人文研究的定義與方法，而歷史（思想史）的領域則是他詰難的主要目標。傅柯認爲，長久以來我們對歷史的研究均強調在時間的延伸線上，將各種散亂的史實資料重新歸納排比，以期根據邏輯推衍的順序，重新建立某個事件或時代的意義。然而這種治史的方法往往過分重視「體系」、「源始」、「傳承」等觀念，在研覽史實時易蹈入削足適履或一廂情願的歧途，不但無法重現所謂歷史原貌（事實亦不可能），反將史學範圍局限於少數主題、事件，或人物的重複研究中。由是，對於史學過分突顯某些事件和人物承先啓後的樞紐地位，熱中鑽研某一時期的「時代精神」，強求某些意識理念的來龍去脈，乃至重塑理想主義式的世界史觀等舉動，傅柯均毫不留情的大加撻伐。傅柯強調，我們不是只有「一」個歷史，因此也不應在史學研究中汲汲營營的找尋「一以貫之」的「中道」。由於傳統史學囿於「思維主體」（subject; cogito)、「因果邏輯」、「完整結構」等所形成的「中心」(center)執念，是故難以顧及主體、邏輯、結構以外，「中心」體系鞭長莫及的領域。但這一混沌黑暗的領域其重要性決不下於傳統「統合歷史」(total history)；而傅柯的「考掘學」與「宗譜學」正是針對此史學死角所展開的努力。

顧名思義，我們可知傅柯希冀藉用一具有空間意象的「考掘學」，來揭露以往史學因專注時間規範而產生的弊病。「考掘學」可謂是種反歷史性的史學。在這一前提之下，傅柯大聲疾呼我們的歷史研究不再是找尋某一時代具體而微的一統特徵，某幾個事件間邏輯連貫的關係；亦非刻劃一綿延不斷的道統，天下景從的思想。恰恰相反的，「考掘學」專事挖掘「一統」體系中的縫隙，暴露「連貫」事件間的漏洞；質疑一道統的個中矛盾，推翻一思想存在之必然性。經由「考掘學」工作者刨根究底的努力，傳統史學所建立的種種連續一貫、條理分明的歷史幻象，於焉冰消瓦解。傅柯所呈現給我們的史觀是一片擾攘紛亂的境界，其間各種事件、制度、體系相互排擠、重疊、衝突，或並列。尤有甚者，即使在我們視爲當然的某一時期或運動間，也難發現整齊劃一的歷史運作。而「考掘學」的目的，即是要對此一現象之「所以如此」，作最客觀的描述。職是，「考掘學」承認歷史事件和思想四散分離的本相，並進一步企圖探討其間相互參差雜沓，卻又繫衍糾纏不息的關係。

傅柯之提倡「考掘學」原是想對西方自笛卡爾（Descartes）理性哲學以降的思想方式，予以迎頭痛擊；立意固善，但其理論中所隱含的問題，卻亦隨之紛至沓來。比方說，傅柯堅持摒除對事物表面因果連續關係的依賴，轉而求取運轉於其下的深層主從架構，此舉實與盛行六、七〇年代之結構主義頗有若合符節之處。儘管傅柯極力否認其與結構主義的轇轕，卻終難逃某些批評家「掩耳盜鈴」之譏。此外，傅柯聲稱其「知識考掘學」僅作客觀描述而無任何評價，但我們不禁要問，「客觀」與「描述」之標準究竟何在？尤有甚者，「知識考掘學」強調將「眞理」問題置之度外，亦不問所研究對象之「意義」與所處背景之交互運作，一似重拾胡塞爾（Husserl）式現象學「冠上括弧」（bracketing）、存而不論的手段。然而我們只要稍加注意，即可知此與傅柯亟欲追求各時代「知識領域」形構運作之初衷背道而馳。所以儘管「考掘學」來勢洶洶，且不乏創意，但仍不免落人一自我解構之口實。

傅柯對於「考掘學」的闡述，在《知識的考掘》（*L'archéologic du Savoir*, 1969; *The Archaeology of Knowledge*, 1972）一書中可謂達到頂峯。該書也同時代表了傅柯前此研究的理論總結。然而對「考掘學」中暗藏的一些問題，傅柯顯然有著自知之明。是故早在七〇年代伊始，他已掉轉方向，致力於另一理論架構——「宗譜學」——的建立。「宗譜學」一詞源出於尼采，在傅柯的理論體系中，它一方面是「考掘學」的修正，另一方面也是其延伸。

如前所述，「考掘學」意圖打破傳統人文學科模式，重新發掘深藏於各種思想、制度運作下的關係法則，其目的不在於歸納出一簡明有序的結構，而在客觀標明事物四散分佈的狀態(state of dispersion)。與此相較，「宗譜學」在長程目標上可稱是一脈相承，但在方法上則大異其趣。自傅柯晚近著作看來，「宗譜學」不再斤斤計較於理論性規則結構之分析，而轉求追溯某一人文社會現象的衍生過程、發展局限，以及制度化的條件，並藉此烘托出我們社會中「知識」、「權力」，及「身體」三者間相互爲用的複雜關係。由此傅柯企圖指出人文現象的產生與發展，原無固定不變的軌跡可依循，亦無終極意義目標可迄及。我們的種種思想行爲尺度，皆是「知識意欲」(will to knowledge)與「權力意欲」(will to power)交鋒下的產物；傅柯本人及其述作自然也不能倖免於外。

至於「宗譜學」立論的精神何在，我們約略可從傅柯《尼采、宗譜、歷史》(*Nietzsche, la Généalogie, l'histoire; Nietzsche, Genealogy, History*)中找出端倪：傅柯以爲「宗譜學」與傳統史學相反，因其專注於顯示歷史事件或思想中難以歸結或系統化的部位。「宗譜學」輕忽事物固定不變的「本質」，亦否定任何形而上的思維歸宿。藉着孜孜不倦的追本溯源工作，「宗譜學」發現所謂脈絡相連的傳統其實根本柔腸寸斷，人人稱道的進步或發明不過僅是海市蜃樓；而尤其挑釁性的是，我們自始立意從事的正「本」清「源」大業將徒徒引領我們了解，所謂的「本源」（origin）可能只是一項偶發事件、一場權力的「遊戲」（play）、一個指向無窮詮釋的中途點而已。傅柯提醒我們一切知識制度體系也許並沒有什麼可傳之百世、放諸四海的深文奧義在內。有朝一日當我們驀然回首之際，很可能會發覺所有的金科玉律都已化作片片飛絮，永不休止的飄蕩在歷史遞轉嬗變的時空中。

綜上所述，我們不難看出傅柯師承尼采的淵源，以及其與盛行一時的解構主義的相通之處。但傅柯之輾轉追尋重塑某一現代文化現象的起承轉合，仍處處暗示其人對「意義」的關懷，似不近德希達派的解構說，反近海德格派以降的詮釋哲學。對於某些讀者而言，「考掘學」與「宗譜學」似乎是種極其輕狂而不負責任的治學方法，然則事實上傅柯不僅意不在規避某些課題，而是要採取迂迴逆轉的策略，另闢蹊徑。我們可以反對他的論點假說，但其辯論過程之繁複細膩，卻頗有發人深省之功，不應小覷。準此，我們可將「考掘學」與「宗譜學」的各項要點，討論如后。

二

「考掘學」所標榜的宗旨，是要對四散分立於歷史過程中的各種思想、制度、政教體系作最中立客觀的描述。傅柯相信從事「考掘學」的學者在認清歷史演進缺乏一統連貫性的事實後，乃可轉而記錄策定各種事物分立自處的狀態與關係。也就是說，儘管「考掘學」揭露了事物表面擾攘錯綜的面貌，但仍企圖自另一層次清理出一個頭緒，以求了解橫亙於其間的法則。職是，傅柯「考掘學」給我們最強烈的印象是對法則規律的重視。由於《知識的考掘》一書中所羅列的各種規則十分繁瑣，我們對於個中犖犖大者，有在此廓清的必要。首先，傅柯認爲我們的歷史文化是由各種各樣的**話語**（discourse）所組成。所謂**話語**指的是一個社會團體根據某些成規以將其意義傳播確立於社會中，並爲其他團體所認識、交會的過程。因此，我們所接觸的各種政教文化、醫農理工的制度與機構，以及思維行動的準則，都可說是形形色色的「話語運作」之表徵。這些「話語運作」也許並行不悖，也許時相衝突，但在其下總有一個軌跡架構可資依循，也就是傅柯所稱的**話語形構**（discursive formation）。「話語」的存在運行，絕不是一平靜的過程。「話語」間的消長起落，「話語」內部的傾軋鬥爭，在在顯示了「權力」關係的介入。但是傅柯在「考掘學」的階段，卻將其重心放在構成「話語形構」之因素的探討上。

「話語形構」所包容統轄的主要成員，是形式五花八門的**聲明**（énoncé; statement）。傅柯對「聲明」的定義，可謂極盡婉轉迂迴之能事：「聲明」不是一個「句子」（sentence），也不是一項命題（proposition）。它甚而不是一個「話語」中的固定單位或元素。我們不妨說「聲明」是一種「功能」（function），此一「功能」需藉一個句子、一項命題予以具體化，但是卻能不爲其所役。「話語」與句子不同，因爲句子有文法規則的約束，並在脫口說出後卽難再捕捉重複。反觀「聲明」，我們則可見數種不同的句子表達方式可能只重複同一「聲明」（像飛機上不同國籍的空中小姐以各自的語言述說同一安全措施的「聲明」）；「聲明」亦可由不按照文法規則的句子來表達。此外，像地圖之用來代表某一地理環境之大要，或像打字機手册以圖表介紹字鍵排列之方式時，也可算是一種「聲明」。另一方面，「聲明」亦不可與「命題」相提並論。這是由於「聲明」的確切性總是游移不定，完全要視其運作的範圍及相關情況而定。所以同樣一個句子形成的命題，在不同的狀況下可以表示出全然相左的「聲明」來。比方說達爾文與辛普森（Simpson）的理論同樣基於「物種進化」的命題，但在一較精密的層次來看，這一命題卻代表了達、辛二氏截然不同的「聲明」。

由上所述，我們可進一步概述「聲明」的幾個特色。第一、「聲明」不能孤立的運作，它永遠是在其他種「聲明」、句子，或命題等形成的關係網絡中才得以顯現其意義。同樣的，如果一個句子或命題要成爲「聲明」，也必須仰賴一個相關資訊（associated field）所構成的空間來加以限定。第二、形成「聲明」的主體（subject）並不就像一個句子的發話者、一個命題的擬定者，或一本書的「作者」那般的直截了當。與其說表達「聲明」的「主體」是一個特定的人物，還不如說是一個「位置」（place）來得恰當。就如上例所示，這樣的一個「主體位置」可以由不同的發話者在個別的時空背景下塡充（如不同國籍的空中小姐可各以國語來述說同一安全措施的「聲明」）。以此類推，當我們把一本書、一項學說理論，或一套典章制度當作是「聲明」來探討時，則我們所要問的不是其「作者」爲何人、說了或想要說些什麼事情，而是要分析作者置身的所在是何，是什麼樣的關係運作使得某人（或某些個人）得以就「聲明主體」的位置，聲稱其爲某「作品」的主人。第三、「聲明」也必須具備一「物質性的存在」（material existence）。「聲明」不是抽象沉默的東西，它總是藉著實體媒介（符號、聲音、行動……）來提醒我們它的存在——畢竟一句話如果用鉛字排版出現在小說裡，和平常由我們嘴中說出相較，就已暗示了兩種不同的「聲明」。而此實際媒介並非是附加於聲明上的外物；它根本是構成「聲明」不可或缺的一部分。這也就是說「聲明」的存在意義也像其他具體事物一樣，可以爲經手使用者來操縱、轉換、改變、融合、重複，或甚而銷毀。

我們下一步要注意的是，「聲明」決非只經由實體存在的標示而漫無邊際的衍生。誠然，從純粹理論的觀點來看，一個「話語」內可以包藏無數「聲明」的可能性，但在實際運作階層中，「聲明」出現的數目卻是極其有限。這一限制「聲明」蔓延的情況被傅柯稱之爲「稀有性」(rarity)。至於在「稀有性」規則的行使下，那些「聲明」得被表達出來，那些則否，傅柯在「考掘學」時期並未詳述。但鑒諸他日後理論發展，我們可以清楚指出「權力之意欲」及其所挾帶之政治鬥爭的觀念，必然是操縱「聲明稀有性」的原動力之一。另一方面，「聲明」的出現也不是由一個形上超越式的內在力量造成。正如前所述，「考掘學」的目標之一即是推翻內爍性的「啓始」、「根源」、「主體」、「作者」(狹義)等觀念，而轉求促成這些觀念形成分佈的外圍因素。因此「聲明」的綻現與座落的所在完全取決於其「外緣性」(exteriority)。最後，我們可以順理成章的發現，「聲明」之間具有「累積性」(accumulation)而沒有始源性。「聲明」是不斷的處於相互消長、重疊、競存的過程裡。我們接觸的每一「聲明」都是由這一過程暫時淘洗過濾出來的結果，也將註定再回歸到這一過程中。追本溯源在此無異是水中撈月之舉。傅柯對「聲明」的這些見解，顯然與他日後爲「話語」所作的界說，有異曲同工之妙。

在傅柯描述「聲明」產生、組成「話語」的過程裡，另外有數項觀念也值得我們在此一提。「話語」本身擁有一「實效性」(positivity)，這一「實效性」規劃了一定的範圍或空間，使得在其中運行交會的「聲明」顯出一共同的導向。儘管各種「聲明」表面互不相屬，但仍不免受到一範圍的限制而趨於某些規則。更進一步說，造成「話語」「實效性」的原因，是來自所謂「歷史的先驗」(historical a priori)。「歷史的先驗」指的是那些導引「話語運作」發生效應的規則，但這些規則不是由外界所加諸，而是隨著「話語」運作而衍生的。乍看之下，此一「傅柯式」的「先驗」似乎是脫胎於康德理想主義式「意識的先驗劃分」。然而傅柯強調他所謂的「先驗」本身卽具濃厚的歷史性，也因此有與時推移的特色。換言之，傅柯的「歷史先驗」不僅刻劃某一時間內「話語運作」的方式，也同時隨時間的移轉來修訂增刪其本身的規則。所以傅柯的「先驗」不會將所轄治的「話語」封閉，反能開啓其生生不息的運轉之門。顯然傅柯以爲藉此「考掘學」可以避免理想主義乃至結構主義所面臨的困境。另外，由各種「聲明」在其不同「實效性」區域內，按照個別的「歷史先驗」所產生的「聲明」系統，還匯集成更大的體系，此一體系被傅柯稱之爲「檔案」(archive)。「檔案」是使「聲明」形成、轉變的最根本體系。從字面看來，「檔案」一詞好像影射一塵封古舊資料，昏暗了無生趣的所在，而事實上傅柯正是取其疊床架屋的空間意象來指涉一龐大無窮的「話語」運作關係。「檔案」永不休止的策動「聲明」佈署移轉的形勢，可是我們對自身所處時代的「檔案」卻不甚了了。原因無他：「不識廬山眞面目，只緣身在此山中」，當局者迷，此之謂也。

在我們對「話語」形成的各種規則有了大概認識之後，我們可以看得出來「考掘學」對以往史學所關切的一些問題，都作了新的界說。前已提及，「考掘學」否認「意識」、「主體」、「中心」在歷史思想演變中的內爍超越性，而圖代之以一標記「聲明主體」的位置。同樣的，「考掘學」對「話語」的「客體」(object)也持類似的看法。傅柯在此告誡我們勿將「話語」看作是指涉某一事物的透明體。我們前文也一再談到「話語」有它自己的領域以及運作的規則，而其本身的實體晦澀特質尤不容我們視而不見。是故「考掘學」強調「話語」不是一個中性的媒介，導引我們認知一個在其以外的客體；恰恰相反的，「話語」經由複雜的運作關係，「製造」其指涉的「客體」。初聞此說也許會令人頗不以爲然，但只要我們稍加思索就不難瞭解傅柯的用心。傅柯整個理論的起點是要將散亂分離的面貌還諸大地事物，並倡言種種秩序道統無非是我們世代根據某些武斷的「話語」所造作而生，如此興替繁衍的結果，只有愈益顯示「話語」壟斷歷史的事實。所以我們若要尋求「話語」的「客體」，自然除了在「話語」之內進行外，別無他途。傅柯早年研究文明與瘋狂的關係時，仍秉持「話語」——「客體」兩相分離的觀念，以爲瘋狂本是各時期「話語」所致力、定義、扭轉乃至鎮壓的對象。但在「考掘學」階段，傅柯則了解「瘋狂」的定義與形象其實正是「話語」關係形構所產生的一環，無可分割。同理，「考掘學」也要顯示決定「話語形構」背景法則、「聲明主體」所處地位、表達方式等的「聲明模式」(enunciative modalities)，亦缺乏一主導意識的統合編制，而唯有仰賴一分散離析的關係組合。尤有甚者，「話語」內「觀念」(concept)的置換轉圜，或「主題」(theme)的銜接表露，以及「策略」(strategy)的選擇應用，都沒有前後連貫的內在必然法理可資附案。「考掘學」所發掘的規則是「話語」內外各種「斷層」、「罅隙」、「分裂」情形間的關係大要。

在《知識的考掘》一書的第四部分，傅柯對「考掘學」運用的方法，也作了以下的區分。首先傅柯指出傳統人文研究每每喜歡在新與舊、傳統與突破，或正道與偏鋒的分野間大作文章，對於「創新」、「大師」、「高潮」等觀念的推崇尤其不遺餘力。然而這卻隱現兩個方法學的問題：其一、推崇一二大師，在「考掘學」看來實有見樹不見林之弊。其二、在高談「創新」之餘，我們容易錯過看似平板無奇，僅只祖述前賢的「聲明」裡，可能也有「新」意蓄勢待發。所以對「考掘學」而言，整個問題的所在不是去分別新舊，而是要去勾劃出製成各種「聲明」、「話語」起落的範圍與規則何在。第二、傅柯也建議從事知識「考掘學」研究者勿存視研究對象中的「矛盾」(contradiction)齟齬爲畏途，必欲化解之而後快的想法。基於前此的討論，我們可以說各種「矛盾」、間隙、鴻溝不但不是我們研究的阻礙，反而可能是反映一時代面貌的契機。只要我們把握這些「矛盾」現象散佈的法則而不刻意化約它們，就可進一步了解「話語」結構的情況。第三、「考掘學」亦進行「比較」(comparison)的分析：即是「比較」各「話語」運作間，以及「話語」運作與「非話語」運作間的關係。是以傅柯《事物的類別》一書，就是比較新古典主義時「文法學」、「博物學」，及「財富分析」三「話語形構」間的關係，並進而據此以窺新古典時期的知識領域究竟如何運作。然而有一點亟須注意的是，既然這種比較工作只求描述有限幾個「話語」相互作用的法則，所以我們不應據之以「綜論」整個知識領域的「整體」現象；以偏概全或是以簡馭繁都犯了「考掘學」的大忌。職是，如果我們在研究過程中加入一個新的「話語」，則勢必要改寫原來所描述之「話語」相互交會的架構位置了。另外傅柯也強調藉著「話語」與「非話語」領域的比較，我們可以找出某一「話語」在歷史流變中曾佔有的地位。「話語」與「非話語」間表面的因果牽連或違悖並不重要，「考掘學」所關心的是兩者如何在特定時空裡展現某種不得不然的規則，並開始將其各種關係表面化。（比如傅柯不重十九世紀政經情勢對「醫學話語」的直接影響，而鑽研其對「醫學話語」形成之外緣位置的牽制力量。）最後傅柯試圖以「考掘學」「轉型」(transformation)的法則來取代傳統史學「變遷」(change)的觀念。「變遷」討論制度之汰舊換新，或意識形態的突然覺醒，但這些均非「考掘學」的重點。「考掘學」所研究「話語」間相交、轉換，或衝突的過程，實較「變遷」來得複雜緩慢。因此「轉型」提醒我們注意以往史學探討「變遷」之際，可能遺漏忽視的各種從屬或分散的關係，並希望自其佈署移動中找出致生表面「變遷」的脈絡來。

以上我對傅柯的「考掘學」的概念以及運行的法則作了一極其簡略的說明。從這個大要看來，「考掘學」顯示了幾項基本的特色：首先，傅柯苦心擘劃了一「逆轉」的原則，要將傳統人文史學作了一空前翻轉，甚至甘冒眾韙亦在所不惜。他一再點明各種「不連貫」、「斷裂」現象的存在，不容我們規避化約。當然最引人側目的，則是他對各種形成、轄治話語的步驟則作了極細密的劃分。作爲一檢討西方傳統思想模式的激進嘗試而言，「考掘學」的出現可謂恰逢其時，因爲我們不難看出傅柯與當代其他批判性思想家的方向實有殊途同歸之勢。然而一旦我們對「考掘學」的方法及概念細作審查，許多疑竇卻不禁油然而生。這其中最明顯的就是自「話語形構」以迄「檔案」這一套法則之確切性的問題。爲了反對傳統思想史學過分依賴「主體」、「本源」、「體系」的弊病，傅柯構想了一龐大複雜的「知識領域」(epistémé) 與之抗衡。他以爲這一領域在「話語形構」縱橫交錯的運轉下，可以顯示出一自主自轄 (autonomous) 而又不涉任何名目 (anonymous) 的結構來。由是，過去史學所引用的「主體」、「客體」、「觀念」、「策略」、「主題」等關目都被化解爲「話語運作」

中的條件、位置，或法則。如此一來「話語」的地位完全凌駕了個別形上或超越意識的優越性，而以往我們所談的「眞理」、「意義」因此均似乎無關宏旨了。但是我們不禁要問，「考掘學」所探求的「話語形構」眞正已擺脫傳統「超越觀」的束縛了嗎？是誰賦予「考掘學」者「客觀」、「描述」的地位？我們又如何面對「考掘學」所帶來的種種法則結構？傅柯一再要求我們擱置對「話語」內爍因素的找尋，而代之以其外緣狀態的確立，但卽便如此，他顯然不能避免詮釋其話語法則（意義！）的誘惑。於是形成「考掘學」工作猶抱琵琶半遮面的局面。我們在工作啓始也許尙可自命客觀無涉，但是一旦置身各種「話語」之中，我們又怎麼全身而退，製作一超然的結構？此外雖然傅柯口口聲聲的強調他的話語形構仍要在歷史演化中不斷增刪轉換，但「考掘學」基本上有著結構主義色彩，也分享結構主義式凝結時間的傾向。不僅此也，傅柯的「逆轉」、「不連貫」等觀念一旦施展開來，儼然又自成一套「體系」，久而久之幾乎使我們覺得其與傳統史學間的差距，不過是五十步笑百步而已。要之，我們在此並不直接非難「考掘學」的前提，只是以爲其方法使用及理論建立的過程中，仍有多處頗待商榷。無怪識者要嗔怪「考掘學」打著「解構」學旗號，但又懷抱胡塞爾式客我中立的現象學信心；尾隨六〇年代風行的「結構」主義模式，卻難掩其追尋意義所在的詮釋學式意圖了。

三

從七〇年代開始，傅柯逐步展開他建立「宗譜學」的努力，「宗譜學」在方法與定義上都針對「考掘學」作了大幅度的扭轉修正。由傅柯晚年的著作來看，他顯然已放棄了「考掘學」時期對規則、架構等的拘泥，轉而強調社會實際「話語運作」的個別意義。以往傅柯也主張「話語形構」在知識領域裡四散分歧的特色，但是他以爲我們可以暫將「話語」之意義、眞理的問題束之高閣，刻劃一個全然客觀自主的「話語」運作法則，藉此法則我們即可稍睹知識思想衍生的軌跡。斯時傅柯一方面過於借重結構主義的觀念，一方面也對詮釋學所謂各時期認知方式範圍的融合，缺乏較細膩的解說，所以不免使「考掘學」的周延性大打折扣。到了「宗譜學」的階段，傅柯首先即放棄描述一具自主性法則架構的野心，並進而聲明「宗譜學」者不能自外於他所研究的範圍，作純客觀的描述。同時他更重提爲「話語」法則所排斥之「非話語」領域對知識思想形成的重要性。所以「宗譜學」的計劃是儘量擺脫過去束縛「考掘學」的理論層面，好在實際社會運作中追踪各種思想制度起落斷續的環境或條件。我們也許要質問：傅柯的「宗譜學」在追尋過去事物的來龍去脈，能眞正的忠實記載所發生的一切嗎?這裡是否又隱藏了以偏概全、古事今判,乃至主觀曲解的問題呢?這也是「宗譜學」亟於準備解答的問題。傅柯疾呼「宗譜學」原本就不打算寫出一套「眞實」、「連貫」的歷史來;當然這並不是說「宗譜學」工作者可以憑臆測對歷史胡亂整編詮釋,而是暗示其所遵從的途徑與傳統史家不同。「宗譜學」工作者要以「現在」爲立足點,爲「現在」寫出一部歷史,而非一廂情願的重建「過去」。換句話說,他所關心的問題是我們經過了什麼樣的歷程而有「今天」的局面,或以前的這段歷程裡,有什麼因素的發生轉變可爲我們「現在」的社會思維形式作借鏡。由於「宗譜學」否定我們可以看出歷史的全貌或必然性,因此亦不求對某一時代或社會作面面俱到的描述。但傅柯希望我們先注意目下周遭的問題,並以此爲線索追尋其演變的痕跡。據此我們可說「宗譜學」作者一反傳統歷史自故紙堆中找「本源」、「起點」的作法。恰相反的,他把「本源」設在「現在」,倒果爲因,然後再行重建其過去。是故許多於正統歷史上被認爲無足輕重的事件,在「宗譜學」裡反倒身價百倍。原因無他,實在是由於意義落脚的地點已由過去轉變到現在了。更進一步說,「現在」是一個不斷遞變的單位,也必定含有不同的意義因素,策動我們自歷史中發掘種種被遺忘的譜系來。這樣的歷史觀自然不會定於一尊,而是與時俱移,愈趨繁雜豐富。至於主觀性的問題,傅柯也自有他一套的看法。如前所述,基本上他認爲所謂的「主體」、「主觀」的呈現,只是一種功能；「主」、「客」的區分已經隱含了一套意義運作複雜關係。「宗譜學」與傳統史學一樣要作精密的觀察蒐證，建立假說、辯論闡釋的工作，我們固不能稱之完全客觀，但也不應就此貿然以簡單化而且更具貶意的主觀一詞一筆帶過。事實上，「主」、「客」地位的重新審視正是「宗譜學」所致力的主要目的之一。

我曾在前文提及傅柯於解釋「話語形構」的消長時，已然感覺到「權力」運行的無所不在。到了「宗譜學」階段，「權力」更一躍而爲其討論的焦點。由於傅柯治學一向就對從文藝復興與晚期興起的人文觀念及學科最感興趣，而且他也認爲「人」的地位與形象在今天已面臨一危急存亡的關頭。所以「宗譜學」對「權力」作用的探討，自然將「人」與「人文學科」的發展列爲首要對象。職是傅柯於七〇年代中晚期的著作，就是要將個人「身體」看作是「權力」衝突的基本單位來加以研究。我們通常只把「身體」當作是個生理結構，但傅柯卻提示我們「身體」也擁有一個政治結構，且是各種權力衝突最劇烈的場所。「身體」官能的運動不僅有生物式的反射回應，也受各種權力關係的合成、分化、操縱等控制。我們只要回顧歷史上各種「精密的權力儀式」(meticulous rituals of power)，就可略知一二。另外在整個「人」的領域裡還有一種「知識的意欲」與「權力」相隨而來，以探尋「眞理」爲目標。傅柯要顯示在「身體」這個戰場上，「權力」與「眞理」如何顚頏，如何導致「人」的形象在今天四分五裂的結果。他運用兩個觀念來作說明：其一是所謂「壓抑的假說」（repressive hypothesis），這一觀念傾向於設想我們身體語言所受到的「權力」壓迫已有每下愈況之勢。以前「身體」功能得以無拘無束的施展，但是自十七、十八世紀以來，越來越多的「權力」象徵（如法律、道德、宗教的繁文縟節）自外部加諸於身體，使其動輒得咎，日益受困。由此觀點來看，「權力」成了一種否定、局限、壓迫的代表，永遠進行著予取予奪的暴行，陷「身體」於殘缺匱乏之中。於是有人以爲只要挪開「權力」就可撥雲見日，重現眞實自由之身。傅柯並不否認由有形無形的律法所代表的「權力」對我們「身體」造成很大壓力，但至若說我們可將「身體」的「眞實」層面與「權力」分離開來，他卻認爲是無稽之談。傅柯以爲，這種想法的存在其實已經暗示了權力運作的無所不在。相對於「壓抑假說」的另一觀念是「生理—技術—權力」觀（或生理—權力：bio-technico-power）。此一觀念正視「身體」、「知識—眞理」，以及「權力」三者間的密切關聯，否定「權力」與「眞理」兩者可能截然劃分的臆說，並且指出自十八世紀以來政治的理論和運作以及其對身體機能作用的關切，實有相輔相成之勢。傅柯的兩本著作《戒律與懲罰》（*Surveiller et Punir*, 1975; *Discipline and Punish*, 1977）與《性意識史》（*La Volonté de Savoir*, 1976; *The History of Sexuality*, Vol. 1. 1977）卽是根據「生理—權力」所作的進一步「宗譜學」式探討。

《戒律與懲罰》一書主要追溯數百年來「權力」如何藉着刑罰儀式的作用，將「身體」訓練成爲一個馴順服從的工具之過程。於此「身體」被看作是權力運作的客體或對象，在其上我們可見種種不同的技巧隨著權力關係網絡的變遷而改換。大體上傅柯循着自《文明與瘋狂》以來的時代區分法，將刑罰模式的演變分成三個階段來討論。在十八世紀以前的王權時期，刑罰的目的在於公開展示統治者的至上權威。所以對犯人的懲處往往是以殘暴的侵害、毆打、殺戮其肢體的形式進行，並以公諸天下的手段來達到罰一儆百的目的，而有時刑罰的場面往往竟暗含了節慶的氣氛。藉著肉體酷刑，統治者可說在表面上完全勝利了。但傅柯卻提醒我們，這種勝利完全繫於罪犯肢體被「成功」的迫害上；一旦肢體銷毀或無由展示，統治者的權力也暫時虛懸，必待再一次的刑罰來驗證。所以這兩者之間實有一耐人尋味的張力存在。不僅此也，對犯人施以肉體刑罰也往往同時要求形式的懺悔——亦卽「眞理（相）」的吐露。當整個刑罰過程達到高潮時，「權力」與「眞理」的力量合併顯現在對肢體的處置上。

到了十八世紀，刑罰制度有著所謂人道主義式的改變。基於「社會契約」的觀念，從政者認爲作奸犯科不再是對高高在上之統治者的挑戰，而是對其他社會分子的冒犯。因此刑罰的目的在於使犯人恢復其「人性」，好重新加入社會正常運轉結構中。準此，各種刑罰的設計務求具有公開啓發性，俾使受刑人及一般人民能領略刑罰所代表的意義，以達寓教於刑的宗旨。在此前提下量刑者必得對各種犯罪作周密的區分，好讓刑罰有恰如其分的精確度。所以這一時期的刑法重點已自身體的凌虐移轉到心智的改良。同時對犯罪內容的分門別類，亦有助於將犯人個體化、對象化的效果。

監獄制度的眞正確立已是十九世紀初的事了；這也代表刑罰進入了另一階段。隨著監獄的普被採用，其對「身體」的控制更趨個別化。犯人不再像過去般的被展示街頭以作爲嚇阻或教化的樣本，相反的，監獄不但將犯人與社會隔離，而且使其在狹小固定的囚房中受到更嚴密的監視與看管。至此「身體」所受的威脅可說是藉著特定的空間被圈牢。另一方面，雖然表面上「身體」不再受到摧殘，但典獄制度卻要在身心兩方面改造個人，訓練「身體」直至使它完全成爲一個馴順的客體而後已。由此刑罰的「宗譜學」研究，我們發現傅柯顯然有著弦外之音。但看我們的社會，對「身體」施以訓練控制的機構實在不只監獄一端；學校、軍隊，甚至工廠生產線不都顯現了「權力」與「身體」間嚴格的控制關係嗎？經由種種規則戒律的作用，個人的特定客體形象反而突顯出來。可是傅柯最發人深省的論點是：權力運作雖在我們社會形成一絕大的階級秩序，但卻不意味著只有單向的控制管道，更不局限於表之於外的法令規章。在上位者也許握有某種有形刑罰統治的權力，可是也相對的受制於整個無形權力運作的牽制，絕難置身事外。要之，「權力」不只導向一種主從的分野，也同時構成一複雜的關係脈絡，使所有的參與者都要受到影響。

「生理—權力」除了在「身體」作爲客體時對其加以規範控制，在「身體」作爲「主體」(subject) 時，也顯示了無所不在的力量。對傅柯而言，我們以往對於「性」(sexuality) 的研究審視，正表現了後者的特點。首先我們得認清傅柯所謂「性」的定義。一般通稱的「性」(sex) 指的是男女兩方經結合而導生的種種關係活動；像經宗教或法律儀式而生效的婚姻、隨之而來的親屬關係、財產移轉等皆屬於這個範圍。但傅柯的「宗譜學」對「性」卻有另外的看法：「性」(sexuality) 是一件個人的事情，泛指深藏在我們內心中的樂趣、幻想，以及對身體種種的使用意欲。這種對性的內在感知是構成我們個人身份的核心要領。而晚近醫學、心理學對「性」的注意，正是要將這極端隱私的部分加以認識了解。在某一特定時期，「性」之個人化、醫學化、意義化的情況，傅柯稱之爲「性的佈置」(deployment of sexuality)。回顧上兩世紀以來，我們發現「性」的地位曾有如下的變遷。在十八世紀「性」的重要性逐漸與政治發生關聯，其主因則牽涉到人口繁殖、優生保健的措施，以配合國家政治經濟的發展。但到了十九世紀「性」逐漸成爲純醫學研究的課題；經由中產階級的鼓吹，各種有關「性」的話語紛紛形成。而最耐人尋味的一點是，在這個時期「性」從「身體」其他官能的研究裡被劃分出來，成爲一單獨的學科，自此建立其與「知識」、「權力」、「意義」、「控制」的特別關係。

有鑒於我們有關「性」的話語日益繁衍，傅柯將其歸納爲四大「策略集結」，而這四項「集結」也是他日後繼續探討的目標：第一是對女性身體的歇斯底里化（hysterization of women's bodies），認爲女性身體蘊藏了豐厚的性因素，有待醫學作徹底細密的分析；第二是對幼童性觀念的教條化（pedagogization of children's sex），強調幼童所具有之「性」的危險潛能，必須導之以正，以強種強身；第三是生育行爲的社會化（socialization of pro-creative behavior），灌輸夫婦生育子女的責任感，使其了解優生不只具醫學的，也具政治的意義；第四是異常性行爲的心理醫學化（psychiatrization of perverse pleasures），企圖歸納、追踪各種異常性行爲影響或普及到日常人生的情形，以作爲矯正治療的參考。這四項「策略集結」顯示了「權力」與「身體」間的結合，也點明了整個社會對「性」的看法表面雖然單純但實有複雜萬端的背景。傅柯並在此指出，就像「權力」對「身體」——「客體」的控制是經由種種戒律的技術來進行一樣，「權力」對「身體」——「主體」的控制也有賴於另一套技術，卽所謂「自白」的技術。自中世紀的周密宗教懺悔儀式到近年精神心理學的隨想告白，我們都可以看到「權力」如何藉著當事人自我秘密的傾吐，而要求「眞理」的顯現。

尤其近代心理學的發展似乎更認定了只有從病人的自白，我們方能探知「身體」最底層的意義。但反諷的是，對於這「身體」內部的癥結當事人於自白之際反而不甚了了，必得藉助外人（other）加以闡述詮釋，或甚而治療疏導；「性」只是「看來」自然天成，但實際早化爲「話語」，受到「權力」與「知識／眞理」的左右。

由以上的簡論看來，我們可知傅柯僅是用追究刑罰或性的發展來探討人之主、客體與「權力」運作之關係。在他的構想裡，「權力」是一切意義生成的基點之一。此說之師承尼采處，不言可喩。但對傅柯而言，權力不存於少數個人之手，而是一種運作的策略關係，這個關係籠罩你我之上而且不斷變遷。更重要的是，傅柯以爲我們應袪除以往對「權力」的偏見，避免把它只看作是脅迫、壓制、匱缺的代名詞，而應把它看作是組成社會文化架構之必要且具生產力的條件。然而，這種對「權力」的強調也不禁使我們疑惑，是否傅柯在不知不覺間已將權力形上化，並因而向他反對的傳統思想靠攏了呢？

「考掘學」與「宗譜學」和風行一時的「解構」學說間到底有什麼關係，確是樁有趣的公案。大體而言，傅柯與以德希達爲馬首是瞻的解構學者都對西方文化思維的傳統，及其定於一尊的史觀作了大膽的挑戰。他們都致力揭露傳統中曖昧、斷裂、矛盾的層面，並進而顯示「意義」衍生的龐雜武斷過程。此外，他們亦對歷史思想制度如何藉排斥、壓抑的方式以達一統的面貌，深表關切。基本上他們肯定「意義」、制度、思想皆具政治性的本質，也都藉著研究對象翻轉或問題化來加強我們的危機感。然而我們若僅將傅柯的作品放在這樣的角度下細加剖視的話，我們也許會覺得他不能嚴格的稱之爲「解構」學者。「考掘學」所暴露的一些問題前已提及，茲不贅述，但卽使如「宗譜學」的工作仍使我們覺得傅柯對形式主義有所執著，而其理論之傾向實證式描述的部分也仍歷歷可見。然則在另一方面我們卻可說，傅柯從未嘗立意要作個解構學者。他對我們實際文化社會的運轉，對「眞理」、「知識」的構造，以及「人」的經驗等問題的重點，在在顯示他雅不欲脫離「意義」的局限，加入「解構」家們「遊戲」的行列。準此，我們不妨暫時賦予他一較德希達保守，卻較孔恩（Kuhn）、哥達馬（Gadamer）等詮釋家激進的地位。

參考資料

Carroll, David. "The Subject of Archaeology or the Sovereignty of the Episteme," *MLN*, 93(1978). pp. 695～722.

Dreyfus, Hubert L. & Rabinow, Paul. *Michel Foucault: Beyond Structuralism and Hermeneutics.* Chicago: Univ. of Chicago Press, 1982.

Foucault, Michel. *The Archaeology of Knowledge.* Trans. Alan Sheridan. London: Tavistock and New York: Pantheon, 1972.

———. "The Discourse on Language," Trans. Rapert Swyer, included as appendix to the American edition of *The Archaeology of Knowlege.*

———. *Discipline and Punish.* trans, Alan Sheridan. New York: Pantheon, 1977.

———. *The History of Sexuality,* Vol: 1; *An Introduction.* Trans. Kobert Hurley. New York: Pantheon, 1978.

———. *Language, Counter-Memory, Practice.* Ed. & Intro. Donald F. Bouchard; Trans.

Donald F. Bouchard & Sherry Simon. Ithaca: Cornell Univ. Press, 1977.

Henning, E. M. "Foucault, Derrida, and Intellectual History," *Modern European Intellectual History: Reappraisal and New Perspectives.* Eds. Dominick Lacapra & Steven Kaplan. Ithaca: Cornell Univ. Press, 1982. pp.153～196.

Lentricchia, Frank. *After the New Criticism.* Chicago: Univ. of Chicago Press, 1980. pp. 157～209.

Said, Edward. *Beginnings.* New York: Basic, 1975. pp.298～330

Sheridan, Alan. *Michel Foucault: The Will to Truth.* New York: Tavistock, 1980.

White, Hayden. "Foucault Decoded: Notes From Underground," *History and Theory,* 12 (1), 1973.

"Michel Foucault," *Structuralism and Since.* Ed. John Starrock. New York: Oxford Univ. Press, 1981. pp. 81～115.

【第一部】

緒論

多年以來，歷史學家們對長期時代的研究趨之若鶩。他們似乎試圖在政治事件的遞變轉換間，顯示「歷史」或爲一穩定乃甚而不朽的起承轉合系統，或爲一些不可逆轉的過程，或爲恆久不斷的興替適應，或爲縱橫天下大勢、此起彼落的暗潮，或爲蓄勢以待而終底於成的運動，或爲由傳統史學堆砌層層事件而形成之靜止的基石。史學家們賴以實現此一分析工作的工具一半是承自傳統，一半是肇始於自身的創造：譬如經濟成長的模式，市場活動的數量分析，人口擴張和縮減的統計，氣候以及其在長時間中變化的研究，社會現象常數的策定，工業技術的適應及其分佈和延續的描述等。這些工具的應用，使史學領域裡的工作者得以區分歷史中五花八門的沈澱層次；而長久以來爲史家研究目標的歷史之直線進展延伸，現已爲對其縱深探討所取代。從浮面的政治變遷到深層的「物質文明」的緩慢演進，許許多多的分析層面已於焉建立：每一層面都有它自己特殊的斷續性和型態；而當我們深入最基層探討時，更可發現影響歷史現象的節奏是既深且廣。在變動迅速者如政治、軍事、饑荒等歷史之下，顯然存在另一種似乎不變的歷史，如航海路線史、穀類或淘金史、荒旱及灌溉史、農作輪耕史、人類均衡豐饒和饑饉史等。傳統分析會提出的老問題（如何求取兩個孤立事件的關聯？如何建立其因果關係？它們具有什麼樣的連續性及整體意義？是否可能界定事件的整體性？或是否我們必得重建各事件間的關係纔算功德圓滿？）現在已被另一種型態的問題瓜代：如那些歷史層面應與其他層面分離？什麼型態的系列應被建立？對每一層面什麼樣斷代分期的準則應被採用？什麼樣的關係系統（階級制、優勢支配制、層化制、單一決定制、循環因果制）可以建立於其間？什麼系列之系列可以策立？以及在何種大規模的時序下，有待決定的事件系列得以區分？

而同時，在所謂理念史的領域內，如科學史、哲學史、思想史、文學史（我們可將其專門性暫置一旁）等，儘管其名稱各異，卻均未見史家將上述的方法及工作運用於其上。相反的，他們將注意力自廣泛的一統觀念如「時代」、「世紀」等轉移到斷裂或不連貫的現象上。職是，在大一統的思想中，在單一心智或集體心態的堅實統一的表徵中，在某一學科自始至終不變的發展模式中，在某一類型、模式、領域，或理論活動的持續中，我們正試圖發掘一些罅隙的所在。然而，這些罅隙的本質或地位在定義上卻有很大的差異。譬如說，巴許拉（Bachelard）將其描述爲**知識的活動及門檻**（epistemological acts and thresholds）：它們中止知識持續的累積，打斷知識緩慢的發展，而迫使它進入一個新紀元，切斷它經驗的源頭以及其原本的動機，清理它想像的複雜性；此一「知識的活動及門檻」將史學分析自追求一沈默的啓始、或永無休止的正本清源之企圖中導開，俾能使其朝向一新的理性形式和它的各種效果而努力。

另外，此一現象亦可稱之爲**概念的轉位或變形**（displacements and transformations of concepts），而康居漢（G. Canguilhem）的分析可以作爲一個模式。他的分析顯示一個概念的發展史並非全然是一精進不已、愈趨理性抽象的過程，而是該理念含融淬礪的各個領域，接連不斷的應用規則，以及使它得以發展成熟之理論架構所形成的歷史。同樣也要歸功於康居漢的是他對科學史中顯微階層及肉眼可辨階層所作的區分。在科學史中，事件的發生及其結果並非是如出一轍的。一項發現、一個方法的發展，乃至一特定科學家的成功和失敗，在此二階層中都有不同的影響範圍，也不能被相提並論。每一階層均有屬於它自己的歷史。因此，**重複再區分**（recurrent redistribution）顯示了即使一項科學也有好幾個過去、好幾種連結的形式、好幾種表示其重要性的階序、好幾項決定因果的脈絡，以及好幾種目的論；而該科學在此時此刻仍是變動不已的。所以對一種科學作歷史性的描述時，我們必須仰賴「目前」對它的知識。這些描述隨著科學的轉變而益趨增加，並且不斷的與已成立的描述相決裂（在數學的領域裡色瑞〔Serres〕曾對此現象提供了一理論）。

不僅此也，居若（Guéroult）據此提出他對各種系統**組織統一**（architectonic unities）的分析。他的分析所關注的不是文化影響、傳統，或連續的描述，而是各系統內部的連貫性、自明的原理、演繹關聯性，及適合性。但最後，對傳統（偏重連續性）史學最激進的反響卻是由一本有關理論轉形的著作所發動的。該書強調「建立某一學科的新境，須將該學科脫離其過去的意識形態，並且標明此一『過去』是具有意識形態的。」❶在此我們應加上文學的分析，因爲文學分析中所謂的「一統」(unity) 並不是指某一時代的精神和感性，亦非指某一「集團」、「學派」、「時期」或「運動」，更非指一作家的生活和「創造」所交織產生的人格體現，而是指一套畢生全集、一本書，或是一篇寫就的文章之特殊結構。

而由這些歷史性分析所引現的最大問題不是在於歷史的連續性如何建立？一個單一的形式如何被形成而保持？多彩多姿各盡其妙的心靈如何結晶出同一境界？歷史的興替盛衰暗示了什麼樣的行動模示及潛在結構？正本清源的期望如何造成史家渺不可及的目標？歷史分析所呈現的問題不再是有關於傳統或追本溯源的問題，而是有關區別 (division)、局限 (limits) 的問題：它不再追求萬年不朽的基礎，而要研究形成新基礎的轉變過程，或新基礎的重建因素。因此，我們所面臨的是一個嶄新的問題層面。我們對其中的某些問題或已熟悉，而也就是藉著這些已爲我們熟知的問題，一個新型態的歷史理論正在逐步發展：就是我們如何琢磨分析那些引導我們認識歷史不連貫性的各種思想，如門檻、裂絕 (rupture)、破裂 (break)、轉化 (mutation)、變形？用什麼樣的準則我們可以孤立我們所研究的各種統一現象？「一門」學問到底如何定義？何謂全集？何謂理論？何謂概念？一篇寫就的文章到底意味什麼？每一個歷史層次都有其自身的境界和分析形式，我們如何區分這些層次而又爲自己找一適當的立足點呢？什麼是形式化的合理尺度，什麼又是解釋某一問題的合理尺度？或什麼是結構分析、因果探尋的尺度？

簡而言之，有關思想、知識、哲學和文學的歷史研究似乎正在找尋而且發現越來越多不連貫的歷史現象，然而正統史學本身卻好像寧願忽略事件的突兀性，以求取一穩定的歷史架構。

然而，我們不應爲這些表面的交流現象所蒙蔽。在這些表面假象之外，我們須知：在某些史學研究自糾纏錯綜的歷史不連貫現象中掙脫，求取一恢宏不輟的統一局面時，我們不應幻想有些史學研究已一反以往探討歷史連貫性問題而轉求其不連貫性。我們也須知：當理念和知識的分析使我們對歷史文化的「不同」層面日益注意之際，我們不應幻想政經體制、社教機構的分析，有助我們了解決定歷史「全局」的因素。我們更不可幻想這兩大史學描述形式能擦身而過而互無影響。

事實上，這兩大歷史研究的系統正面臨同樣的問題，但這些問題在不同的情況下卻引發了相反的效果。這些問題可以一言以蔽之：即是對**文獻**（document）的質詢。當然，早自一門學科（如歷史學）存在以來，文獻就一直被使用、被質詢，而也由此引發出了其他的問題。學者們不僅探討這些文獻的意義，也研究它們是否都眞實可信，在什麼條件下可被採信；它們是誠實可靠亦或故弄玄虛，是有憑有據或亦懵懂無知，是方家之言亦或無足採信。以上的每一項問題和批判、關懷的意旨都指向了一個共同的目標：即基於各項文獻所說的，或往往僅是所暗示的訊息，我們重建了過去；也因此這些文獻所顯露的重要性，甚至超越了「過去」本身。文獻在傳統史學中一直是被看作是種沈默不彰但仍有跡可尋的語言。但是，由於一項發展有年但卻尚未克竟全功的變動，歷史和文獻間的關係已發生了改變。史學的首要之務已不再是解釋文獻的意義，或是判定文獻的眞僞及表現價值，而是從事文獻內緣的考察並發展其意義。現今的歷史工作爲組織整理文獻，將其分門別類的區分，尋求其次序，按照不同的層次排比，並建立各種系列，分辨何者與研究的主題息息相關，何者則否，發掘暗含的因素，定義「統一連貫」的情況，以及描寫其間的關係。對史學而言，文獻不只是史家用以重塑人類過往言行的一些生硬材料，或是過去事件碩果僅存的紀錄；歷史現在力圖自文獻性的資料中找出「一統」、「整體」、「系列」、「關係」的定義。歷史必須自此一因循多年的形象中解脫出來，因爲此一形象一直爲歷史在人類學方面的意義提供一個有力的藉口。換句話說，歷史是大眾利用實存的文獻以重溫往事的共同心態。歷史因而是依據具體文獻所敷衍發展出來的學科。這些「文獻」的形式包括了書籍、典章、紀錄、敍述、行動、建築、制度、法律、技術、事物、風俗習慣等。這些「文獻」存在於每一時空及社會中，或是自然而然的衍生，或是經由有意識的組織而形成。然而，對一種只講求記載、**回憶**的歷史而言，文獻並沒有物盡其用。歷史僅是一個社會認識並發展多量「文獻」的途徑而已；歷史和文獻的關係因而糾結不清。

簡言之，傳統形式的歷史僅致力「記憶」過去的各項**遺文遺物**（monuments），將這些「文物」轉化成爲「**文獻**」，振振有辭的附會甚而至於曲解它們的意義。在我們的時代裡，歷史就是將「文獻」再轉化成「**文物**」的過程。過去歷史從事於解析人類以往所留的脈絡痕跡，但現在歷史則勉力將各項因素集結起來，使其產生關聯，以形成一大一統的形象。在考古學方面曾有一段時間致力研究沈默的文物、生硬的史蹟、孤立的事物，以及其他過去殘留的東西；考古學嚮往歷史的情況，並藉著重創一歷史的話語（historical discourse）以求取其意義。如果玩一個小的文字遊戲，我們可以說今日的史學熱望考古學所作的事，希冀自文物的內部考察描畫出意義來。

這樣的努力已有數項結果產生。第一爲我們在上述已提到的一種表面的效果，即是思想史上不連貫的現象繼長增高，以及正史上長的斷代時期之出現。事實上，傳統的正史形式主要是定義事實和有日期可考的事件間之關係（如簡單的因果律、循環決定論、反對論、表現方式等），各種理論系列已先被確立習知，修史的主要課題僅是求取歷史事件的各因素與理論系列中的各因素相吻合而已。而我們現在所面臨的問題則是建構系列，定義各系列中成因的正確意義，劃定它的範圍，顯示其特有的關係型態，訂定它的律法。不僅此也，我們更要描述不同系列的關係，因此得以建立各系列所形成的系列或是「目錄表」(tables)。由此產生的是不斷增加的各種層次，以及相隨而來區分這些層次的必要工作，和其時間與順序的精確測定；我們不僅要區分有長串因果關係的重要事件和不重要的事件，更要分辨事件的不同階層及不同型態（有的事件較短，有些如一技術的發展、錢幣的短絀，則需較長的時間，其他如經濟因應氣候變遷，或人口增長的平衡更是長年累月的結果）。新的史學方法更可能揭露了稀有的或重複的事件所形成的鴻溝。今天史學界所出現的長時間的研究，並非是要落入過去歷史哲學家的窠臼，或重顧世界的「盛世」，或是再返以文明盛衰爲準的斷代史。相反的，新史學在方法上偏重「系列」集結所產生的結果。在理念史、思想史，或科學史上，同樣的轉變已導致了相反的效果。它們已經打破以往基於意識進步、理性目的論，或人類思想演進等理論的系列；它們對傳統史學中的聚合(convergence)或高潮(culmination)等論點提出疑問；它們更懷疑建立統一性的可能。這一潮流已導致了各不同系列的獨立化；這些系列或並立、或相隨、或重合、或交接，但沒有一者可被縮減爲一直線行進的架構。所以一反傳統歷史之追尋渺不可及的根源，和強調理性不斷增長的秩序，取其而代之的新歷史呈現了一個新面貌：新歷史的各種尺度有時甚爲短暫，亦互不相屬，更無法濃縮爲單一的公式律法；這些尺度各自形成其獨具特色的歷史，這些歷史絕不可以某一大思潮之學習、進展、回憶的模式來涵蓋。

新史學所產生的第二個效果是：「不連貫」的觀念在新史學中扮演了一主要角色。對古典形式的史學而言，此一不連貫的現象一方面雖是既成事實，但另一方面卻又難以接受。歷史的基本素材都是以分散零亂的型態出現在我們面前的——像重大決定、突發事件、主動步驟、各式發現等等。但所有的素材經過分析的過程時必須被重新編排、化減，或泯滅以求表明事件的連貫性。故對傳統史家而言，「不連貫」只是暫時混亂的迷團而已，而史家的任務是將這迷團自歷史紀錄中移除。但這「不連貫」現已成爲歷史分析的基本要素了。它的角色具有三重意義：第一，它爲史家形成一精緻的運作機能（而非他必須處理的事態）。理由是他必須（至少在作爲一有系統的假說時）區別可能的分析層次，探討各層次的正確方法，以及最適合它們的斷代分期法。第二，「不連貫」是史家描述的結果（而非他經由分析而必須淘汰的東西）。他試圖發現歷史中進展的局限、峯迴路轉的關鍵、正常運動的逆轉處，或擺盪的範圍、功能的開端，及因果循環的漏洞。第三是史家將永遠不停歇其分門別類的工作（而非大而化之的將歷史看作是兩個積極作用者間一漠然劃一的空隙）。按照其所研究的層次和領域，新史學採取不同的形式和功能來因應。當我們討論一知識領域的開端、人口曲線上的轉移，或新舊技術交替時，我們並不能引用同樣的「不連貫」觀點來描述之。「不連貫」是一似非而是的弔詭觀念。因爲它既是我們研究歷史的目標，也是我們賴以運用的工具；它既分割離析一研究領域，也是該領域離析後的結果；它幫助史學家將各領域獨立化，但只有在比較各領域時，「獨立化」的現象方能建立。

但也許更因爲「不連貫」非但僅是出現在史家話語陳述中的一個觀念而已，它也是史家暗暗設想的一個前題。事實上，如果沒有「不連貫」的觀念作用，他又怎能把歷史——或他「自己的看法」的歷史——當作研究目標呢？新歷史中最重要的特色即是此一「不連貫」觀點的轉換；它過去是史學的障礙，現在卻成爲工作的重心。在史家的話語裡，它不再是必須化減的外在因素，而成爲一工作的觀念。職是，它不再被治史者目爲是史學的偏肆、失敗或限制，而是決定史學目標、確認分析價值的積極因素了。

第三個結果是，尋求一**整體的歷史**（total history）的可能性及主題已開始消失了。相對的我們看到一極不相同的史學，在此或可稱爲**通史**（general history）的出現。「整體歷史」所從事的工作是要全盤重建一個文明的形式、一個社會的物質或精神的準則、一個時期所有現象的意義，以及一解釋各現象連結的法律規則。抽象的說，就是要重現一個時代的整個「面貌」。這樣的一個計劃是和兩三個假說有關的。那就是在一特定時空領域中的所有事件之間，或在各種有跡可尋的現象間，我們一定可以建立一關係純粹一致的系統。這一系統是一個有因果關係的脈絡，使得其中各因素經由類比的關係而互相照映象徵，或皆顯示源自一個中心點。這一計劃並臆測在經濟結構、社會制度風格、心態慣性、技術習作、政治行爲中只有唯一的一個歷史性形式在運轉，而其轉化的模式也如出一轍。最後，該計劃以爲歷史本身可以以「步驟」或「階段」等方式分而詳述之，而在這些步驟或階段間有它們自己起承轉合的原則。這些假說都面臨了新史學的挑戰，因後者專注於「系列」、「區域」、「局限」、「階層差異」、「轉移」、「時序特別性」、「重新處理歷史的特別形式」及「關係的可能型態」等。新史學並不意味著探求同時並存卻互不相屬的多種歷史，像是制度史和經濟史的並列，或甚至科學、宗教、文學史的託附等。它也不企圖自這些不同的歷史中發掘日期的巧合，或相類似的意義和形式。隱含在新史學中的問題至此不言自明——事實上它也給「通史」作了界說——那就是在眾多不同的歷史系列中，決定什麼樣的關係形式才是最適於描述這些歷史系列的架構？它們能形成什麼樣的垂直系統？它們之間有什麼樣的錯綜主導關係？它們的移轉、不同的時間性，及形形色色再運作方式會有什麼樣的效果？在何種特殊的統一情況下，某些因素會同時顯現具體的形像？簡而言之，「通史」不僅研究單一的系列，而更注意「各系列所形成的系列」，或換句話說，自各系列中我們可規劃什麼樣的「目錄表」？「整體歷史」的描述是將所有歷史現象集中於一個中心（或一個原則、一個意義、一個精神、一個世界觀、一個整體型態）；而「通史」則相反運用空間中分散（dispersion）觀念。

第四也是最後一個結果是，新的歷史面臨了數項方法學上的問題，其中有些無疑早已存在，但直到各項問題集中一起時，才眞正顯出癥結的所在。這些問題包括：體系完整一貫的文獻**全集**（corpora）的建立（包括開放的或封閉的，有盡的或無窮的全集）；一項選擇原則的確立（是否我們要巨細靡遺的處理各項紀錄，或如統計學上採取抽樣的方法，或於事前決定一最具代表性的因素等）；各分析階層及其相關因素的定義（在被研究的素質中，我們可以抽取數字的意義，與事件、制度、常規、相關之明顯或不明顯的資料，文字使用中文法的規則或文字所表示的語意範圍，或命題形式結構及結合它們的各種連接模式）；一個分析方法的標明（資料的數量統計，按照可歸屬的特徵解析一材料，而這些特徵間的關係又成爲研究對象，闡述性的解疑，頻率及分配的分析）；廓清素材的各種組合，以及分支組合的描繪（區域，時期，一元化過程）；刻劃各組合間之「關係」的決定（或爲邏輯，或爲數字的關係，功能、因果、類比的關係，或是意符和意指〔signifier and signified〕的關係）。

所有這些問題已成爲歷史之方法學領域的一部分。這一領域值得我們的重視，其理由有二：第一，我們可以看出它如何的將自己從前不久才形成的歷史哲學及其所提出的疑問中解脫出來（這些問題有歷史發展的理性或目的論何在，歷史知識的相對性，以及自過去的慣性和仍未完結的現在中發現並構築成一意義等）。第二，它在某些地方和其他領域諸如語言學、人種學、經濟學、文學分析及神話學等形成問題的交叉。這些問題我們可以稱之爲結構主義（structuralism）。但這僅在某些情況下發生，那些問題並不能涵蓋歷史方法學的整個範圍。它們所佔據的那一部分其重要性隨不同的分析層次而異；除了少數的小規模的例子外，它們也尚未受到語言學和人類學的影響。這些問題源自歷史的自身範圍內——更具體的說，在經濟史的範圍內，也是該學科之間的問題所引生的結果。最後，這些問題絕對無權讓我們高談歷史的結構主義，至少不能讓我們企圖克服歷史發展和結構間的「衝突」或「對立」：史家暴露、描寫、分析歷史的結構已行之有年，但他們從沒有捫心自問過，是否他們擅自將活生生的、脆弱的、悸動的「歷史」自他們斧鑿的手中滑過是合法的。「結構」／「發展」的對立與歷史領域的定義不惟毫不相關，也在各方面與結構方法的定義扞格不入。

史學在知識論方面的變動到此並未克竟全功。這個變動並非是最近肇始的，而其源頭可直溯馬克斯，且經過多年的醞釀才有成果可見。即使現在——特別是在思想史方面——這一變動尚未被認可，亦未見熱烈反響。倒是在像語言學方面，雖然晚近才發生轉變，卻已見成效。人類經由「歷史」來回溯過往的理念和知識，也似乎在這一學科上我們特別難以形成一有關「不連貫」、「系列」、「局限」、「特別的秩序」、「分門別類的自治區域」、「依附」等的歷史理論。就好像在這領域內我們已慣於追本溯源，重建傳統、依循進化的曲線，呈現目的論，或不斷的運用人生的隱喻等。當我們要想到史上的不同，描寫分散歧異的現象，或是自同中求異時，我們便深感厭惡。或更進一步說，就好像我們要自「門檻」、「變動」、「獨立系統」，及「有限的系列」等觀念裡，建立一個理論、找出一些結論、甚或僅解釋其義都是極端困難的事。就好像我們恐怕在當代思潮外再想到**別的**（other）東西似的。

對此現象我們有一理由可資解釋。如果思想史能刻劃一持續不斷的軌跡，如果它能不停的在史實中集結各種關係，且除非抽象的分析不能將其解體，如果它能將所作所爲交織成一模糊的綜合體，而此一綜合體能永遠照映和前導人類的未來，這種思想史將爲人類意識的閎域提供一得天獨厚的屏障。一個持續連貫的歷史是自我主體（subject）基本功能中不可缺少的相關要素：它保證我們所錯過的每一件事終將回歸到我們的主體意識中，它確認「時間」的作用雖使世事分崩離析，但終能將其納入一重建的整體狀況中；它更承諾有朝一日「主體」——在歷史意識的型態下——會再把因「不同」而分散的事物重行協調凝聚在它的大纛之下，且在其中發現所謂它的「歸宿」。將歷史分析作爲一連續不斷的話語陳述，和把人類的意識當作是所有歷史發展和行動的主體根源，是同一思想體系的兩面。在這一體系裡，時間總是以整體的形式被看待，而各種革命也不過是意識流轉的幾個時刻。

自十九世紀以降，這一主題在不同形式下一直扮演著一個角色：就是對抗任何「離心」（decentering）的狀況，保持主體自我的轄治，以及「人類學」及「人文主義」這兩個唇齒相依的學科。爲抵抗馬克斯所操縱的離心觀念——如生產關係的歷史分析、經濟決定因素、階級鬥爭等——它於十九世紀末轉化爲對「整體歷史」的追尋。職是，所有社會的歧異不同均可化約成一個簡單的形式，或是一個世界觀的組合，或是一個價值系統的建立，或是一文明的連貫型態。爲了與尼采系式宗譜學（Nietzschean genealogy）的「離心」論抗衡，它將理性當作是人生目的的原始根基，或將整個思想史與理性的維繫、目的論的保持，及回歸此一基礎的必然性相提並論。最後，當近年心理分析學、語言學，及民族學的研究以人類意慾的法則、語言的形式、行動的準則，或其神秘精彩的話語之遊戲等拆解主體的絕對性時，當人類無法回答自身的生存爲何，也無法解釋他的性活動、潛意識、語言的系統形式，或是想像流轉的規律性時，歷史之「一貫」或「統一」的主題又再度披掛上陣了。這一歷史不重區分而重發展，不重各種關係的交相作用而重內裡的變動，不是一個系統而是在毫無束縛的情況下孳孳工作，不是一個形式，而是一個自我中心意識的持續運作，試圖找出其最根本的生命狀態。此一史學既是一專注的、不容異質介入的工作，也是一強力運作的方式，其最終的目標是打破所有的範疇（形成一貫一統的局面）。假如有人強調此歷史「大一統」的主題，而以歷史的開闊生機來對抗僵硬的史學結構、封閉的系統以及隨之而來的年代序的排列，他顯然在歷史分析中否定「不連貫」觀念的運用、「層次」和「局限」的定義、「特別系列」的描述，以及禁止公開史上各種歧異駁雜的糾葛。這樣一來，他可能會將馬克斯的理論抹上人類學本體論色彩，使其成爲強調「一統」的歷史學家，並可自他的主義中挖掘「人文主義」的訊息。同理，他也會用先驗哲學來解釋尼采，而將其宗譜學化減爲對事物本源的追尋。最後，我們會陷入新歷史所呈現的一些方法學的問題中。因爲，如果「不連貫」、「系統與轉型」、「系列及門檻」確實是發生於所有的歷史學科中（經濟史、社會史以及科學史或思想史），那麼我們又怎能以同樣自詡爲正統的「發展」和「系統」與「運動」和「週期性」，或（更莫名其妙的）「歷史」和「結構」相抗衡呢？

同樣的保守功能也行之於文化的統一（爲此馬克斯曾被批評醜化）、根源的追求（此點與被曲解前的尼采相反），及持續開放的歷史等主題中。如果有人膽敢將「不連貫」或「歧異」的格式、「門檻」、「斷裂」、「轉化」的觀念，或「系列」、「局限」等描述用於分析歷史上——尤其是與思想、理念、知識有關的歷史上，那麼他勢必要背上「謀殺歷史」的千古罪名。如果有人攻擊歷史的親和性或歷史感的根基之道，他也必會被斥爲邪說異端。但我們不應就此被欺騙：保守史學家所哀號者，並不是歷史本身的消失，而是那個與主觀綜合活動嚴絲合縫的歷史形式之隱沒；他們所悲悼的是強調「發展」的傳統歷史之消逝。該種歷史給我們一個比神話、親屬系統、語言、性、欲望等還安適，且較不受侵擾的避風港。他們所悲悼的，是無法再經由一個計劃、一求取意義的研究，或一整合的運動，來重建物質基因的活動關聯、事物的規則、無意識的系統、昂揚卻淺薄的關係，以規避所有的生活經驗的相互關係。他們所悲悼的，是不能再將歷史爲意識形態所用；而人們一向是想藉意識形態的操縱，把過去一百年來人類錯過的事物彌補回來。所有過去的好東西都被塞進此一老舊碉堡的歷史中。這個歷史看來是萬無一失的，是被神聖化了的；它被當作是人類學思想最後的一塊立身之地；它甚至以爲它最難纏的敵人也終將被歸爲臣虜。但新史學家早已拋棄了此一堡壘，另闢新天地。人們現在發現馬克斯或尼采並未善盡職守。他們原本就不可被託以維護那個堡壘的重任，也不可被用來強調歷史至少是一有生命力、持續不斷的過程，或（對問題叢生的主體而言）一得以休憩和解、安入夢鄉的地點——而這正是今天最使傳統史學家頹喪的主因！

就在這個地方，我個人的一個研究計劃展開了。在我稍早的幾本書如《文明與瘋狂》（*Histoire de la folie; Madness and Civilization*）、《診療所的誕生》（*Naissance de la Clinique*），以及《事物的類別》（*Les Mots et les choses; The Order of Things*）中❷，曾對此稍作勾劃，但卻均未臻完美。我企圖藉此計劃來衡量歷史領域內一些變動的大關鍵。此一計劃也與理念的歷史在方法、局限及主題上互相輝映，希望藉此計劃我們可揚棄人類學中最後的一點約束；而相對的，也希望藉此計劃揭露這些約束是如何衍生的。這些工作在過去從未有條有理的概述過，而其主要的內涵也未淸楚的定義過。現在正是將其貫穿歸納成一完整理論的時候，或至少我是企圖朝此方向去做。而本書即是努力的成果。

爲了避免誤解，我謹將個人觀察所得作爲本書的開端：

——我的目標不是要將一結構的方法轉移到歷史的領域中，或更具體的說，到知識（connaissances）的歷史中❸；這種結構主義方法在其他分析領域中曾展現其價值。我的目標是要揭露，發生在有關歷史的知識領域中，一個自我衍生的轉變原則和結果。對所謂的結構分析而言，這個轉變，及它所提出的問題、它所運用的工具、自其中產生的觀念，及它所獲的結果，也許並不太陌生。然而這樣的分析卻並未被特別的使用過。

——我的目標是，絕對不用「文化統合」的範疇（諸如世界觀、理想的型態、一時代之特殊精神等）以求將結構分析的各形式強加到歷史上。我所描述的系列、所測定的局限，及所規劃的相似或相關點並不是基於老舊的歷史哲學觀念，而是要向傳統的目的論、整合總體看法提出質難。

——我的目標是定義一超乎人類學主題之上的歷史分析方法；在此範圍內讀者可以清楚看出我將要概述的內容和我以往的研究有雙重的關係。大體來說，本書企圖將過去各研究所運用的工具或方法有系統的表示出來（當然仍有一些修正及發揮之處）。但另一方面，它也利用一些已經得知的結果來定義一個不受人類學思想污染的分析方法。它所根據的理論基礎是前此它自己所發現的。如對瘋狂及心理學的肇始、疾病及門診醫療的開端、生命的科學、語言，及經濟的研究，都是我們自暗中摸索以迄於成的計劃。但這些研究已逐漸露出端倪，這並不只是因爲它們的方法變得越來越精確，也是因爲它們在對人文主義及人類學的爭辯中，發現了其在歷史上之可能形成的要點。

簡言之，就像過去其他的著作一樣，本書並不屬於有關結構（與本源論、歷史、發展）

的辯論，或至少不直接發生關係。它是屬於另一範圍，在此範圍內人類存有、意識、本源及主題等問題產生、互相交會、混合乃至於分散。但如果要說結構的問題因此而起，也未嘗不可。

這本書不像《文明與瘋狂》、《診療所的誕生》，或《事物的類別》等那樣有證據確鑿的描述。它也包含了一些訂正及內部自我的批評。基本上來說，《文明與瘋狂》記述一個廣袤而神秘的知識領域，且多半人對此領域幾乎一無所知。因此我稱其爲一個「試驗」。在《診療所的誕生》一書中，結構分析常有凌駕問題本身特殊意義和考古學的正確層次之嫌；而最後在《事物的類別》中，由於方法學上的精確指標之付諸厥如，以致給人一種以「文化統合」來分析事物的印象。過去的著作不能避免上述這樣的危險，我個人深感痛心；差堪告慰的是這些作品都是目前整個研究計劃的內部重心。因爲若要完成整個工作，第一步就是要將其自五花八門的歷史方法及形式中解脫出來。此外，沒有那些質疑我的問題[4]，沒有因之而起的困難，沒有那些反對的聲浪，我也許永遠不會對我的計劃有這樣淸楚的遠景。所以本書的態度是小心翼翼、如履薄冰的。在每一論述轉折之處，它都再三瞻前顧後，仔細思量，唯恐有過與不及的疏失。在每一轉折處，它亦極力避免任何可能的誤會。如果事先未作聲明，它亦拒絕作自身的斷論。在大部分的狀況下它是非批評性的，因爲這不是攻評他人錯誤之道。本書企圖自一特定歷史現場的周遭狀況來賦予其定義。我的目的不在攻擊他人一文不值，或使其噤若寒蟬。我只是試著描述這一史學的空檔，而當此一工作在話語中是漸有所成之際，我也仍是戰戰兢兢、不敢疏忽的。

「你知道你到底在說什麼嗎？你還要再改變嗎？你要按照別人加諸於你的問題來轉移你的立場，然後說那些反對並不眞衝著你發言的根據而來的嗎？你還要再聲明你所受的責難都是莫須有的嗎？你已準備好了在下一本書的脫身之計，然後好說你所做的是居高臨下、萬無一失的吧？」

「什麼，假若我不是有備而來——雖然手有點發抖——建造一座迷宮，在其中我得以自由闖蕩，轉動我的話語陳述去開鑿地道，迫使其遠離本題，尋找使其原定行程失色的絕壁，並使我迷失於其中卻終能絕處逢生的話，你以爲我會如此苦心孤詣而又樂在其中的寫作嗎？你以爲我會孜孜不倦的堅守我的工作嗎？無疑的，我不是唯一勤於寫作『以求』泯滅自己的形象的人。不要問我是誰，也不要要求我保持不變：讓我們的官僚及警察們來淸理歸納我們的文件吧。至少在我們寫作時，不要用他們的『道德尺度』來衡量我們吧。」

❶ L. Althusser, *For Marx*, London, Allen Lane; New York, Pantheon, 1969,p.168.

❷ *Madness and Civilization*, New York, Random House, 1965; London, Tavistock, 1967; *The Order of Things*, London, Tavistock; New York, Pantheon, 1970.
Naissance de la clinique 一書英譯已付梓。

❸英文中「知識」（knowledge）兼有法文「connaissance」及「savoir」之義。在此「connaissance」意指一種專門知識的集合，或一種特別學科——如生物學或經濟學等。「savoir」通常泛指一般的知識，或是各專門知識的總合，但此處傅柯該字用來指一種「隱含的、基層的」意義而非「整體」的意義。傅柯曾對這二字之用法有所說明：

「我用 connaissance 來表示主體和客體的關係，以及統御此關係的形式規則。savoir 則意味某一特別時代中，賦予各種各樣事物形態一專門及使其得以發揚光大的特定條件。」

在此譯本中，譯者將視意義變動的情況，將法文以括弧標出。

❹本書緒論前數頁事實上是根據作者對 *Cercle d'Épistémologie* of the E.N.S.（參看 *Cahiers pour l'analyse*, No.9）質疑所作的回答。某些發展的大要描述亦爲作者對 *Esprit*（一九六八年四月）讀者的疑問所作之回覆。

【第二部】

話語的規則

第一章 話語的統一性

「不連貫」、「決裂」、「門檻」、「局限」、「系列」，以及「轉型」等觀念的運用使所有的歷史分析不僅面臨到程序的疑問，也遭遇到理論的難題。對這些難題本章即將有所研究（至於程序的疑問將在以後實驗性研究中探討——只要從事該探討的機會、慾望，及勇氣屆時尚未失去）。而我們也僅將在特定的範圍內，意即被稱之爲思想史、理念史、科學史及知識史的各學科內，研究這些問題。這是因爲我們對其領域、內容尚未肯定熟悉之故。

但是首先我們必須先進行一項負面的工作。我們一定要揚棄一整堆的觀念；這些觀念各以不同形式將「連貫」這一主題分別加以推展繁衍。它們也許沒有一個嚴密的觀念結構，但其功能卻極精確。拿「傳統」這一觀念來說吧，它是要賦予一組既連續又相同（至少相似）的現象一個特殊的時間地位；它使我們得以三思歷史上散亂的事物中的一致性；它亦化減了各種事物起始間的不同處，使我們對其根源永不休止的追尋持續不輟。傳統也使得我們把新的事物在永恆不變的背景下，歸功於匠心獨運，天才巧思，或個人的獨有成就。此外，尚有「影響」的觀念給傳衍、聯接的事實提供有力的註解（其過程如此的神奇以致不能分析）。「影響」意味著一明顯的因果過程（但旣乏有力界限亦無理論定義），一相似或重複的現象。「傳統」使個體、全集、觀念或理論等這些明確的事物得以跨越時空而息息相連；好像經過傳導體的作用一般。另外「發展」和「演進」的觀念使得一連串分散的事件集結成群，將其在一組織原則下聯合起來，使其臣屬於一個生命力量的典範之下（以及該生命力之適應力、創新的潛能、不斷合縱相異的因素，及其毀滅和交授的系統下），去發現一連屬的原則及未來統一的綱要（雖則此一工作是其來有自的），並在一本源及一期限不明（卻有效）之永久可逆的關係間，掌握時間。此外「精神」一觀念使我們得以在一時代同時或連續發生的事件間，建立一共同的意義、象徵的關係、相似及相輝映的線索交集；「精神」也准許集體性意識出現，作爲一個時代的統一或解釋的原則。我們必須質問那些現成的綜合，那些我們通常不加細察而視爲當然的組合，那些自外表看來合情合理的線索；我們必須掃除那些我們通常用以連接人與人間之話語的形式及隱晦的力量，它們必須自其所盤據的黑暗中被驅除。在嚴密的方法學的前提下，我們不應不加思索的引述這些觀念及沒有根據的價值。我們的首要之務，是認淸它們所關心的只是散漫無章的事件而已。

我們對這些已經耳熟能詳的分劃與組合也必須提出質疑。我們能夠接受主要話語型態間，或是像科學、文學、哲學、宗教、歷史、小說等形式間的區分，而默認其所創的歷史獨立特性嗎？在我們的話語世界中，當我們運用這些區分時，我們自己都不十分有把握，更遑論我們用它們來分析一開始就以不同方式被劃分、區別的各敍述組合了。畢竟「文學」和「政治」是晚近才有的類別。當我們將其用於指涉中古或甚至古典文化時，我們僅能作一回顧性的假設，或將形式上的類比或語意上的相似處交相爲用。但十七、八世紀與十九世紀大不相同的地方，端在於標明話語領域的既非文學、亦非政治、更非哲學或科學。無論如何，這些分割——或爲我們自己所爲，或爲我們正準備研究的話語之同時產物——本身就永遠是反射性的項目、分類的原則、規範性的章程，或是制度性的模式。另一方面，它們也是話語的事實，有待與他種話語事實參照分析。當然，它們之間的關係亦很複雜，但這些關係不是內在的、自我產生的，或是天下可共認的一些特點。

但我們最應停止的「統一」形式就是那些以最直接方式出現的，即**書本**或**全集**。乍看之下，我們似乎無法揚棄這些統一的形式而不顯得矯揉造作。難道它們不是指證「統一」的最明確形式嗎？書籍有其實體上的獨立性，它佔據一特定空間，有其經濟價值，而它自己也經由許多符號來標明其開始和結束的局限。此外更有**全集**的建立，這是我們將某一數量的作品歸功於某一作者而得認識和定義的。但我們只要對此稍加細考，困難即隨之而生。書有物質統一性？這難道意味一部詩歌選集，一部遺作選集，德薩古（Desargues）的《圓錐曲線的原理》（*Traité des Coniques*），或一卷米敍列（Michelet）的《法國史》（*Histoire de France*）是一樣嗎？這難道可和馬拉美的（Mallarmé）《現在的一刻》（*Un Coup de dés*），基爾德雷（Gilles de Rais）的《審判》，波都（Butor）的《聖馬可》（*San Marco*）或天主教的彌撒書相提並論嗎？換句話說，難道一卷書的物質統一性不是其所支持的「話語集合」（discursive unity）下，一微弱、附屬的小結合嗎？但此一話語集合果眞是放諸四海而皆準嗎？一本史當達爾（Stendhal）的小說和杜斯妥耶夫斯基（Dostoevsky）的小說放在一起，就不像巴爾扎克（Balzac）的《人間喜劇》（*La Comédie humaine*）套書中任兩本小說那樣具有獨特的關係。而巴爾扎克小說間的關係又和喬伊思（Joyce）之《優里西斯》（*Ulysses*）與《奧德賽》（*Odyssey*）間的關係不相同。一本書的領域從來就不是一清二楚的、除了它的標題、頭數行文字，或是最終結局，除了它內在的佈局和它自成一家的形式，它是深陷在一相關資料、其他書籍、章句的系統之中，也就是說一本書是一個大脈絡網中的一個結而已。而此一網狀脈絡所含的資料與其他數學研究、典章評論、歷史記載，或連環說部的一個情節所成的脈絡又不盡相同。一本書的統一性，即使在其關係的組合層次上，也不能說是一成不變的。「書」並不只是我們拿在手上看的那個物體而已，「書」也不僅只存在那一小小的平行六面體中，它的統一性隨時變動，而其意義也是相對的。一旦我們對其統一性提出質問，它已失去了它不證自明的特色；只有在一複雜的話語陳述領域的基礎上，它才能表白自己、建設自己。

由「全集」所引出來的問題甚至更爲困難。但初看起來，它卻顯得是簡單得無以復加——「全集」就是冠以一人名下的一些文章作品集。但是先不談文章歸屬的問題，僅僅作者稱謂一事就不是一個單一的功能。「作者名字」是指他用本名發表，用筆名發表的作品，身後未完成遺稿，還是隨筆選集呢？一本全集的誕生必先有許多難以取決斷定的問題：譬如說，我們是否應把作者原想發表但卻未完成的遺稿亦編入其已發表的作品集中呢？我們是否應一字不動的把他的草稿及初稿亦納入全集中呢？我們是否應收錄已爲作者所棄的草稿呢？我們應如何估量作者之信件、筆記、被報導的談話，和在場聽者所紀錄的言談的地位呢？簡言之，我們應怎麼樣看待作者逝後所留下的大量文字遺跡，而其表達的形式又是如此的複雜紛亂？（註）不論如何，「馬拉美」這一名字並不和他的 thêmes（法譯英的習作），他翻譯的愛德格・愛倫・坡（Edgar Allen Poe）小說，他的詩，他對問卷的回答等相等。同理，「尼采」這個名字和其年輕時的傳記，學術論文，哲學文章，《查拉圖斯特拉》（*Zarathustra*），《瞧這個人》（*Ecce Homo*），信件，簽有酒神（Dionysus）或尼采大帝（Kaiser Nietzsche）的最後一些明信片，以及數不清的筆記本和洗衣帳單、有格言警語的簿子等，並沒有相等的關係。事實上，假如我們毫不考慮的大談作者的全集，這是因爲我們以爲它已由一明確的表達功能所定義。我們認爲在所有作者的文字中的最深層次，在所有的斷簡殘篇、枝微末節處，一定有一貫穿全局的特色出現，該特色或者是作者的思想、經驗、想像力，或無意識的表達。或者更進一步說，是作用於作者之上的那個歷史決定因素。但很明顯的，這樣一總體集合遠非是現成的，而是一種運作的結果。這一運作是闡釋性的（因它解釋一篇作品中所隱匿或表明的事物），而這一決定一作品乃至一全集之統一性的運作，和決定《戲劇與其相似物》（*Le Théâtre et son Double*）的作者阿杜（Artaud）以及《邏輯與哲學論文》（*Tractatus*）的作者維根斯坦（Wittgenstein）的運作並不相同。所以儘管我們不分彼此的通用「全集」一詞，我們所指涉的意義卻不相同。「全集」既不能看作是一現成的「統一」現象，也不應看作是「某一種」集合或是「同類」的集合。

　最後，我們應注意先行切斷各種未經查考的「一貫」觀念，這些「一貫觀念」往往都被我們事先用來組織我們將要分析的話語。我們一定要先摒棄兩個相關但相反的主題。第一個主題隱含了一種想法或願望，就是在話語的次序中，我們永遠不可能界定一眞正事件的突然發生；在任何明顯的開端之後，永遠存在著一祕密的源頭——這源頭是如此神秘和基本以致其永遠無法捉摸。所以，經由幼稚的時序觀念，我們無可避免的被引向追求一永遠不在歷史中出現、永遠退卻的起點。這一點本身是空虛的，但就這一點而言，所有歷史上的開端都不過是「重新」啓始或爲外物所掩蔽。按照與此主題相關的另一主題說法，所有明擺在眼前的話語都「已」祕密的「被說過了」（already-said）。而這「已被說過」不只是一已被說過的片語，或一已被寫就的作品，而是從未說過（never-said），一無形的話語，一靜若鼻息的聲音，一不留痕跡的作品。所以，一般人都假設話語所明確表達的各種事物已早在先前由一半沈默的聲音說明過了，而此一微弱的聲音仍若有似無的行進於該話語陳述之下。我們所見的表面話語實僅是「未被說過」者（not-said）的強自出現，而此一「未被說過」是一自內向外瓦解之「已說過」的空殼子。第一個主題把話語的歷史分析看作是一個所有歷史基因都無從捉摸的本源之追尋或重複。第二個主題則將其看作是對我們聽到（hearing）一「已說過」而同時又「未說過」者的解釋。我們必須拋棄所有那些強調話語無限持續的主題，以及它在不斷無跡可尋的交相運作中，又若隱若現的主題。我們必須嚴陣以待隨時接受話語突如其來的闖入，或準時的出現，或使其被重述、被獲知、遺忘、變形、完全抹消，隱藏在塵封書本中的各個時間。話語不應被看作是爲呈現渺不可及的本源所作的描述，而應就它發生的時機來實地研討。

對這些「一貫」觀念的先我們而存在的形式，或所有未經查詢的綜合體，我們必須要叫暫停。當然我們不能完全決絕的排拒它們，但我們也不能任其苟安。我們必須要顯示它們不是與生俱來的，而永遠是我們所知的一些規則所架構成的結果。而我們也應細加審查使其成爲合理的條文情況。我們必須定義在何種狀況下以及在那種分析中，某些條文規則是合理可行的，我們也須指出其中那些在任何狀況下都是無法被接受的。比如說，像「影響」、「演進」這類觀念在可見的將來將被其所屬的批評潮流棄置不用，但我們有必要永遠拋棄「全集」、「書籍」，或甚而像「科學」或「文學」這樣的整合統一觀念嗎？我們是應該把它們看作是幻影、不合理的架構；或是看作未審慎探求的結果？我們難道永遠都不再利用它們？即使是爲了一時之需也不通融？難道我們永遠不給它們一個定義？事實上，我們所應當做的是將它們自不言自明的狀況中抽離出來，將它們所提出的問題解放；去了解它們並不是一個安然穩定的核心基礎，好使其他問題（有關其結構、連貫、系統、變形）可置之於其上，相反的它們自己就已問題叢生（它們到底是什麼？如何定義或限制它們？它們遵守什麼特別型態的律法？它們能作什麼樣的明晰表白？它們能衍生什麼樣的次要組合？在話語的範圍內，它們揭露了什麼樣特殊的現象？）。我們必須體認，它們到頭來很可能不是它們乍看下所顯示的面目。簡言之，它們需要一套理論，但除非話語的事實基礎範圍顯得清純無瑕，此一理論將無從建立。

同時，以我的立場而言，我的目的也僅止於此。我當然會以研究已確有建樹的「一統」觀念作爲我的起點（如精神病理學、醫學、政治經濟學等），但我將不會將自己置身於這些可疑的「統一」整體中，以求研究它們內在的結構或其潛藏的矛盾現象；我會善加利用它們，期使我自己得以探究它們所構成的整體觀；或研究藉著什麼樣的權力它們可以聲稱某一領域得以突出其在空間中的地位，或某一「連續」觀念得以確立其在時間中的地位；或它們按照何種法則形成；或在何種話語陳述事件的背景襯托下它們得以挺立；或者，儘管它們已是爲大家所接受甚已幾乎制度化的獨立個體，是否它們仍只是一基礎更深厚的「統一」體的表面效果呢。我接受傳統史學中的各組合，爲的是要立刻查詢它們的本質，將其粉碎，再看它們是否可以合理的合攏還原；或是否有製造其他組合的必要；或者一面打破其表面的親切感，一面將它們置於一更廣大的空間中，使其能建設一自己的理論。

一旦這些垂手可得的「連貫」形式被中止後，整個的歷史領域就解放了。該領域雖說十分廣闊，但仍可稍作定義：此一領域是由（書寫或口述）之所有有效話語所組成，而這些話語就像毫不相干、各有所屬的事件般的發生與存在。當我們接觸所要探討的事物之前，不管它是科學、小說、政治演說，或是一作者全集，甚或是一本書，它都是存在於一中立的狀態之下，或換句話說，存在於一擾攘紛亂的話語空間中。因此，我們是被引導從事一項**話語事件的精純描述**（a pure description of discursive events）的工作，並將該工作視爲追求形之於話語內之統一規則的基準點。這項描述是很容易與語言分析區分的。當然，一個語言學上的系統（除非它是人工雕琢而成的）只有在運用一組「聲明」（statements）或一套話語事實時，才能算架構完成。然後基於此一組合，我們必須定義何者具有樣本的價值，也就是說那些規則可以建立與時下「聲明」有別的他種「聲明」。即使該種「聲明」湮沒已久，或不再被說出口，或者僅能從斷簡殘篇中重新組合起來，一個「語言」（langue）仍然是一套可能的話語的系統，一個能統御無限語言表現的有限規則集合。另一方面，話語事件的領域是一永遠有限的組合，而且在任何情況下都受制於已經被建立的語言次序。這些語言序列也許是不可勝數，也許它們在數量上遠超過我們記載、記憶，或閱讀的能力，但它們終究形成一有限的集結。由某些話語事實的語言分析所引發的問題永遠是：一個特定的「聲明」是按照什麼樣的規則制定的？而其他相似的「聲明」又是按照何種規則制定的？但我們對話語事件的描述則引出截然不同的問題：就是，爲什麼是某一「聲明」而非另一「聲明」出現？

對話語的描述和思想史間截然不同的對立關係也是十分清楚的。一個思想的體系也可以根據一明確的話語統一性而獲重建。但這個統一性驅使我們在「聲明」之外重行發現說話主體的意圖、他的意識活動、他的含意，以及發生於他的言談，或甚而難以察覺的用詞遣字中的無意識活動。無論如何，我們必須要重建另一話語，重新發覺發自我們所耳聞的聲音的內部那靜默的呢喃，或那不可磨滅的言談，重建那微不可見或常與明白的「聲明」相摩擦的小作品。對思想分析所運用的話語而言，它永遠是「比喻性」的。它的問題永遠是：在被說出的話裡頭，到底「什麼」被說了出來？話語領域的分析其淵源則大不相同。我們必須抓緊「聲明」發生時的精確特質，決定其存在的條件，確定它的限制，建立它與其他「聲明」間的相互關係，也顯示它所排除的其他「聲明」。我們並不追求在明顯的話語下，另一話語若隱若現的聲音；我們必須標明爲何它是獨一無二的出現方式，在何種方面它排斥其他話語，在與其他話語的交往關聯中，它如何取得並確保其自身特出的地位。對這種分析也許應該這樣來問個問題，才算恰當：自所說出的事物（而不從他處）中出現的這一特別存在到底是什麼？

我們必須要問自己，假如有一天我們又將恢復目前我們惺惺作態的樣子，質疑各「一統」觀念，那麼我們現在要終止這些已廣爲大家接受的觀念又是所爲何來呢？事實上，我們有系統的抹殺所有現成的「一統」觀念，使我們能重現各種話語陳述出現的特殊性，也得以顯示「不連貫」是造成歷史本質以及聲明本身罅隙的最大意外因素之一。它出現在歷史的夾縫中，而我們所試著要偵察的是它所造成的切口，那個通常小得不能再小的破綻。不管它是如何陳腐瑣碎，不管它的結果是多麼微不足道，不管我們想像它是如何的渺小未聞或被歪曲解釋，一個話語陳述永遠是一個事件，它的存在價值既非語言（langue）亦非意涵所能耗盡。它自然是一件奇怪的事件：第一，這是因爲它一方面與寫作的姿態或言語的表達息息相關，而另一方面在記憶的領域，或手稿、書籍，及其他紀錄的實質上，也有其剩餘的存在地位。第二，就像每一事件一樣，因爲它是獨一無二的，卻又可被重複、變形，或重行運作。第三，因它不僅與肇始其發生的狀況和它所導致的結果相關，也同時按照一十分不同的模式，與在其之前或之後的「聲明」相關。

但假如我們孤立與語言或思想有關的聲明／事件的發生，我們並不是爲了要在每件事物上加諸事實的塵埃。我們是爲了要使這樣的發生與一純粹心理因素的綜合性運作（如作者的意圖、他意念的形式、他思想的精確性、他所縈繞於胸的主題、橫貫其存在並賦予其意義的計劃等）截然分開，以便掌握他種規則形式及他種關係型態。這些關係型態包括各話語論說之間的關係（即使作者對此一無所知，或各話語說詞並非出於同一作者，或即使作者並不知互相的存在）；因此而建立的各話語組合間的關係（即使各個組合沒有相同或相似的關係領域，即使他們沒有相同的形式層次，或即使他們不是相互交會的所在）；一種特別話語或事件的組合與他種話語述論間的關係（如技術、經濟、社會、政治等）。我們展現話語事件在一空間內佈署的最純粹狀況，並不是要在一無法克服的孤絕環境中將其重建；也不是要將其自我封閉起來，而是要使我們能自由的去描寫其內在與外在關係的交互作用。

描寫話語之事實的第三個目的是，當我們自號稱爲「自然的」、「立即的」、「放諸四海而皆準的」的各一統觀念組合中解放出來後，我們會較容易描述他種統一性，而且是經由一組事先控制的決定來達成此一工作。假如我們能夠很清楚的定義該狀況，我們就可根據一被正確描述的關係，來架設那些並不武斷但卻仍不可見的話語組合。當然，在有問題的話語陳述中，這些關係永遠不會自己規劃出來（譬如說，不像那些以小說形式，或數理命題系列表現出來的話語，其中的關係是明明白白的被標示或說明的）。但它們也絕不會構成一種秘密的話語，自內向外的操縱那些可以明白顯示的話語。所以它不是一對可以揭示話語之事實所作的闡述，而是對其同時存在、持續、相互作用、互相決定、獨立或相關轉變的分析。

然而如果沒有某些指導方針而要去描述所有以此方式出現的關係，也是不太可能的。我們需要一暫時性的區分作爲我們初步估量標準：也就是一種初期的區域分割；而在繼起的分析中終會將這一初期的區域分割銷毀或重加組合。但這樣的一個區域分割又將如何的界定其範圍呢？一方面，我們必須依實際經驗來選擇一領域，且該領域中的關係可能是極其繁複稠密，而也較爲容易描述的：如此說來，又有什麼領域比我們所熟知的科學領域顯示出更緊密、但又更容易描述的話語事件間的關係呢？但在另一方面，除了討論比較沒有形式化的話語，（而在其中各說明又似乎不見得根據純粹句法規則而架構），我們又怎能有更好的方法把握一個說明的存在及控制其出現的規則，而非其結構規則或形式架構呢？除非我們一開始就採用在時空中都極廣大的範圍，我們又怎能確定不受像「全集」、「影響」這類區分的控制呢？最後，也許除非我們先考慮使這些分類得以構成的說明，也就是所有將話語的「主體」（subject）當作其客體（object），並將其當作知識的範圍的那些說明，我們如何能肯定不受那些操之過急，只關注說話主體，作品之作者，或簡言之所有人類學的分類的「一統」或「綜合」觀念的影響呢？

這說明了我所賦予那些研究「人類科學」（sciences of man）之話語的有利因素。但這也不只是一暫時的權利。有兩件事實我們必須時刻銘記於心：話語事件的分析絕不應僅限於這一領域，而這一領域自身的劃分亦不應看作是一成不變或完全正確的，它不過只是一初步的近似值，藉其各類關係得以出現，也因此終將抹去其啓始輪廓所加諸的各種局限。

（註）：英語的 language 包含了法語的「langue」（意即如英語、法語的自然語言），及「language」（意即對語言類別屬性的通稱，如哲學語言、醫學語言等）二義。以下譯文將視上下文的意涵而作不同的表達。

第二章 話語的組織

在前一章節中我已大力描述各「聲明」(statement)間的關係。對其他從事此類研究者所輕易接受的一些「一統」觀念我也小翼翼的加以駁斥。我也已決定不輕忽任何「不連貫」、「破裂」、「門檻」、或「局限」等形式。我已決定要描述在話語論說領域中的各式聲明以及其所可形成的關係。就我個人所見，有兩個系列的問題自此相應而生：第一是有關我對「聲明」、「事件」、「話語論說」三個詞彙不加詳細劃分的使用的問題，此點我將暫且擱置，容後再加討論。第二是有關在暫時性的、可見的「聲明」組合中，如何對「聲明」間的關係作適當描述的問題。

譬如說，有許多的「聲明」是很明顯的——而且是有確定日期可尋的——與政治經濟制度或是生物學、精神病理學有關。另有一些「聲明」也是清楚的與那些源遠流長的「延續」如文法或醫學相屬。但這些「一統」到底代表了什麼呢？我們又怎麼能說威理斯(Willis)

或夏柯（Charcot）對頭痛的分析是同一類的話語論說？或是培帝（Petty）的發明是和耐曼（Neumann）的計量經濟學一脈相承？或是波特-羅耶（Port-Royal）文法家對判斷準則的分析與在印歐語言中母音階序的發現隸屬同一領域呢？到底**醫學**、**文法**，或是**政治經濟學**是什麼？難道他們只是當代科學爲曚混自己的過去所作的回顧性的重組？難道它們是一朝確定並隨時代演進而發展的形式？它們是否隱藏了他種「一統」的模式？在所有以這樣常態、定型的方式所形成，而令人難以理解的「聲明」聚合體間，到底有什麼樣的聯繫可供我們確認？

第一個假說，這也是乍看之下最可能也最易證明的假說是：形式上各有千秋，時間上散亂分立的「聲明」，當它們指涉同一事物時，就形成了一個組合。據此，屬於精神病理學的「聲明」似乎都指涉同一事物——那就是以不同方式肇始於個人或社會經驗，而我們皆稱之爲「瘋狂」的病例。但我很快就了解「瘋狂」這件事所形成「一統」模式並不能使我們將一組「聲明」獨立化，也不能使我們在其間建立一恆久不變且可清晰描述的關係。對此我們有兩個理由可資說明。我們如果想經由查詢「瘋狂」的本質，或其神秘的內涵，其靜默不足爲外人道的眞理，來發掘在某一特定時間內「瘋狂」一詞的意義，那我們的想法自然是錯誤的。因爲心理疾病定義之建立，完全是由有關的「聲明」所組成：這些「聲明」將其命名、分劃、描述、解釋，並追本溯源，顯示其相互間的關聯，判斷其本質，甚或可能藉這個名義，長篇大論的發表各種話語陳述。不僅此也，這一組「聲明」決非指陳一個單一不變的事物，亦非永遠像一屹立不搖的理想般的維繫其意義。十七、八世紀醫學「聲明」援引自相關範疇的事物，與該事物出現於法律判決裡或警察工作中的狀況不盡相同。同樣的，所有精神病理學話語陳述中的事物也歷經皮奈爾（Pinel）或伊斯奎若（Esquirol）到布勒（Bleuler）的修訂變遷：在每一個案例內所處理的病徵都是不相同的；我們也不是在討論同一種類的瘋人。

「瘋狂」這一事物的繁雜多樣性也許或應該使我們導向一個結論，就是去接受一項事實，就是我們無法形成「一有關瘋狂的話語述論」，或有效的「一統」模式來建構一組「聲明」。也許我們應該將我們的注意力集中於那些處理同一事物的「聲明」組合上：像是有關憂鬱症、神經官能症的話語述論上。但是我們很快就會明白每一個像這樣的話語述論也會架設其自身研究的對象，而且到了某一程度完全改變其本質。所以，話語述論的統一性是否多半是基於一空間，且在該空間內各事物出現且不斷變化，而較少基於一個事物永恆特別的不變性，成爲問題核心所在。使我們孤立一組有關「瘋狂」聲明的典型關係難道不可能是，在該關係中，被命名、描述、分析、欣賞，或判斷的各種事物之連續或同時出現的規則嗎？各種有關「瘋狂」話語的統一模式不會是僅基於「瘋狂」這件事物的存在，也不會是基於一客觀單一標準的設立；而是在某一時期內，各種使得瘋狂這件事得以顯現的規則間的相互作用。這包括了在各種歧視和壓抑的尺度下所形成的事物；因每日行事、法律、宗教決疑、醫學診斷而異的事物；自精神病理描述中所顯現的事物，或由醫學規範、診療、護理所界限定義的事物。此外，有關「瘋狂」各話語陳述的統一模式也應該是由那些定義不同事物的轉換，它們在時間中不可捉摸的身份、它們之間的破裂，使它們永恆不變之地位倏然中止的內不連貫性等的規則之相互作用來標明。這裡有個似非而是的弔詭是：我們若要定義一組「聲明」的獨立性，就必得定義這些事物間分崩離析現象，去掌握分離它們的罅隙，去衡量間隔其間的差距。換句話說，去有系統的表明它們分劃斷裂的法則。

第二個定義「聲明」間之關係的假說爲它們關聯的形式和類型。譬如說，對我而言，自十九世紀以來醫學的特色與其說在於它的研究對象或觀念，倒不如說在於它的**風格**（style），或是一種持續不斷的「說明」的風貌。前所未有的是，醫學不再是包含一組傳統、觀察，或是不同性質的業務，而是包含一種知識的集合；此一知識集合的前提爲，看待外物的共同方式，對感官領域作相同的劃分，按照身體可見症狀，對精神病理事實所作之相同的分析，將我們感官所及轉化爲我們所**說**的相同系統（同樣的字彙，同樣隱喩的運用）。簡言之，對我而言醫學似乎是以一連串描述性「聲明」組織起來的。但是，在立論之初，我就必須放棄這一假說，而且體認有關診療之話語不僅是一組描述，也同時是一組有關生死、倫理的選擇、診療的決定、制度規章、教學模式等的假說。我同時也體認描述性的「聲明」僅是出現在醫學話語中眾多有系統的說明之一端而已。我更必須了解這一描述一直是不斷的被轉換。這或許是因爲自比夏（Bichat）到細胞病理學以來，許多標準及綱要已被替換了；或許是因爲自肉眼檢查、聽診、解診以迄顯微鏡及生理試驗的使用，整個知識系統已被修正了；更或者是因爲自初步簡單的解剖診療關係到精密的精神病理分析過程中，所援引符號的集合及其解析已被完全重建了。或者最後是因爲醫生已逐漸不再是記錄、闡述消息的中心；在醫生之外，許多資料檔案、相互作用的儀器，和分析的技術已經出現。醫生當然運用這些身外的工具，但它們也相對的減低了他作爲觀察病人主體的地位。

所有這些興替都是在十九世紀中，逐漸出現於醫學的話語上，現在也都可能是引發醫學新局面的因素。假如有人想要運用一規格化、符號化的聲明系統來定義此一話語，那麼他必須了解，他所定義的這個醫學一出現就已解體了，而僅有在早期的比夏和拉尼克（Laennec）的論述中，他可發現一公式化的解說。所以，假如此一醫學話語有其「一統」的模式，它的原則並非是一些已固定的「說明」之形式。難道它不是一組規則？而這組規則在同時或輪替的狀況下已使純粹的感官描述與經由儀器觀察之所得，得以成爲用於實驗室之試驗，統計之計算，知識或人口統計上的觀察，政教制度的規章，或診療行爲的程序。我們必須要標明及個別化的就是這些性質互異而又分散離亂的說明之同時存在的情形，我們要標明使其分立不群的體系、它們互相依靠的程度、它們互相連鎖或互相排斥的方式、它們所經歷的變化，以及它們排比、替換的運作。

另外一個研究的方向，也就是另外一個假說是：我們難道不能以決定各「聲明」中永久連貫的觀念所形成的系統，以求建立各類「聲明」的組合嗎？舉例來說，新古典主義時期對語言及文法事實的分析（自蘭斯勒〔Lancelot〕以迄十八世紀末期）不就建立在有限數的幾個觀念上嗎？這些觀念的實質與用途一經確立都似乎可以流傳千古：像是「判斷」（judgement）的觀念，任何句子的規格形式，在更遼闊的「名詞」類別下重新被組合的主詞與述詞的觀念，與邏輯連接詞對等的動詞觀念，被定義爲「重現」事物之符號的「文字」觀念等。這樣，我們就可以重建新古典主義時期文法觀念的全貌了。但即便如是，我們也會很快的遇到許多局限：我們幾乎在成功的描寫「波特-羅耶」派作者的分析的同時，會被迫承認一些新觀念的出現；有些新觀念也許是源自前者，但其他可能的異質觀念有些甚至與舊觀念格格不入。自然或內在句型次序的觀點，或是十八世紀爲布塞（Beauzée）所介紹的補語觀點，也許仍將毫無疑問的融會於「波特-羅耶」派的文法中。但其與蘭斯勒或杜克婁（Duclos）所用的觀念相符合之處，既非聲音原本具表達性的價值，亦非文字包涵了一套原始的知識或以極其晦澀方式表達它的觀點，亦非子音變動的規律性，亦非動詞僅爲指示一動作或運作的名字這一觀念。難道我們就因此必須承認文法的出現旨在形成一連貫的外貌？以及這一組行之已一世紀有餘的聲明、分析、描述、原則及結果僅是一個假的「一統」現象嗎？也許我們可以不在觀念的連貫，而在它們同時或接續的出現，以及在它們之間的差距甚或不合上，發現一話語的統一性。我們可以不須再去找一個極其籠統抽象的觀念架構來涵蓋各家之言，或將其縮減至同樣的演繹結構中；相對的，我們可以試著去分析它們出現及分散等的相互運作關係。

最後，第四個企圖重組「聲明」，描述其相互關係以及解釋它們出現的特殊形式的假說是：各主題之間的相同及持續。像經濟學或生物學這類的「科學」，其本質通常是容易引起爭論的，也容易引出哲學及倫理上的多樣性，亦容易爲某種政治狀況所操縱。因此我們可以設想有某種主題貫穿其間，激發一組話語陳述，就像一個有機體有它自己需求，它自己的內在力量，以及它自己求生存的潛能一樣。難道我們不能將自布風（Buffon）至達爾文以降的各進化論主題連貫建立成一「一統」的形式嗎？但這一主題根本是較哲學性，也較近宇宙論而非生物學；該主題是自遠處而不是自一已命名的、已重組的、已解釋的結果來指導研究；該主題永遠是以我們所不知的事物爲前提。然而這個主題在它基本的選擇下，把曾被列爲假說或必然性者有力的轉變爲話語的知識。難道我們不能就同一方式來討論重農主義說這一主題嗎？重農主義主張在所有的示範之外及所有分析之前，「三倍租」（three ground rents）的自然特性，此一觀念結果又以土地產物在政治經濟上之首要性爲先決條件；它又排除所有工業生產機械結構的分析；另一方面它又顯示一國之內貨幣流通，在不同社會種類間的分配，以及它回流入生產孔道等的描述；而最後這個特性引領李嘉圖（Ricardo）去思考

「三倍租」不出現的例子，或它可形成，而結果摒棄重農主題之武斷性的情況。

但是在這一企圖的基礎上，我們必須作兩個逆轉的、輔助性的觀察。在一個案例裡，同樣的主題可以經由兩套觀念、兩個分析的典型、兩個完全不同的事物範圍來清晰的表明。在最籠統的結構上，德馬累（Benoît de Maillet）、波德（Bordeu）或狄德羅（Dide-ot），及達爾文的進化論觀點或許是相像的；但事實上，在上述任何一例子裡使進化論觀念成爲可能和連貫者都不是同樣的東西。在十八世紀，進化論的定義強調一開始就形成一連續狀態的物種間之親和性（此一連續狀態僅在天然災害中可能被打斷），此種親和性亦可能經由時間的流逝而致成。在十九世紀，進化論主題不再關切不間斷的物種所形成之結構，而轉注於描述不連貫的群體，以及分析一互相依賴之有機體供養眞實生命狀況的環境間，相互作用的模式。「進化」是一個單一的主題，但它的發展是基於兩種不同話語的典型。另一方面，在重農主義這一例子上，奎斯奈（Quesnay）的選擇竟然是和那些被稱之爲功利主義者所持的反對意見是基於同一觀念體系。在此一時期，財富的分析包含了一爲大眾所接受但比較略有限制的一套觀念（幣制被給予同樣的定義，價格被給予同樣的解釋，而勞工的計算亦採同一方式）。但基於這一套觀念，卻衍生了兩種解釋價值形成的方法，這兩種方法是分別按照兌換之基礎的分析，或是按照一日報酬爲基礎的分析而產生。這兩種可能性都包含於經濟理論及其觀點組合之規則中，它們雖然是基於同樣的因素，卻導致不同的取捨可能。

所以，若要自現存的這些主題中去找出一個話語之所以獨立化的原則來，可能是行不通的。難道我們不可以自一話語所放任四散的選擇點中找尋這一原則嗎？由它肇始的各種不同的可能性，如重新鼓動現存的主題，刺激起相對的策略，引發互不妥協的利益觀點，並且以一套特別的觀念使運作不同的「遊戲」成爲可能；難道我們不能自其中找出一話語的原則嗎？難道我們不可以放棄經由時間的流變去尋找主題、意像，及意見的永恆性，難道我們不可以不去追尋它們之間衝突的辯證過程以求孤立一組聲明，難道我們不可以只標明各選擇要點的分散紊亂，並且在有所抉擇、預設主題之前，劃定可行策略的範疇？

如同上述，我面臨了四個企圖，也是四個失敗——也是四個持續性的假說。它們現在必須經歷一番考驗。對於我們已耳熟能詳的、大範疇的聲明組合——就是我們通稱之爲**醫學**，**經濟學**，或**文法者**——我已捫心自問它們「統一」的根據到底何在？是以完整、緊密結合，具一貫性，而範圍明確的一群事物爲依據嗎？對我而言，它們是一連串的鴻溝，並且交雜著差異、差距、代換、變形等的相互作用。它們的形成是根據一明確的、有規範性的聲明型態嗎？我發現各層次的公式是如此的不同，它們的功能是如此的互異駁雜，所以它們很難被安排連結成一單一的型態，也很難超越各別的全集，衍化成一一氣呵成、貫串各時代的作品。它們的形成是根據一套自始就定義明確的觀點嗎？我們立刻面臨了在結構上及控制其運作的規則上互不相同的一些觀念；而這些觀念互相忽視排斥，也不能被列入一邏輯完整統一的架構中，難道它們的形成是根據一主題的永恆不變性嗎？但我們在其中所發現的卻是形形色色的策略可能性，這些可能性使互相牴觸的主題皆活躍於一時，或者它們使得同一主題出現在不同的「聲明」組合中。基於以上的各種原因，我們才強調我應去描述各話語論述分崩離散的現象，去發現在各因素間（這些因素的組織既不像一漸進歸納的結構，亦不像一不斷被寫就的巨書，更不像一總合主體的全集），是否我們無法探求一規則性、一個接續出現的秩序、同一時間中的關聯性、同一空間中的固定位置、互惠的功能、連結有序的變化。這樣的分析將不試圖孤立小的連貫單位以求描寫它們內在的結構；它也不試著去展現或懷疑潛在的衝突；它試著研究劃分畛域的形式。或者換句話說，它將描寫事物**分立四散的體系**，以取代重建**推論的連鎖**（就像大家通常在科學史或哲學史上所作），並取代規劃（像語言學所作的）**差異的表記**。

一旦我們可以描述一批「聲明」間這一離散的體系，一旦我們定義事物間、「聲明」類型間、觀念間，或主題選擇間的規律性（一個秩序、相互關係、地位和功能、轉化），我們就可說我們在研究**話語的形構**（discursive formation）。這是爲了討論的方便，因爲這樣我們可避免用像「科學」、「意識形態」、「理論」，或是「客觀的領域」等類的字眼。這些字彙已經飽含各種狀況及結果的意義限制，且在任何狀況下均難以指涉我們所討論的「離散」觀念，至於造成這一離散分割因素（事物、「聲明」模式、觀念、主題選擇）的條件，我們將稱之爲**架構的規則**（rules of formation）。這個「架構的規則」是在一特定的話語劃分中存在（也是共存、保持、改進、消失）的條件。

而這就是有待我們研討的範圍；這些觀點也亟需我們的試驗與分析。我對所要冒的險也十分了解，在作初步的探討時，我用了一些非常鬆懈但爲大家所熟知的「聲明」組合：在分析結束時我沒有把握我可以再找到這些組合，我也未必能發現它們的規劃及獨立的原則；我也不能確定我那孤立的話語架構將給予醫學一完備的定義，或是標示經濟學或文法學在歷史發展中的完整起伏曲線；我的研究也許甚至會引出很多意外的局限和分歧。同樣的，我也不能保證這樣一個描述將能考慮「話語組合的科學性（或非科學性）」；我曾將此點看作是一攻擊點，而它們（話語組合）自始就以一具有科學的理性的姿態出現，我也不能證明我的分析將不會被置於一不同的層次，包含了一個不能被減損至認識論或科學史的描述。此外，在這一研究的結尾，我們也許不能恢復我們一開始出於方法學的熱誠就中止的「一統」模式。我們也許會被迫去打散某些「全集」，忽視影響和傳統，放棄本源的問題，聽任一度聲威不可一世的「作者」聲銷跡匿；而因此一向被認爲是思想史的正統的東西也將自我們眼前消逝。簡而言之，這裡有一個危險是：我們不再供給已存事物一基礎，不再對已存的綱領大加描摹，不再對最後的肯定重申保證，不再對歷經無數試煉後的成果信心十足的宣佈今後一切都否極泰來。我們被迫去超越我們已熟悉的疆域，遠離我們習以爲常的肯定事物，而進入一從未被規劃的處女地，迎向一不可見的後果。但當一切史家到目前仍日夜賴以爲屛障的東西（這「一切」包括了理性的命運及科學的目的論、從一時期傳衍到另一時期的思想工作、意識的覺醒及進步、它對自己永恆的再行開始、永難完成但卻始終不斷的「一統化」大業、對一一向開展的根源的回歸，以及，最後的歷史超越主學）可能會消失，使分析工作陷於一空白無情的空間，而又失去內爍性與保證時，難道這就不危險嗎？

第三章
話語對象的形構

我們現在必須要將擺在眼前的各個方向一一羅列，並且查看是否此一「形構規則」的觀點——到目前爲止對這方面的粗略探討僅是聊勝於無——能被賦予眞正的內涵。首先讓我們看看話語之對象的架構。爲了充實我們的分析起見，讓我們以十九世紀以來精神病理學的話語陳述作爲例子——這是因爲此一話語在時序上自成一段落，所以較易作爲探討的主題。這一話語陳述有足夠的症候顯示其特性，但我們僅就其中兩點來討論：第一，十九世紀初年精神病院中排斥及監禁瘋人之新方式的建立；第二，將某些當代的觀念追溯至伊斯奎諾、亨若斯（Heinroth），或皮奈爾的可能性（例如，妄想症可倒溯至偏執狂，智商可上溯至以往早期的有關低能觀念，全身痲痺可上溯至慢性腦炎，人格神經官能症可溯自非精神錯亂的瘋狂等）；但一旦我們想追溯十九世紀以前的精神病理學的發展，我們立刻就無路可尋，而且所有線索都變得紛亂不堪。甚至都勞倫（Du Laurens）或范斯維登（Van Swieten）對卡瑞普琳（Kraepelin）或布勒之病理學所作的預測也不過是僥倖的巧合而已。自從這一大分裂後，精神病理學所討論的事項可說不勝枚舉，但多數都是過新、臆測之言，隨時都有改變或甚而立即消失的可能（指有些例子）。除了運動神經失調、幻覺、語言錯亂（雖然這些病仍以不同方式被認定、規劃、描述和分析，它們已被認爲是瘋狂的徵兆了）外，以前未被用過但在此時出現的各種研究領域有：輕微行爲失調，性行爲錯亂或紛擾，聯想和催眠的現象，中樞神經系統障礙，智能及運動神經的適應缺陷，犯罪等。而在這其中每一個方面都有許多話語對象被命名、定義、分析，然後被修訂，重新定義，被反駁，被抹消。我們可能去界定它們之出現所可遵循的規則嗎？在這些話語對象並立或排列所形成的一個散亂的精神病理學領域中，我們可能發現一推論性的系統，而此系統能適時表現大的鴻溝或知識的過剩嗎？是什麼使它們存在成爲話語陳述的對象？

(1)首先我們必須標示它們崛起的第一個表徵：顯示出從那些地方這些個別的差異可能出現而後被指認和分析，按照理性化的層次、觀念模式，和理論型態，被給予疾病的地位、疏離感、異常、癡呆症、神經官能症或精神不正常、退化等名目。在不同的社會、不同的時代，及不同的話語形式，這些病症出現的表層徵兆都不相同。以十九世紀精神病理學爲例，它們可能是因家庭、與之立即有關的社會群體、工作情況、宗教環境所造成的（所有這些社會結構都是規範性的，對越軌行爲都是虎視瞻瞻的，都有一個容忍的限度。但一超越雷池，則必厲行棄絕排斥的嚴法。它們都有指認症候及拒斥瘋狂的模式，如果它們不能將治癒的責任歸委於醫藥，它們至少也用醫學觀點來解釋病因）。雖然各種病症出現的表徵是按照一特殊的模式來組成的，它們在十九世紀卻不是新鮮的事。另一方面，在此一時期新的表徵無疑已開始出現運作：藝術及其自有的規範性，性（它之違背習俗禁忌首次成爲精神分析話語中，觀察、描寫，和分析的對象），刑罰（在過去各時代中，瘋狂是和其他犯罪行爲仔細區分的，且被目爲是一種藉口。犯罪本身現在開始成爲一種——多少和瘋狂有關的乖違常道的行爲，而這和過去流行的「殺人偏執狂」觀念遙相呼應）。在這些初步區分的範圍裡，在其間的差距、不連貫，及顯自其內的門檻中，精神分析學話語找到了劃定瘋狂的領域，定義其內容，給予其一話語對象的地位——也因此使瘋狂表面化，可以被命名和描述。

(2)我們也必須描述劃定界限的權威。在十九世紀，醫學（作爲擁有它自己的規則的制度，作爲構成醫學這一行業之一群人所形成的群體，作爲知識和行爲的整體，爲大眾輿論、法律及政府公認的權威）成爲社會上的主要權威之一。它將瘋狂當作一話語對象般的定義、標示、命名。但在這方面它並非是獨一無二的：在刑法和法律裡我們亦可見端倪（像藉口、無責任，可以掩飾過去的事情的定義，以及如情慾犯罪、遺傳、對社會的危害等觀念的運用）。此外宗教權威（專指宗教作爲區分神秘與病態、精神與肉體、超自然與不正常時的權威，亦專指宗教憑藉良心的方向來了解個人，而不只憑藉決疑論的立場把各種行爲狀況作生硬的歸納）、文學和藝術批評（十九世紀的文藝批評越來越不把作品當作是顯現品味的對象，而將之視爲必須予以闡述的語言架構，作者所展現的技巧也必須被認知）亦是二例。

(3)最後，我們必須分析**詳細指明的座標**（grids of specification）。所謂「詳細指明的座標」是指一套系統。按照這套系統，不同「瘋狂的種類」被分劃、相對比、相接近、重新組合、分類，並作爲精神分析話語的對象（在十九世紀，這些特殊化的座標爲：被看作是一組順序排列、關聯，並互相貫通的機能所形成的「靈魂」；被看作是由交相依賴的器官連接成之三度空間的「肉體」；個人的生命和歷史被看作是各階段的直線延續、脈絡的糾結、潛在的反作用力的集合、週期性的循環；神經心理學上的相互關聯作用被看作是互惠的反射系統，或是循環因果律的領域）。

這樣的描述本身仍是不甚周全。這是基於兩個理由。這些「出現」於表面的層面、「劃定界限的權威」、「詳細指明的形式」並不供給一切，確切的話語陳述對象，使得精神病理學只是將它們排列、分類、命名、選擇，並涵蓋以字句的網絡就可以了。家庭並不能以其規範、禁忌、感性的門檻來決定誰是瘋狂的，並將「病人」送到心理醫生處分析判斷；法律系統也不能因爲在某一樁謀殺或性攻擊外，看到了偏執狂或神經病的症候，就將某些罪犯送交給精神分析案。如果我們把話語當作一個場合，而過去所建立的話語對象就像紙上的文字一一羅列於其中的話，那將是一極其錯誤的想法。但以上所列舉諸點之所以不盡適用仍有另一理由。它已經一一安置了幾個差異的層次，使話語的對象在這些不同的層次得以出現。但它們之間存在何種關係呢？爲什麼是這一套被用來枚舉細目而不是另一套呢？在這方式下我們到底以爲我們在定義什麼樣的明確且封閉的組合呢？如果我們只知道一系列性質互異不同的決定因素，而且它們之間又少有跡可尋的關聯，那麼我們又怎能談論「形構的系統」呢？

事實上，這兩個系列的問題都可推溯到同一基點。爲了要使那一基點落實，讓我們先重新檢視前述的例子。在十九世紀精神病理學所研究的範圍裡，我們看到一整套屬於「過失」(delinquency) 項下的事物早在伊斯奎諾的時代就出現了。這些事項有殺人（和自殺）、情慾犯罪、性攻擊、某些形式的盜竊、流浪；然後自這些病症又引發出遺傳、發生神經官能症的環境、攻擊或自毀性行爲、變態、犯罪慾、（催眠術之）暗示感應力等問題。如果說我們在此研究某一發現的結果，這並不是很恰當的。這些發現的「結果」包括一個精神分析家突然發現犯罪和精神病態的行爲有相似之處，或在某些罪犯身上發現傳統孤離或心神不調的徵兆。這些現象都不是當時研究所能迄及的。事實上，我們問題的重心在決定是什麼使得這些發現成爲可能？這些「發現」又如何導致其他「發現」，而後者又能將其發揚光大，或是改正修訂，甚或推翻駁斥？同樣的，如果把這些新的研究項目之出現歸因於十九世紀中產階級社會規範使然，或是刑罰警力的加強，或是新的罪犯罰法的建立，或是可資掩飾過去的事情之引用，或是犯罪率的增加，都是毫不相干的。無疑的，所有這些過程都有其運作的功效；但它們自己不會去形成精神病理學話語所需的事實。若想在這一層面去追求一實在的描述，我們恐怕會一無所獲。

假如在我們社會歷史上的某一特定時期，犯過者的行爲被心理學化或病理學化，假如犯罪行爲能夠產生一整系列知識的研究目標，這是因爲在精神分析學話語上有一組特殊關係被採用之故。這些關係包括：在刑罰種類以及犯罪責任降低的程度等這些「詳細指明層面」的關係；或是在心理學特徵（機能、性向、各種程度的發展或退縮、對環境的不同反應、學而得知的、自發的，或遺傳的人格類型等）各層面的關係；醫學決策的權威或司法決策的權威間的關係（這是一極其複雜的關係，因爲雖然醫學決策當局完全了解司法在定義犯罪，及決定犯罪成立及量刑的情況上有其權威性，但醫學界仍操有分析犯罪根源及其所應負責任多寡的大權）。由司法查詰、警方消息、查證，以及整個司法知識運作組織所形成的過濾網，與醫學詢問、臨床診斷、病源追踪、傳記式背景解釋等所形成的過濾網亦兩相發生關係。此外這些關係亦可見於家庭、個人行爲在性及刑罰上的規範，以及病理學徵兆及疾病的細目之間，醫院隔離治療（它有某特有的門檻、治療的方針，區分正常與病態的不同）與刑罰上監禁（亦有其懲罰及教導的系統、行爲優良、改進，及釋放的標準）的關係。這些在精神分析學話語中運作的關係，已使得我們把各形各色話語對象架構成一大組合的可能性提高。

總而言之，在十九世紀中，精神分析話語的特色不是由幾樣特殊的話語對象所標明，而是由那個使得話語對象極端分化的方式所標明。這一架構是因各種「出現」、「劃分」，及「詳細指明」的權威間所造成的一組關係而產生，我們因此可說，假如我們得以建立這樣一個組合，假如我們可以顯示一個話語中任一特別對象如何出現及座落何方，假如我們能顯示話語可同時或連續的產生互相排斥的對象而又不須強加自行調整的話，一個話語形構的定義就可由此產生了（至少對其所處理的話語對象而言）。

由此，我們可以歸納出幾點結論：

(1)一話語對象出現有其必要條件。假如我們對話語對象「表示意見」，或幾個人對其要「表示不同的意見」，亦需有歷史的條件配合。假如該事物要與其他事物共存共榮，或與其他事物建立起相似、親近、差距、差異，或轉型的關係，更需要特定的條件。我們因此可見，形成話語形構的條件是既多且廣的。這顯示了我們並不是在任何時間都可暢所欲言的。去談論一些嶄新的事也不是容易的。睜大眼睛，集中注意，或是全神貫注這些方法都不足以促使新的話語對象如電光石火般的突然崛起。但這一種困難並不僅具有負面的意義；這種困難不能歸咎於有些專事蒙蔽、阻撓，或掩蓋明顯例證的阻力，乃至物界的冥頑晦暗本性。話語對象不會在昏暗不明的狀態下等待一個秩序去解放它，使它化身成爲一可見而冗長之實體。它也不會先於自己存在，而又在靈光乍現後，因爲困難阻撓而退縮。它存在於一複雜之關係組合的有利條件下。

(2)這些關係是被建立於各政教制度、經濟及社會過程、行爲模式、規範系統、技術、分類型態、特色的樣式之間。這些關係也不出現在該話語對象中。當該對象被分析時，這些關係並未展現於其中。這些關係也不暗示一個網絡、一內爍自明的道理。或換句話說，當我們考慮該對象在其觀念中的眞實性時，這些關係也不會像理想的脈絡般整體或部分呈現出來。它們不定義話語對象之內在結構，但它們定義何者使該對象出現，與其他話語對象並立，座落在一相互關係間，界定其不同處、其不可化約性，或甚至其異樣的性質。簡言之，這些關係定義什麼使該話語對象位於外現的領域中。

(3)這些關係必須首先與所謂的「基本」(primary) 關係區分。後者超然於所有話語或話語的對象外，也許得以自各機構制度、技術、社會形式間獲得描述。畢竟，我們很明白存在於十九世紀中產家庭與司法權威，類別運作的關係，其本身就值得被分析。它們不能永遠與話語對象的關係相重疊：因爲在「基本」層次上所顯現的依賴關係，並不見得要藉話語對象的關係架構來呈現。但我們也必須區分在話語上所產生的「第二層關係」。譬如說：十九世紀心理醫生對家庭和犯罪間關係所持之意見，並不能重現眞正依賴關係之作用。但他們對家庭和犯罪間的關係所持之意見也不能重現一種關係作用，使精神分析話語對象成爲可能並持續。所以在一空間內有好幾種可能的話語陳述得以開展：一個**眞的**或**基本的**關係系統、一個**反射**或**次等**關係系統、以及可以被正名爲**話語性**的關係系統。問題的所在就是要標明這些話語的關係，以及它與其他兩種系統相互作用的關係。

(4)我們可以看得出來，「話語關係」並非是話語之內在的表現：它們將觀念或文字一一串連起來，它們在句子與命題間也不企圖建立一演繹的或是修辭的結構。但它們也不存在於話語之外；它們形成一個可以限制話語的範圍，給予話語一特別形式，或甚至在某些狀況下，迫使話語表明一些事情的關係結構。從某一個層次來說，「話語關係」是位於話語的界限之上：它們提供話語可以談論的對象，或者，它們決定那些關係組合話語可用來討論各種對象並將其命名、分析、歸類、解釋（但此意象的先決條件是話語對象必須在話語以外形成）。這些關係並不標示話語所用之語言（langue）的特色，亦不突出話語鋪陳的狀況；它們只專門表現話語本身就是一種實踐的方式。

我們現在可以完成我們的分析，並看看這個分析將我們開始的計劃實現了多少，又修改了多少。

面對那些以心理學、經濟學、文法學、醫學等持續但混雜方式出現的群體形象，我們曾經探問，在何種基礎上它們的「一統」模式可以建立？它們只是基於特殊作品、連續的理論、觀念和主題（其中有的已被摒棄，有的尚由傳統保持，還有的註定目前湮沒不彰，在日後才被發掘）而重建的嗎？它們只是一系列互相連結的計劃嗎？

在話語對象的本身，在它們的四散分佈中，在它們的差異相互作用中，在它們的相近或相距間，我們曾想尋找話語的統一。簡言之，在說話主體所得的事物訊息中，我們想要尋找話語的統一形象，而在最後，我們又被送回到突出話語實踐本身的關係架構中。我們所發現的既不是輪廓，也不是一個形式，而是一組內爍於話語活動中，又兼能定義其特殊性的「規則」。我們也曾運用像「精神病理學」這一「一統」的話語，作我們指證的基點：假如我們想要訂定此一話語開始的日期及其確切的界限，我們無疑的必須去發現它何時開始被使用，它可用於什麼樣的分析上，它如何與神經學或心理學分立門戶？但我們考察的結果卻出現另一種型態的「統一」模式，而且它顯然沒有相同的日期、相同的外貌，或相同的主張，但它會將一組話語對象納入考慮，而對這組對象而言，精神病理學僅是一反射性的、必要的、分類上的規程而已。最後，精神病理學以一有待不斷更新、發現、批評、訂正的學科出現，而我們曾定義的話語形構系統卻保持穩定。可是我們不要誤會：話語對象本身和它們所形成的領域並沒有保持不變，甚至它們出現的基點及其特色的模式也沒有保持不變。只有它們出現，被劃定界限，被分析及特別化的外貌間的關係，才一若往常。

在我所企圖提供的理論描述中，毫無疑問的，在解釋話語時，我是想寫出一關於所指涉事物（referent）的歷史。在我選擇的例子裡，我們並不試著去找出在一特定時代，誰是瘋子，或者他爲什麼變瘋狂，或是他的症狀是否和我們今天所知道的相同。我們也不推究是否巫師（婆）是遭受誤解和迫害的瘋子，或是否在一不同的時代，一個神秘的或美學的經驗已不當的被當作醫學問題來處理了。我們也不試著去重建瘋狂在一些原始的，基本的，難以言傳的經驗中首次出現的形式，或者稍後它在被各種話語陳述，或話語機能晦暗扭曲之運作下所組成（翻譯、變形、滑稽化，或甚而壓抑）的形式。這樣的一部討論指涉物（指瘋狂）的歷史無疑是可能的。而一開始我也無意排除任何要展露或把「話語產生前」之經驗自文字（text）的暴力下解放的努力。但我們這裡所關切的不是要把話語中立化，使它成爲代表其他物的符號，或是要深入它的內部以求觸及其中靜默不爲人知的部分。相反的，我們要維繫它完整狀況，並使它在本身最複雜的狀況下出現。簡言之，我們想要作的是排開「事物」（things），不要使其現身（depresentify）。我們想去塑造它們在目前豐厚結實、立即體現的完滿狀況，這個狀況我們通常視爲話語原始的律法，但因錯誤、健忘、幻覺、疏忽或信仰和傳統的冥頑不靈，或甚至潛意識中不願看到和提及的慾望，早已漸和話語分離。用只出現在話語對象之規律化形構來取代話語出現前那神祕不可測的「事物」的珍藏，去定義這些**話語對象**（objects）而不提及**事物的基礎**，但同時將與使其形成話語對象的規則連接起來，就這樣構成了它們歷史性出現的條件。我們要寫作一部有關話語的歷史，這部歷史不會使話語對象墜入其所源生的低等境域中，而是要舖陳統治話語對象四散疏離的規則間之關聯。

然而，去壓抑「物界本身」的階段並不一定意味回返到意義的語言學式的分析。當我們描述一個話語對象的形構，我們試著要確定能表現話語運作特色的關係。我們既不決定一字彙的組織，也不決定語意範圍的節奏：我們不質問像「憂鬱症」或「無精神錯亂症狀的瘋狂」這類字在某一特定時期的意義，也不質疑「精神病」和「神經病」在內容上的相反之處。讓我再重申一次，這並非因爲這樣的分析被看作是不合法或不可能之故，而是因爲當我們試圖要發現像犯罪如何成爲醫學專門知識，或性變態如何成爲精神分析話語的可能對象時，上述的分析是毫不相干的。字彙之內容分析或是字義某一時期爲說話主體所操縱的意義因素，或是出現在一已被述說之話語表面的語意結構，對於作爲一個眾多事物被形成及破壞、出現或消失的所在的話語而言，並非其所關注的事項。

聰明的批評者沒有看錯：在我所從事的那類分析中，**文字**（words）就像**外界物體**（things）一樣的巧妙消失了。任何對字彙的描述就像任何呈現經驗體的指涉一樣的付諸厥如。我們將不會回返到話語存在以前的狀態——在那樣的狀態中，任何話語對象均尚未被論及，而事物也正是在矇矓中若隱若現；我們也不會企圖超越話語的界限，重新發現它曾創造但已拋棄的形式。我們將保持，或試著保持在話語本身的水平上。因爲有時我必須對最明顯的缺失作詳盡的敍述，我要說在所有這些尚在起步的研究中，我要去顯現，在它可被聽到和論及的形式中，「話語」不是像我們盼望的那樣，僅是文字和事物交集：一個晦澀的事物的網絡，一連串清楚可見、多彩多姿的文字。我要表現「話語」不是眞實和語言（langue）相對或相接觸的一個纖弱的外貌，一套字辭和一件經驗的紛亂糾結。我要以精確的例子來表現，在分析話語本身時，我們看到對文字和事物糾結不休的情況已稍微紓解，還有對應話語運作之規則的出現。這些規則並不定義一個「眞實」的木然存在，也不定義一組字彙的正規用法，而是話語對象的秩序。《事物的類別》是一個問題之極其嚴肅的名稱；它作爲一本修正自己形式、遞換自己資料，而且最後標示一極其不同工作的書之書名，亦極具反諷意義。該書意含在不要——也不再要——把話語當作一組符號（意指性的因素指涉內容或重現事物本相），而是要當作一種運作，該等運作且有系統的形成它們所談論之對象。當然，話語是由符號所組成；但話語所作的**不僅是**運用這些符號去指認事物。而也就因爲這一點「不僅是」使得話語不可被化約爲語言（langue）或議論。我們必須要標明和描述的也正是這點。

第四章

「聲明」模式的形成

定性描述，生物學記載，符號的標示、闡述和查證，由類比、演繹、統計計算、實驗求證及其他「聲明」所得之推理等，這都可以自十九世紀醫生的話語中發現。使它們互相連接的因素是什麼呢？使它們聚合在一起的必然條件是什麼？爲什麼是這些因素而非其他呢？在我們試圖回答此類問題之前，我們首先必須發現在幕後操縱所有這些「聲明」的法則，以及它們的來源。

(1)第一個問題是：誰在話語中發號施令？在芸芸說話的個人集合中，誰有權力去運用各種語言（langage）？誰有資格這樣做？誰能從「語言」中發展出自身獨有的特性及威名？反過來說，從誰那裡他得到「其所言者必屬美」的設想（或甚至保證）？那些「個人」享有被傳統及法律所核准、司法所定義、大眾所接受的特權去支持這一話語，他們的地位到底是什麼呢？醫生的地位中包含了能力和知識的規範；制度、系統，及教育準則；也包含了承認他有權去實行和擴展個人知識的法律條件——雖然這有其一定的限度。醫生的地位也包含了一套系統，表示他與其他各有其位的個人及群體間之差異及關聯（如屬性的區分，前後高下秩序的排列，功能上的相輔，訊息的需求、準備和交換）。所謂這些「其他的個人和群體」包括了國家及其代表者、司法機關、各種職業團體、宗教團體以及教士等。醫生的地位還包括了其他特色，定義他與社會整體間的關係。這些特色有：視個人或社會對他的需求，醫生所扮演的角色；按照執行業務或實現一功能的不同訴求，醫生所扮演的角色；在以上這些狀況中，醫生介入及裁決的權力；使醫生成爲大眾、團體、家庭、個人的監護、保護人、保證人的因素；醫生從團體或個人所得的回報；他與允他執業的團體、信託他的權力當局，及向他尋求診療勸告的病患間所訂定的有形或無形的契約。在所有各形各色的社會及文化形式中，醫生的地位是非常特殊的。他絕不是一個不可被辨認或可以被取代的人。醫學的聲明不是任何人都可作成的。醫學聲明的價值、效應，甚至它們治療的權威，或廣而言之，它們之所以成爲醫學的聲明，是決不能和醫生形象化的地位分開的。只有醫生才有權去製作聲明，去爲這些聲明贏得克服痛苦及死亡的名聲。但我們也知道在西方文明中，在十八世紀的末期，當公眾的健康成爲工業社會所需的經濟模式之一時，醫生的地位也有深切的改變。

(2)我們也必須描寫，從那些制度的「位置」（sites），醫生發表他的話語，並使話語從該處發展其合法的根源及應用的基點（像它特殊的目標及證實的工具）。在我們的社會中，這些「位置」包括醫院、私人開業的診所、實驗室，以及圖書館或文獻收藏處。醫院是一個在各有所司、層級分明的醫護人員主持下，進行持續、分門別類、系統性觀察的地方；由此，也架構成一可以計量頻率的領域。私人開業的診所，提供較少系統化、較不完整，也較少次數的觀察；但它有時也供給效果較遠大的觀察，一些較佳的背景和環境知識。實驗室則是一個自給自足的地方。實驗室與醫院非常不同，醫院關注的是人體生老病死的大關目，而實驗室提供某些診療的因素、某些狀況發展的符號、某些治療的標準，而實驗室也使醫療實驗成爲可能。最後，是我們所謂的圖書館或文獻集合之處。這不僅包括了傳統上我們確信不疑的書籍和論文，也包括所有已發表的醫療報告和病例史，以及大批（有關社會環境、氣候、流行病、道德尺度、疾病之發生、傳染病之中心，及職業病等）的統計資料。這些資料均可由社會大眾、其他各科醫生、社會學家，及地理學家所提供。在這一方面，醫學話語中的各個「位置」也在十九世紀被大家修訂：文獻的重要性繼續增加（而相對的，書籍或傳統的重要性也相對的降低）。在十八世紀，醫院曾僅是醫學話語中的一個分支「位置」，而與私人診療作業相比，也居於次要的地位（在十八世紀私人診療中認爲疾病如聽任其在自然情形下發展終將會顯露病源生長的道理）。但在十九世紀，醫院成爲作系統化、性質相似之觀察，大規模的對立，頻率和或然率的建立，個別病例變異之消除的場合。總之，醫院成爲展現疾病的「地點」。但疾病的展現並不意味一特殊的病類，在醫師的法眼之下，就能一一顯露其基本的特徵，而是一均衡的過程，帶著很多有意義的綱領，界限，及潛在的發展。同樣的，也就是在十九世紀，每日醫療診所與實驗室融爲一體，也成爲一像物理學、化學和生物學一樣，具有相同實驗規則的話語「位置」。

(3)醫生作爲一主體的地位的定義也就是主體（醫生）與各式各樣的客體領域和組合所產生的關係，亦由他所佔據的「位置」來決定。就某一明顯或不明顯的質詢脈絡而言，醫生是一個諮詢的主體。就某一資料的計劃而言，他是一個傾聽的主體。而就一有特色的細目而言，他是觀看的主體。就一描述性的模式而言，他是觀察的主體。他座落在一適當的感官距離上，其所構成的疆界即劃清了有關訊息的大要。他運用工具性的媒介物來修訂資料的規模，隨著普通或立即的感官層次轉移，並確保他自膚淺的層次轉入較深刻的層次，並使它遊走循環於身體內部的空間——從明顯的症狀而至各器官，從器官而至各組織，而最後從組織而入細胞。在這些感官識別的狀況外，我們應加上主體在資料網脈中所能佔有的地位（如醫生在理論教學或醫院訓練中，在口耳相傳或書寫文件的系統中所佔的地位。他作爲觀察和輸出病例史、統計資料、一般理論提議、計劃及決策的輸出或接受者的地位）。在十九世紀初年，醫學話語之主體所可能佔有的各種狀況重新被定義。這是由於一個十分不同的感官範疇於此時組成（這個組織被深入的安排，爲連續對儀器的依賴所表現出來，由手術技術及驗屍方法所開展，而集中於機能障礙「地點」），這也是因爲各種新的掛號、註釋、描述、分類，及數字系列和統計學之融合系統的建立，和新的教學方式、知識傳播，與其他（科學與哲學）領域及（行政、政治、或經濟）機構的關聯亦於此時引進之故。

在醫學話語裡，假如醫生可以一己之身輪流的作爲主宰者、直接的詢問者、觀察銳利的法眼、觸覺敏銳的指頭、排難解疑的器官、以往形成的描述之匯合點、實驗室技師的話，這是因爲一整套的關係在此都融爲一體之故。這些關係存在於：醫院空間作爲幫助醫生的一個純粹、系統化觀察、一半已證實一半仍爲實驗性的治療法的場所，以及整個人體感官規則的組合（如病理解剖學所定義者）之間。此外尚有臨床觀察所得以及經學習而獲得之兩個知識領域間的關係；醫生在臨床治療上的角色，教育性的角色，作爲醫學傳佈時之媒介的角色，以及其作爲對社會大眾健康負責者的角色的關係。臨床醫學一向被看作爲傳統醫學觀點及內容的革新，包括描述之形式或甚至風格、歸納法或或然率推理的使用、因果率之歸納格式的格新。但如果臨床醫學被看作是一聲明模式的革新，那麼我們決不能把它只看作是一個新的觀察技術——就是解剖——的結果；因事實上解剖早於十九世紀之前即被採用了。臨床醫學也不能被看作是我們追尋人體組織深處之病原的結果——因摩甘尼（Morgagni）在十八世紀中期即從事於此。臨床醫學也不應被看作是由一新式機構，即教學醫院，所帶來的成果——因爲在奧國和義大利這樣機構的存在已有數十年之久。臨床醫學也不應被看作比夏之《薄膜的特徵》（*Traité des membranes*）中，對組織觀念介紹後的結果。相對的，它應被看作是醫學話語中，許多特殊因素間之關係的建立；這些因素有些是和醫生之地位有關，有些是和它們據以表明態度的制度或技術立場有關，有些是和它們作爲感官、觀察、描述、教育之主體的地位有關。我們可以這麼說，這種不同因素間建立的關係（其中有些是新的，而另外一些則早已有之）是由臨床醫療話語所帶動的：臨床醫療在這些因素間建立了一套關係的系統，而這套系統不是「眞的」被某人所賦予或事先就架設起來的。假使在這一話語中確有「一統」的感覺存在，或假如它所使用的或承認的「聲明」模式看起來不像是一連串歷史偶然事件的並立的話，那是因爲它不斷的對這組「關係」善加利用之故。

另外還有一點推論須在此處提及。有鑒於臨床醫學話語中各種聲明的型態很是分歧，我沒有試圖藉著表明其形式結構、類屬、邏輯連續的模式、推理和歸納的型態，以及可能在一話語中運作之分析及綜合的形式，來化約這一情況。我無意去展露是什麼樣的理性組織提供給一些聲明（像醫學的聲明）它們內在必然性的因素。我也不願把襯托醫學逐漸進步的理性範圍，醫學模仿實際科學所作的努力，它觀察方法的歸結，緩慢排除存於其內之意象和幻想的困難過程，它對理性化系統的淨化等，化減成爲一單一的創建行動或意識。最後，我並不曾試圖去描寫實際經驗的源起，也不試著描寫醫學心態之各種各色的組合因素。從醫生方面而言，像他的興趣的轉移如何發生，他們受到何種理論或實驗模式的影響，何種哲學或道德的主題學可以定義他們深思的環境，他們必須回答什麼樣的問題和要求，他們必須作什麼樣的努力以期自傳統的偏見中解放出來，在什麼樣的方式下他們會被引領到一他們的知識所從未成就或迄及的總合或連貫的狀況。簡而言之，我不將各形各色的「聲明」模式引涉到主體（醫生）的統一性上——不管它所關注的主體是被當作理性的純粹基礎權威也好，或是被當作一綜合事物之經驗功能的也好。它既非是「獲知」（knowing; le connaître），也非「知識」（knowledge; les connaissance）。

在以上我所提議的分析中，我摒棄了「單一」主體之「獨一無二」的綜合或一統功能，轉而強調各式各樣「聲明」模式顯示了主體的分裂狀態。這樣的觀念指出了當主體製作一話語陳述時所佔有之五花八門的「身份」、「場地」，和「地位」。也指出主體說話時之立場的不連貫。而且，假如這些立場被一個關係系統連接起來時，這一系統並不是由一與它自己相同，呆呆的而且先於所有言辭的意識之綜合活動所建立，而是爲一話語運作的特殊性所確定。所以，我決不把話語當作是表達意見之現象，也就是說不把話語看作以前早已建立的一個文字傳述綜合系統。我將尋求一容納主體不同地位的規律性範圍。在這樣的構想下，話語不是將一有思想、能知覺、善述說的主體很神奇的展現出來，而是相反的，話語要呈現一「統合」的現象，在其中我們只可以確認主體分散離析，自相不連貫的狀態。話語是一外延的空間，在其間我們也許可以看出各個特立獨行的「位置」的脈絡是如何的四散分置。稍早我曾顯示，屬於話語結構之對象的規則性是既不能用「文字」也不能用「事物」來定義的；同樣的，我們現在也必須認清，主體之「聲明」的規則性也是既不能靠一超越的主體性，也不能靠一心理上的主體性來定義的。

第五章
觀念的形構

也許我們可以把出自李諾（Linnaeus）作品中的那一組觀念（但也出自李嘉圖的作品及「波特-羅耶派的文法」，Grammaire de Port-Royal）組織成連貫的整體。也許我們可以將其所形成的演繹結構加以還原。無論如何，這樣的實驗是頗値一試的，而事實上前人對此已試過好幾次了。但另一方面，假如我們採取一較廣的幅度，並選擇像文法學、經濟學，或是存在的生物之研究這類學科作爲綱領的話，我們會發現由其中產生的觀念卻未必符合這樣嚴格的（連貫）條件：這些觀念的歷史並非是層層架構起來的大建築。但難道我們就聽任這分散的狀態存在嗎？或者它應該被看作是一串觀念系統，每一系統都有其自己的組織，並只有在問題的永久性、傳統的延續性，以及各種影響的結構相照映下，得以被表明？難道我們不能找到一解釋何以乖違互異的觀念會連續或同時出現的法則嗎？難道我們不能在這些邏輯上並不對稱的觀念間，找出一個「發生」（occurrence）的系統嗎？我們不欲將這些觀念放到一演繹的模子裡，相反的，我們應該描述「聲明」領域是如何的組成，使得觀念得以在其中出現流傳。

(1)這個組織第一包含了各種**連續性**（succession）的形式。這些形式包括有五花八門的**聲明系列的秩序**（orderings of enunciative series）（或是推論，連續暗示，論證式推理的秩序；或是各種描述，綜論大要，或進展式的詳細說明，或它們所涵蓋之空間分配所構成的秩序；或者是描述的紀錄，或是在「聲明」的直線連續中，時間之事件的分佈方式所形成之秩序）；「聲明」之各種**依賴的型態**（types of dependence）（各系列的聲明所成之明顯串連上，這些依賴型態並不是永遠互相印證，或互相重疊；在「假說／證實」，「斷言／批評」，「一般律法／特別應用」等的依賴上，我們可以看到這樣的情況）；以及各種「聲明」合併時所依循的修辭學架構（如各類描述、推論及定義的串連可以突顯一個作品的結構，而這些描述、推論及定義又是如何的連接起來？）。以新古典主義的自然史作例子來說吧，它所運用的觀念與十六世紀者迥不相同。某些較老的觀念如「屬」（genus），「類」（species）及「符號」（signs）等現在是以一不同的方式來運用。新的觀念如「結構」等出現了；而其他的如「有機體」的觀念卻是稍後才形成的。但是在十七世紀中整個博物學被扭轉並統御各種觀念之出現或再現的關鍵，是各種「聲明」所形成的總體性排列，以及在各別的集合中之連續性排列。這個排列可以從當時人們記錄下其所觀察的東西，並藉著一系列的「聲明」重建一感官認知的過程得見。也可從表現在描述、精確的表明、強調其特色及分類時相互作用及關係上，以及特別的觀察及一般性原則的互惠地位上得見。它也可從人們所學到的、所看到的、推論的、接納爲可能的，及假設爲眞的東西間所形成的依賴系統得見。在十七、十八世紀，自然史不僅祇是給「屬類」或「特色」這類詞彙新定義，或介紹像「自然分類」或「哺乳動物」這類新觀念的知識形式。最重要的，它是一組規則，安排「聲明」成爲各種系列，也是一組規劃依賴架構、次序、串連等的必備單位，在其中那些具有像觀念般價值的重現的因素重新被分配。

(2)觀念表明範圍的結構也包含了各種**共存**（coexistence）的形式。這些形式首先勾劃一**出現的範圍**（field of presence）。所有在別處形成，或取自一話語，並被信以爲眞，包含精確的描述，審愼的推理，及必要的假設的「聲明」都可經由此「出現的範圍」而被了解。我們也必須注意那些被批評、討論、判斷的，以及被排斥或拒絕的「聲明」。一「出現的範圍」內所建立的關係也許有著下列的秩序：實驗證實，邏輯證實，僅只祖述前人，傳統或權威所認可，批評，對隱含意義的探求，錯誤之分析等。這些關係可以是明顯的（有時經由指涉參考、批評討論等型態的特殊「聲明」的形成），或是隱澀者如出現於普通「聲明」中。

同時顯而易見的，新古典時期博物學之「出現範圍」所遵循的形式、選擇的標準，或排斥的原則，與艾多凡弟（Aldrovandi）時期，將所有曾被觀察記載或詩人口耳相傳的有關怪物之無稽之談一網打盡所採的形式、標準與原則，全然不同。

除此「出現的範圍」外，我們還可區分一**共存的範圍**（field of concomitance）（這包括了研究、或屬於不同的對象領域，或屬於不同話語型態的各種「聲明」。但這些「聲明」是在我們正研究的聲明中較爲活躍者。這是因爲它們可以作爲一類比性的肯定，或因爲它們可作爲一概括性的原則，可爲推理所接納之前提，或是它們可作爲轉換到別種內容的模型，或是因爲它們可作一比至少某些命題所臣屬的權威還要至高無上的權威之故）。所以李諾和布風時期之自然史的「共存範圍」是爲許多與宇宙學、地球學、哲學、神學、聖經注釋學、數學（作爲一有關秩序的科學最概括的形式）所發生的關係來定義的。而所有這些關係將其與十六世紀的自然學家與十九世紀的生物學家區分開來。

最後，「聲明」的領域也包含了所謂的**記憶的範圍**（field of memory）（這個範圍是一些已不再被接受和討論的「聲明」，而這些「聲明」也因此不再定義一眞理的本體或效力的疆域；但是就是因爲與這些不再被討論「聲明」發生關係之故，分支、發源、變形、連貫，及歷史之不連貫等關係，才得以建立）。所以自突尼佛（Tournefort）以降之自然史之「記憶範圍」，與十九及二十世紀生物學頗爲廣闊、累積的且極精確的記憶範圍相較，在形式上顯得十分嚴苛貧瘠。另一方面，比諸文藝復興時期有關動植物史之記憶範圍，十七世紀自然史之記憶範圍在定義上及表達上又大有進境。因在文藝復興時期，「顯現範圍」及「記憶範圍」是很難截然劃分的，它們有同樣的範圍與形式，而且也包含了同樣的關係。

(3)最後，我也可定義那些可以合理應用到「聲明」上之**干預的步驟**（procedures of intervention）。對所有的話語形構而言，這些步驟事實上並不是相同的。那些被用的「聲明」（有別於那些不被使用者），及使它們連接在一起而因此創造出一統一局勢的關係，使得我們可以標明每一不同的步驟。這些步驟可以出現在**重新書寫之技術**（techniques of rewriting）上。比方說，那些使新古典主義自然學家將直線式的描述以分類細目的方式重行書寫的步驟‥而這些分類細目與中古及文藝復興時期所建立的「親族組合」（lists and groups of kinship）並無相同的法則或結構。「干預的步驟」也出現於「謄寫聲明的方法」（methods of transcribing statements）中（此一聲明爲以自然語言表達者）。而此「謄寫聲明之方法」多少也是按照形式化與人工化的語言進行（這樣一種語言的計劃及某種程度的實踐是可在李諾及雅當孫〔Adanson〕的著作中發現）。「干預的步驟」也出現於將與數量有關的「聲明」翻譯成定質的公式或反其道而行的過程中（the modes of translating quantitative statements into qualitative formulations and vice versa‥也就是「純粹感官的衡量」與「描寫」間關係的建立）；更出現於用以增加「聲明」的**近似值**及精鍊它們的正確性的方法中（自突尼佛以來，按照因素的形式、數量、安排，及尺寸所作的結構分析，已使作成一描述性「聲明」之更緊密及恆久的近似值成爲可能）。「干預性步驟」亦可見於我們（藉延伸或限制的方法）定義「聲明」正確性之領域的方式（在突尼佛及李諾二者間的這段時期，結構特色的「聲明」被限制了；其後在布風及杰素〔Jussieu〕二者間的時期，此一「聲明」又被擴大了）。「干預的步驟」也可見於人們將一聲明型態自一應用領域轉到另一應用領域的方式（像自植物的特色刻劃轉換至動物分類學，或自表面的特徵描述轉換至有機體內在因素的描述）。「干預的步驟」也表現在將已存在的命題**系統化**的方法；因爲，有些提議以前雖已形成了，但是處於一分立的狀態。「干預的步驟」也可見於重新分配已連結在一起的「聲明」，將其安排在一個嶄新、完整體系的方法（像雅當孫或是前人所訂，或是他本人所訂的自然特徵描寫加以研究，並將其置於一組人工的描述中，而這組人工的描述又是過去他基於某種抽象的合併式所作的概要）。

這些我所提議分析的因素在種類上是極其不同的。有些組成形式結構的規則，其他組成修辭的應用；有些定義一作品之內的結構，有些組成不同作品間之關係或阻礙的模式；有些富有某一時代的特色，其他的又是其來有自，得自前朝的眞傳。但是，正確屬於一話語形構，以及使描述一組觀念（縱使他們十分分散）成爲可能者，是這些因素互生關係的方式。譬如說描述或記載的秩序與重行書寫之技術相連接的方式；「記憶的領域」與統御一件作品中「聲明」地位高低之形式相連接的方式；「聲明」之近似值與發展的模式與過去所形成之「聲明」的批評與闡述模式間互相銜接的方式等。這些關係的組合構成了一觀念形構的系統。

若藉描述這樣一個系統而想直接呈現觀念本身，其方式未必行得通。我的意圖並不是要對它們作一徹底的觀察，去建立它們之間可能共有的特色，將其分門別類，衡量它們內在的連貫性，或者測驗它們的相互融和性。我不想把一孤立的作品、一獨立的全集、某一特定時期的學科的觀念結構，作爲分析的目標。對那些簡單明瞭的觀念組合，我們必須要退避三舍。我們應試著決定，按照什麼樣的（系列，同時組合，直線或互補的修訂）概要，各種「聲明」可以一話語的型態互相連結起來。在這樣的方式下，我們試著去發現，「聲明」中所重視因素如何能重現、分離、重組，在發展或局限中有所得，被吸收到一新的邏輯結構中，且於另一方面獲得新的語意內容，以及在其間組合成各局部組織。這些概要不是要使得我們可以描述各觀念間內在結構的法則，也不是它們在人心中進展和獨立的起源，而是要描述觀念在作品、書籍、全集中莫可名狀的分散狀態。這種分崩離散的狀態突現在一個話語的型態，而它不僅定義觀念之間演繹、來源、連貫的形式，也定義其間齟齬、交錯、代替、排斥、輪替、變位等形式。所以，這樣一個分析是在先念（preconceptual）的層次上，關注各種觀念可以共存的範圍，以及這一範圍所臣屬的規則。

爲了要將上述的「先念」一詞再作更精確的定義，我將以我另一本著作《事物的類別》（*The Order of Things*）中，對有關十七、八世紀綜合文法所作的四個「理論概要」（theoretical schemata）作爲我的例子。這四個概要——歸屬（attribution）、明示（articulation）、指名（designation），及源啓（derivation）——並不意味著它們的確爲新古典主義時期的文法家所運用；它們也未使重新組合一超乎各種不同文法著作，且較概括、較抽象、較精簡的系統，成爲可能。但正因爲這一（重組超級文法爲不可能）的事實，它們發現了這些不同的，其實是相反的系統間，所深藏的相互融洽性。它們使得對下列事項的描述成爲可能：

(1)不同的文法分析如何被組織或鋪陳。在名詞、動詞、形容詞的各種分析間，以及語音學及語法學的分析間，那些專注於原生語言及那些專注於人工化語言的分析間，到底有何種可能的順序形式存在？這些順序是由各種依賴的關係而設置，而這些依賴的關係又可由「歸屬」、「明示」、「指名」，及「源啓」各理論間觀察得知。

(2)綜合文法如何爲它自己去定義一**眞確**（validity）的領域（我們是按照什麼標準來討

論一個命題的眞僞？）；它如何爲它自己組合成一**基準**（normativity）的領域（我們是按照什麼標準來排斥一些被認爲與話語無關的，不重要的，邊際的，或不科學的「聲明」）；它如何爲自己組成一**現實性**（actuality）的領域（包含已被接受的解釋，定義現存的問題，安置已被棄而不用的觀念與主張）。

(3)綜合文法與教學（笛卡爾與後-笛卡爾式代數，有關秩序之概括學科的計劃）有何種關係？它與「重現」（representation）的哲學分析及符號的理論又有何種關係？它與博物學、特性描述與分類學等問題之間有什麼關係？與財富之分析學及度量衡及交易之武斷的符號間又有什麼關係？經由這些關係的標明，我們可以判定那些方法可以使不同領域間的觀念得以循環、轉換、修訂，或其形式之輪替、應用範圍的改變等成爲可能。由上述四個理論部分形成的網絡並不定義所有爲文法家使用之觀念的結構；它只勾劃出它們形構的固定空間。

(4)各種有關動詞「to be」、連繫辭、動詞語根、語形變化的結尾的觀念（對「歸屬理論層次」而言）如何（在轉換的選擇、修飾、代換等形式下）同時或依序地產生；各種語音元素、字母、名稱、實名詞與形容詞等觀念（對「明示」的理論大要而言）的同時或順序性是如何形成；各種固有名詞及普通名詞、指示詞、似名字的字根、音節或表現的音響程度的各種觀念（對「指名」的理論大要而言）；以及各種原生語言及源啓的語言（langage），隱喻及象徵，詩化語言（langage）等各種觀念（對「源啓」的理論大要而言）的同時或順序性。

我們剛才所顯露的「先念」層次既不涉及一理想的水平，也不涉及抽象物在經驗界的發端。一方面它不是由一基本型態所安置、發現，或建立的理想性水平——也不是如此的匠心獨運以致能逃避所有時序上的介入。此一「先念」的層次也非一位於歷史界限上永不枯竭無盡的先驗層次，也不是因爲它逃避了所有的源始（begining），所有的啓源的「回歸」，和因爲它永遠無法同時與它在明顯的統一狀況下出現，就可被忽視。事實上我們並不把問題置於話語本身的層次上。我們不應將話語中的常數黏附於觀念的理想結構上。相反的，我們是基於話語之內在的規律性來描述觀念的網路。我們不會將「聲明」的駁雜性置於觀念的連貫性下，或更將此連貫性置於一超越歷史之理想境界的沉靜回憶下。我們倒是要建立逆轉的系列：我們將不相矛盾的各純靜目標，置於觀念相洽或相駁的複雜網路中；而我們再將此一複雜的狀況與突現一特殊話語行爲的規則連接起來。有鑒於此，追求一永遠退卻的起源，及一不竭的水平標準等主題乃成不必要之舉。在話語行爲中，一組規則的組織可以由歷史的因素來判定（即使這一組織並未組成一像「形構」或「發現」那樣容易辨認事件，亦應作如是觀）。假如這個組織是無窮盡的，那是因爲它所組成之完全可以描述的系統會影響這些觀念及其關係的許多觀念及轉變，納入考慮之故。取代勾劃一起自歷史深處，而又成於歷史之中的基準，我們所描述的「先念」，其實在最「表面」（話語）的層次上，操縱話語的各種規則之組合。

「先念」也不是一個抽象事物的啓始，重新發現使其得以組合它們的運作系列：這些抽象概念包括像全部的直覺、特別事例的發現、意象主題的分離、理論或技術障礙的遭遇、自傳統模式中的接連借鏡、適當之形式結構的定義等。在我們這裡所建議的分析中，形構規則不僅在個人的心或意識內操作，也在話語本身中操作。所以，它們是循著一種統一匿名方式，作用於所有想要在此話語領域中說話的個人身上。另一方面，我們也不去假設這些形構規則對每一領域都永遠是眞確的。我們永遠在某一特定話語範圍內描述它們，而我們也不在一開始就以爲它們有無限延伸的可能。我們最多能做到的是對一個領域的觀念之形構規則與另一領域的觀念規則作有系統的比較。也就是在秉持著這個方法下，我已試著揭露在新古典主義的綜合文法中、博物學中、財富分析中，各規則之組合的相同和相異之處。在每一領域中，這些各有特色的規則組合都足以刻劃一特殊的、極獨立化的話語形構。但它們也提供了足夠的類比性，使我們得以觀察這些五花八門的形構在較高的層次上形成一較廣的話語群。無論如何，（不論觀念本身是多麼的概括性）統治各種觀念形構的規則並不是個人實踐之運作的結果，這個結果被置於歷史之中，深存於共同習慣之內。它們並不組合成一晦澀作品的大要，在其過程中觀念經由幻覺、偏見、錯誤，和傳統而崛起。「先念」的領域肇興了一些新的話語規律及限制，這些規律與限制使得觀念的繁複駁雜性成爲可能。不僅此也，這些規律與限制也使我們跨越了寫作思想史時，我們習慣討論的各種「主題」、「信仰」、「眞實」、「重現」等故技。

像我們前面所說的，爲了要分析話語對象形構的規則，我們既不能將這些話語的對象化爲實在的事物，也不能將其與文字的領域相結合。爲了要分析「聲明」型態的形構，我們既不能將其與認知的主體連結，也不能將其與心理學上的個人相連結。同樣的，爲了要分析觀念的形構，我們既不能將其與理想（ideality）範疇的水平連接，也不能將它們理念與經驗界中的進展連接。

第六章
策略的形構

經濟學、醫學、文法學，及生物科學這類話語陳述，導致了某些觀念的組成，某些話語對象的重組，某些「聲明」型態的成立。它們按照它們的連貫性、嚴格的規律，及穩定性，形成各種主題和理論。在十八世紀的文法學上，該主題是一有關原生語言（langue）的主題，從此一原生語言中他種語言得以衍生，而在他種語言中亦保有一有時可以解釋這一原始語言的記憶庫。而在十九世紀聲韻學的理論中，文法學話語強調印歐語系中各種語言間的親密性，作爲其他語言共同起點以及古典語彙。生物學話語在十八世紀顯示一項物種的演進的主題，展現自然於時間中之持續狀態，並解釋在分類學目錄上現存的鴻溝。經濟學話語在此時期由重農主義代表，強調一種財富之循環基於農業生產的理論。不論它們的形成層次如何，我將稱這些理論和主題爲「策略」（strategies）。我們所面臨的問題是去發現這些理論和主題在歷史中分類的情形。難道將這些主題連接在一起，使它們湮沒不顯，將它們一一安置於適當的位置，並因應同一問題將它們作成連續的解決，這一切都有其必然性？或者在不同源頭的理念、各種影響、發現、臆測的趨勢、理論的模式等（這些均經個人以其耐心才智而編排成一多少圓融的整體）之間，偶然的接觸相遇是有其必然性嗎？我們可以在它們之間發現一規則性，或在它們的形構中定義一共同的系統嗎？

至於如何分析這些策略，我很難一一深入探討。理由很簡單：在我曾試圖略述其大要的各種話語領域裡——我的提要當然是頗爲躊躇的，尤其在剛開始時，我在方法學上的掌握，並不十分適切——我主要關切的問題是描述每一話語中的所有層面，以及按照它自己的特色出現的話語形構。所以，每次描述話語對象形構的規則，各種聲明、觀念、理論選擇的模式是必要的。但是我們的結果顯示，在每一話語個案中最難分析的部分或最需我們注意的部分，並不是相同的。在《文明與瘋狂》一書中，我所討論的話語形構，其選擇的理論要點方面是很容易分辨的。它的觀念體系較不複雜，而且這些體系的數量也較少，而它的「聲明」規則性質則多半相似且多重複之處。另一方面，問題卻出在一整組極爲複雜，且互相纏繞的話語對象上。爲求明確表達整個精神分析話語，描寫這些事物的形構是絕對必要的。在《診療所的誕生》一書中，我基本研究的要點是，在十八世紀末及十九世紀初，醫學話語之「聲明」形式是如何的被修訂；我分析的焦點較不偏重於觀念系統，或理論選擇的形構，而偏重於話語主體所使用的身份、制度的所在、狀況，及「干預」的模式。最後，在《事物的類別》一書中，我將注意力主要集中於觀念的網路及它們形構的規則（相同的或相異的）；而這些網路及規則可見諸於綜合文法、博物學，及財富的分析這些大綱目中。不論是在李諾及布風的例子中，或是在重農主義及功利主義者的例子中，策略的選擇之地位及意義都被顯示出來。但我僅僅標明它們的所在，也幾乎未觸及它們的形構。對理論性的選擇若要作一較完整的分析必得等待我日後的分析，屆時我將能全力處理這一問題。

目前，我所能作的是指出我的研究所將進行的方向，這些方向可以分述如下：

(1)決定話語可能的**折散的基點**（points of diffraction）。這些「折散點」的特色首先可以**相駁點**（points of incompatibility）顯示出來。兩個客體，或兩種「聲明」的典型，或兩個觀念可以在同一話語形構中出現，但卻不能進入到同樣的「聲明」系列中（這是因爲兩者間明顯的牴觸或不協調之故）。這些「折散點」的特點又可用**相等點**（points of equivalence）來突現。上述兩個相牴觸的點是以同樣的方式且基於同樣的規則來形成。它們出現的狀況是相同的，它們也被置於同樣的層次；但它們並不形成一個連結體上的缺憾。相反的，它們形成一轉圜的餘地。縱令在時序上來說，它們即使具有同樣的重要性，也不同時出現。假如它們不能被平等的再現於有效的「聲明」之中，它們亦以「或者……或者」二者取其一的形式出現。最後，這些「折散點」的特色可以**系統化的連貫點**（link points of systematization）來表示。在這些地位相等，但卻互不相容的因素的每一基礎上，一個連貫性系列的話語對象、「聲明」形式，及觀念已被衍生出來（而在每一系列中，又有新的相駁之點）。換句話說，我們在以前各層次所研究的分散狀態並不僅僅只造成鴻溝、不能互相印證的現象，或不連貫的系列。它們也形成一些話語上的「副組合」（sub-groups）——這些「副組合」通常被看得十分重要，好像它們會組成一現成的「一統模式」，或是形成較大話語組合（如「理論」、「觀念」、「主題」等）的基本素材。譬如說：在這類的分析中，我們不會考慮十八世紀的「財富的分析」，是數種不同有關幣制、必須貨物的交易、價值及物價的形成，或地租等觀念所造成的結果。我們也不考慮那是由堪提雍（Cantillon）得自培帝的理念，以及由各類理論家反映之律法的經驗、重農主義賴以反對功利主義觀的理念等匯集而成的。我們反將它描寫成一個分配的總合，這一「統合」包括了一個有各種可能性之領域，並使得各種互相排斥的結構能並肩或輪番出現。

(2)但所有其他可能的出路在事實上都不會被實現。有許多局部的組合、區域性的相融性，及連貫的結構應該可以出現卻並未出現。爲了要解釋何以在眾多可以作的選擇裡，僅有某些得到我們的青睞，我們必須描述那些引導我們作某一選擇的特殊權威。首先，我們要注意我們所研究的話語與其他同時存在或與其相關的話語間發生關係時，扮演什麼的角色。我們因此必須研究它所屬的**話語位置之分佈秩序**（economy of the discursive constellation）。這一秩序實際上可以扮演一形式系統的角色；而其他的話語都是它與各種語意領域的運作。另一方面，在一較高的抽象層次上它也應該被應用於其他話語的一個具體模型（因此，在十七世紀、十八世紀，綜合文法以作爲有關符號及重視理論的特別模型出現）。被研究的話語也與其他的話語有類比、相對，或補充的關係（比如說，在新古典主義時代，自然史及財富分析之間有一類比的關係；前者之於需求及慾望的表現，正如後者之於認知與判斷的表象。我們也會注意到博物學及綜合文法是互相對立的，就好像自然特色的理論是與傳統符號理論相對立一般。事實上，每一個都發展表象符號的三個互補角色中的一個：即指示〔designation〕、分類〔classification〕及交換〔exchange〕）。

最後，我們也可描述幾個話語之間相互劃定界限的關係，每一話語在表明其個別的運用領域上的特殊性時，間接的也爲其他話語的特殊性作了記號（就像在精神病醫學及器官醫學的例子上，在十八世紀末年以前，此兩者基本上是不能區分的；但自十八世紀末兩者之間有了鴻溝，也因此刻劃了它們個別的特色）。這整個的關係群形成了一個「決定的原則」：這一原則在一特定的話語裡運作，准許或排斥一特定數字的「聲明」。這些「聲明」有觀念的系統化、聲明系列、客體的組合或組織等。這些「聲明」原本可以被納於話語陳述之內（在它們自身形構的層次上，我們無法將其不能進入話語作合理的解釋），但在一層次較高及空間較大的層次上，它們卻爲一話語的分佈形構所排除。所以，一話語的形構並無法包容話語對象、「聲明」，及觀念的形構系統所創造的所有可能性。由於話語策略上選擇所構成的系統的運用，話語基本上是不完整的。因此，如一話語形構被一新的分佈現象所吸收、安置和解釋，此一形構可以顯出新的可能性來（所以，在目前科學話語的分佈上，波特－羅耶派的文法，或李諾的分類學仍可顯露出一些新因素。這些因素對當前科學話語而言，仍有新穎及內爍的意義）。然而我們在這裡討論的並不是一個原本湮沒不顯的內容，或一個已被說過卻又未明說過的內容，或這個內容在表面「聲明」下組成一種更基本的副話語，總算在現代嶄露頭角。我們所討論的是「排斥」及「選擇的可能」二原則下的一個修正，造成此一修正的原因是一新話語佈置裡的新的因素之介入。

(3)要決定我們實際所作的理論選擇也須依靠另一權威。這一權威的特色首先是由我們所研究之話語在一**非話語適行範圍內**所必須實現的**功能**所展現（by the function that the discourse under study must carry out in a field of non-discursive practices）。所以，在教學上綜合文法亦扮演了一個角色；而另一方面更明顯也更重要的是，「財富分析」不僅在政府的經政決策上扮演了一個角色，也在尚未觀念化、理論化，初始乍現的資本主義上，以及新古典主義時期的政治社會鬭爭上，扮演了一個有份量的地位。這一權威也包含了**佔取**

話語的規則和過程（the rules and processes of appropriation of discourse）。因爲在我們的社會（也在其他的社會）中，話語的特性——意即說話的權力、理解的能力、對已公式化之聲明集合之合法立即的探究，以及將此話語施用於決策、制度，或實行的能力——事實上是爲一群特殊的個人組合所控制（有時更有法律上的箝制）。在自十六世紀以來爲人所習知的中產社會中，經濟話語從來就不是一普通的話語（至少不比醫學及文學的話語普通）。

最後，此一權威的特色是由**慾望因應話語所可能有的地位**（possible positions of desire in relation to discourse）所顯現。事實上，話語可以作爲幻想體現的場所、象徵化之因素、禁忌的形式、求取滿足的工具（這個話語與慾望相關的可能性並非僅是話語在運作上一種詩化的、虛構的，或想像的事實。其他如有關財富、語言〔langage〕、自然、瘋狂、生命與死亡等話語，和其他更抽象的話語也可能在與慾望的關聯中，佔有特殊的地位）。無論如何，對這個權威的分析應該顯示：話語與慾望的關聯、它據爲己有的過程，以及它在非話語性事物上的角色，都不是話語之統一、特色化，及形構法則上附帶的，或外緣性的因素。它們並非是一些紛擾的元素，凌駕於話語之純淨、中性、超時間性，且靜默的形式上，或壓抑話語眞正的聲音，並以一顚倒的話語取而代之。相反的，它們是形成話語的要素。

如果我們能夠定義散列於話語之內各種不同策略間形構的系統，則話語之形構就可被個別化了。換句話說，假如我們能夠顯示出這些策略如何源自於同一組關係（不管它們有時顯示出多麼極端的分歧，也不管它們在時間中多麼的分散，我們就可以將該話語之形構獨立化）。舉例來說，在十七、十八世紀，「財富分析」的特色是在於它的系統同時包含了科伯特（Colbert）的重商主義以及堪提雍的「新重商主義」；也爲同時形成法律的策略及巴黎杜維尼（Paris-Duverney）的策略；還同時形成了重農主義的可能或實用主義的可能。假如我們能描述經濟話語的各「折散點」是如何的互相約束、肇生、包含（關於價值的選擇點是如何源出於一關於價值觀念的決定），所作的選擇是如何的依賴一總合的佈置，而在其中經濟話語得以成形（對於幣制的選擇與「財富分析」所領有的地位相連結，並與語言理論，「重現」或「表象」的分析，數學，位數之科學等相左右）；這些選擇又如何與剛出現的資本主義中，經濟話語所實現的功能相連接，又如何的與它作爲中產階級的對象的那個佔有過程相連接，以及在利益及慾望之實現中它所能扮演之角色相連結，那麼我們就已經定義這個系統了。在新古典主義時期，經濟話語的定義是由話語內部系統化的可能形式，其他在該系統外的話語，以及整個「非話語」的施行、佔用、利益、慾望的領域，互相不斷的發生關聯而底定。

我們應當注意的是，被我們這樣描述的策略並非早於話語之前就存在，或根植於一預備性質且是基本的選擇的深處。所有這些被描述的話語組合都不是以文字形式鑄成之世界觀的表現，它們也不是在某一理論遮掩下的一個僞闡述。新古典主義時期的「博物學」並不僅是在一個清明的歷史到來前，兩個在混沌中相對立的觀念：意即李諾式的觀念，強調一靜態、有秩序、區劃清楚的宇宙自始即臣屬於一個綱舉目張的結構下，與另外一個強調世界仍然混沌不清、充滿意外事件，並隨時間演進而有進化可能的宇宙觀相對抗。同樣的，「財富的分析」也不僅僅是擁有土地的中產階級，透過重農主義者來表示他們對經政的要求，與商業中產階級，透過實用主義者表達其保護主義或放任策略的需求，兩者間的利益鬥爭。假如我們自「財富分析」及「博物學」之存在的立場，或是其統一性、永恆性、轉化性的立場上來質詢他們，兩者都不能被當作是這些可能性的總合。相反的，這些可能性必須被描述爲處理話語目標（意即劃定其界限，將其重新組合或分開，連結並使其互爲因果）、排列「聲明」的形式（選擇、安置各個聲明形式，組成系列，並將其組成大的修辭體系）及操縱觀念（給予其應用之規則，將其挿入區域性的連貫中，以組成觀念的結構）的方式，在系統上有著很大的不同。這些可能不是話語的種籽（在其中話語可能被事先決定並形成一具體而微的形式）；它們是一些規格化的方法，操作話語之各種可能性。

但這些策略也不可被視爲次要的因素，重疊於獨存的話語理性之上。世界上（或至少在我們歷史描述可及的範圍內）沒有一種至高無上並超越時間的理想話語；在本源（origin）以外的選擇已將其扭曲、紛擾、壓抑，或推衍至一遙遠的未來。我決不能設想有一理性將兩個相疊並相纏繞的話語附著於自然或經濟上，或一個話語緩慢的進展，累積它所學得的東西，並逐漸的成就一完整的體制（這的確是一個純淨的話語，但該話語僅在歷史上目的論的範圍內才能以純淨的狀態存在）。話語永遠在分化，重新開始，永遠與自己分裂，由性質不同的部分所組合（此爲一觀念的話語，而且歷史在時間的軌道中將其擲於「過去」）。除了固著主義外，世上沒有分毫不差的分類學，沒有一成不變的交換制度是不帶有一重商資產階級的喜好與幻覺。新古典主義的分類學或財富的分析，在它們的確存在過的形式上，以及被組合成的歷史形象上，包含了種種目標、「聲明」、觀念，及理論選擇於一清晰分明但不可分解的系統中。就像我們決不可將話語對象的形構與文字或事物相連接，亦不可將「聲明」的形構與知識的純粹形式或心理學上的主體相連接，不可將觀念的形構與理想的結構或理念的延續相連接一樣，我們也不可將理論選擇的形構與一基本式的計劃（project）或意見（opinions）的次要運作連接。

第七章　批評與結論

我們現在必須將前面的分析中所產生的許多意見，重作研究，並回答它們所必然導致的一些問題，而最重要的是審查一些咄咄逼人的反對聲浪。這是由於我們的工作中一些似非而是的弔詭現象現在已是很明顯了。

在研究開始的時候，我對那些久已建立的「一統」型態表示質疑。傳統上我們按照這些「一統」的形式，來區分話語裡無限的、重複的，以及多產的領域。我的用意並非是要否定這些「一統」模式的價值，或禁止其使用。我僅是想顯示如果它們要被精確的定義，它們在理論上需要精益求精。然而，我們有必要在這些實際上並不肯定的「一統」上，疊上另一更爲隱晦抽象、更爲惹人議論的「一統」模式嗎？（這也是爲什麼前章的分析是顯得如此的問題重重了。）但是在那些歷史限制及組織明確度上都讓人一目瞭然的例子中（如「綜合文法」及「博物學」），這些話語形構所顯出的位置問題，卻遠較一本書或全集來得爲大。在我們向傳統上淸晰易辨的話語挑戰之際，爲什麼我們又繼續從事這樣曖昧不明的重組工作呢？我們期待著要發現什麼樣的新領域？或發現到目前爲止有那些關係仍是晦暗混沌的？到目前爲止，有那些轉化的現象尚未爲史家所觸及？簡而言之，我們可以用什麼樣的批評功效來對應這些新的分析？稍後我將試著去回答所有這些問題。但目前我必須先回覆一個問題，這個問題與往後的分析休戚相關，而又是以前分析中最後的問題：就是，關於我曾試著定義的話語形構上，我們眞的可以談論「一統」這一觀念嗎？我所提議的「重新區分」之策，眞的可以將各種統合現象一一獨立化嗎？而以這樣的形式發現或建立的「一統」的本質，又是什麼呢？

首先，讓我們討論一個觀察所得：面對著像臨床醫學、政治經濟學，或博物學那些話語陳述的「一統」形式，我們是在討論元素分散離析的問題。這一離散現象的本身（包括了各式鴻溝、不連貫、糾纏、不相襯、代替、置換等情形）可以被視爲一獨特現象而加以描述——只要我們能夠決定該現象的話語對象、「聲明」、觀念，及理論選擇被形成時所依據的那套特殊的法則即可。假如該現象確呈「一統」的狀態，它絕對不是存於被形成的各元素間可見的、平面的連繫上；它是早於各元素的形構，存在於使得該形構可能並統御該形構的系統中。但我們又用何種方式來說明各種「一統」形構和系統呢？我們又如何能斷言我們已正確的將某些話語組合及總體獨立化了呢？在何時我們已極不經意的在一顯然不能再化約的事物、「聲明」、觀念，及選擇的繁複組合下面，又發現了大量一樣紛亂四散而又性質互異的因素？在什麼時候我們已將這些因素區分為四個各具特色的組合，而這些組合的表明模式仍尚少定義？而這些被發現藏於話語之後的話語對象、「聲明」、觀念，及策略，又在什麼條件下保證那些像「全集」或「書本」般一樣可獨立化的整體的存在呢？

(1)就像我們已經看到的——也許這已沒有再加重複的必要——當我們談到一個「形構的系統」時，這個系統不僅僅意味著性質相異的因素（如制度、技術、社會團體、感官組織，以及各種話語間的關係等）之並立、共存，或相互作用，也意味著由話語運作在它們其間所建立的關係。但是對那四個系統或稱那四組關係而言，我們又應該作什麼呢？它們如何都能定義一單一的形構系統呢？

事實上，被如此定義的不同層次並非是互相孤立的。我已經顯示出策略性的選擇不是直接出自一世界觀，或出自一某一說話主體的優勢控制。相反的，這些策略選擇的可能性是由觀念組合中的各分歧點來決定的。我也已經顯示觀念之形成並非直接與理念大略的、混淆的、存活的背景相對應，而是以各「聲明」間共存形式為基礎。而且，就像我們已看到的一樣，「聲明」模式的描述，是以主體談論客體對象領域時所佔的地位為基礎。在此情形下有一種垂直的依賴系統存在。並不是所有主體的地位、所有「聲明」間共存的型態、所有話語的策略，都是具有相同的可能性。只有那些被前一個層次所授權的地位、型態，或策略才是可能的。我們且看十八世紀統治「博物學」之話語對象的形構系統（作為單獨個體各有特色，所以它們可以分門別類作為能夠變動的結構因素；作為可見的並可分析的外貌；作為一個連續的、規律的相異處的範圍），有些「聲明」模式被排斥了（例如符號的解析），有些是暗含於其內（例如按照一特別規則的描述）；我們再看看話語主體可能佔有的不同地位（作為擁有儀器媒介的觀察主體，作為一個能自感官的複合中挑出結構之元素的主體，作為一個能將這些因素傳抄為符號的主體等），則有許多聲明間的共存形式被排除（如，將「已說」的以博學的姿態重新再運作，或是將一已神聖化的作品作一註釋談論），另一方面其他的則是可能的或被需要（例如全部或部分相類的聲明融入一分門別類的規格表中）。這些層次因此並非是互無牽掛，也並非按照一無限制的自治體而播散：在話語客體的基本區分以及話語策略的形構間，存在著一個各類關係序列森然的大體系。

但是「關係」也可以因應一相反的方向而建立。較低的層次並不能遠離那些位於其上的層次而獨立。理論的選擇在其所屬的「聲明」中排斥或暗含某些觀念的形構，也就是「聲明」間共存的某些形式。因此，在重農主義者的作品中，我們將不會找出存在於實用主義分析中那樣的融合定量資料及尺度的模式。這並不是說重農主義的選擇可以修改統治十八世紀經濟觀念之形構的規則組合，而是它能實行這些規則中的部分規則並排除其他的規則，並因此展現一些他處從未出現的觀念（像生產淨額的觀念）。這也不是理論的選擇控制了觀念的形成，而是那項選擇已經藉著形成觀念的特殊規則，以及它與此一階層之關係組合爲媒介，產生了觀念。

(2)這些形構的系統也決不能被看作是不能動彈的靜態障礙，自外界強加於話語上，並且一了百了的定義話語的特色和可能性。它們並不是一些束縛，發源自人們思想，或思想表徵之運作。但它們也不是形之於制度或社會經濟關係的層面的一些決定，自己強加於話語表面。我要再重複一次——這些系統存在於話語的本身；或者換句話說（既然我們所關心的並不是它的內涵或內容，而是它的特殊存在及條件），這些系統存在於話語的尖端，存在於我們定義特別的規則以使這些系統能如此存在的界限上。我所意味的「形構系統」是指一複雜的關係組合，而此組合能像一個規則般的作用：在一特別的話語運作中，如我們要作某種「聲明」，運用某種觀念，或組織某種策略，則這個組合就能定下那些必須相連接的關係。所以我們要定義一形構系統的特殊獨立性，也就是運用一運作的規律性未突顯一話語或一組「聲明」的特色。

作爲一組話語運作的規則而言，形構系統與時間的關係素來就很密切。它並不把可能出現於老邁的聲明系列裡的每件東西都集中到某一點，把這一點同時當作是「開端」、「啓源」、「基礎」、「公理體系」，並且以爲基於此點，眞實歷史中的事件就以一種必然的姿態徐徐展開。它所規劃出來的是一種系統，假如某種話語對象必須被轉化，一種新的目錄要出現，一種新的觀念要被發展（不論是變形或輸入），或某個策略要被修訂，則這個規則系統就一定要付諸運用——但它卻一直屬於這同一話語之內。此外，假如發生於別的話語中的變遷（或於別的運作、制度、社會關係、經濟過程中）要在一特定話語裡被改寫，以求建立一新的題材，引生一新的策略，容納新的「聲明」和觀念，則它所規劃出的規則系統也必得適時運轉。一話語形構並不扮演一凝固凍結時間的角色；它呈現一系列的話語事件與其他系列的事件、轉型、變動及過程間發展的原則。它並不是超時間的一種形式，而是介乎幾重時間序列中一相互呼應的構造。

此一形構系統的游動性以兩個方式來出現：第一，以在元素間互相連結的階層出現。這些元素事實上會經歷許多內在的變化，而這些變化又會融入話語運作中，但其規律性的大概形式不會被轉變。職是，在十九世紀中，犯罪法理學、人口統計壓力、勞工的需求、大眾幫助的形式、拘禁之地位及司法條件都持續不斷的改變；然而精神分析學的話語運作卻一直在這些元素間，建立同樣的關係組合。在這樣的情形下，該系統保持了它獨立的特色。通過同樣的形構法則，新的題材出現了（新的個人型態、新的行爲階層被描述爲病態的），新的「聲明」模式被付諸運用（定質符號及統計估量），新的觀念被大概刻劃出來（像退化、變態、神經病等），當然，新的理論結構可以被建立。但是，朝相反的方向來看，話語之運作也修正了那些互有關聯的領域。如果我們只去樹立只有在它們本身階層上可以分析的特殊關係是於事無補的——這些關係的效果是不會局限於話語本身的。這個效果也在那些互相表明釐清的元素上感覺得到。譬如說，當臨床醫學話語與實驗室發生關係時，醫院這一範圍是不會不受到影響的。連帶的，統治其作用的那些規則、醫院醫生所被賦予的地位、他所作觀察的功能、在其中可被實現的分析的層次等，都必須被修正。

(3)假如形構的各個系統指的只是作品（或文字）出現的樣子，以及其字彙、句型、邏輯結構、修辭組織，則形構系統並不能組成話語最終的階段。對話語形構的分析保持在此一明顯而構造完整的層次之前。在定義如何分配題材於一話語中的原則時，此一分析並不考慮題材間的關係、它們精細的結構，或其內在的分歧區域。在尋求觀念分散的法則時，分析並不考慮所有精緻化的過程，或是它們可能成型的演繹系列。假如分析所研究的是「聲明」的模式，則它既不質詢句子的風格亦不質詢其順序。簡言之，它僅用虛線來表示「作品」最後置身之處。但有一點我們必須弄清楚：在此最後的架構中，如果分析側身而退，它並不是遠遁話語之外、訴之於思想的沈默工作，它也不是遠離系統而去、顯示企圖、試煉、錯誤，及新開始的「鮮活」的紊亂狀態。

在這一方面，話語形構的分析是與許多相因相習的描述對立的。事實上，我們習慣認爲話語和它們系統化的序列不只是一個其中容納了語言與思想、實際經驗及分類、生存的及理想的必要事物、事件的偶發性及形式限制的作用。長久且迂迴發展的最終狀態或最後結果，在這系統顯而易見的外觀之後，我們可見一混沌狀態的動盪。而在話語的外貌之下，我們可見一堆大體上很沉默的發展：這是一「秩序產生前」的事物，不能列入各個系統的秩序內；它也是處於「沉寂」狀態，一個「話語產生前」（prediscursive）的事物。話語和系統只有在這廣大的公有場地的頂端，才是互相衍生的（且是共同行動的）。在此我們所分析的當然不是話語的最終狀態；它們是**終止前的規律**（preterminal regularities），對於這「終止前的規律」而言，最終狀態不僅不可能組成一系統的發源地，而且其本身也只是由其不同的形式來定義的。在完整的系統之後，由形構之分析所發現的東西，不是生命本身的啓源，也不是尚在桀驁不馴狀態下的生命；它是密密麻麻的擠滿了系統，充滿了複雜關係間緊密的組合。不僅此也，這些關係也不就是「作品」的網絡——它們在本質上與話語並不陌生。它們當然可以被視爲「話語產生前」的東西，但也只有當我們承認所謂「話語產生前」仍是「話語」的一種形式這才說得通。也就是說，我們必須承認它們並不特別標明一個思想、一個意識，或一組表象事物（這些回過頭來看時，在一種不十分必要的方式下被傳寫成「話語」）。但是它們標明話語某些層次的特色，也定義了一些由話語具體表示於一特殊運作中的規則。

所以，我們所追求的不是要超越作品而臻思想，或自談論而至沉默，自外緣而至內裡，自空間的分散而至某一時刻純淨的復現，自表面的複雜性而至深層統一性。我們一直保持在話語的範圍之內。

【第三部】

「聲明」和檔案

第一章 「聲明」的定義

我想到現在我們已接受了我們研究所含的冒險性。就是說，爲了清楚表明話語廣大的外貌，我們願意標明那些有點奇怪、有點模糊，而爲我稱爲「話語形構」者的所在。我們也將傳說中「一統」的形式，如書籍、全集等，暫且擱置在一旁。我們這樣作並沒有一明確的方法，而僅是權宜之計，並且亦出於方法學上的講求。我們也不再接受建構話語的法則（以及其所產生的形式組織），以及說話主體（和標明其特色的狀況與心理學的核心狀態），作爲「一統」的原則。我們不再將話語與經驗的主要根據，或先驗的知識權威相連接。相反的，我們要尋找話語在它本身形構的規則。我想我們已經同意從事這些長遠的探究；我們將探詢話語主體出現的系統、「聲明」模式出現及分配的系統、觀念的置放與四散的系統、策略性選擇布署的系統、我想我們應該會願意去建設這樣抽象的、引發問題的「一統」形式，而不願去接受那些要不就是不證自明，要不就是我們在感官上多少已習以爲常的「一統」模式吧？

但是，到目前爲止，我到底在說些什麼呢？我這一向探詢目標是什麼呢？我想要描述什麼呢？一言以蔽之，就是「聲明」（statement）。我要描述的聲明有兩重意義，一個是我們一向任其爲各種形式所擺佈，而現在被「不連貫」觀念所解放的「聲明」，一個是在那概括的、無所局限的，而且表面上毫無形式的話語領域中的「聲明」。但在前面各章節中，我沒有對「聲明」作一基本的定義。而當我想進一步爲我的出發點之天眞性辯護時，我也沒有試著去組成一個定義。此外，我也懷疑是否我的研究方向是始終如一的？是否我仍在貫徹我第一個探詢的企圖？是否當分析「對象」或「觀念」時，或甚而至於「策略」時，我實際仍然在議論「聲明」？我用來標明「話語結構」之特色的那四組規則，是否眞正的定義了「聲明」的各個組合？無疑的，這都是我不給「聲明」一明確定義的理由。最後，我不但沒有逐步減低「話語」這個字眼捉摸不定的意思，我相信我反而增加了這個字的意義：我把「話語」有時當作所有「聲明」所在的廣大領域，有時當作一組可以獨立的「聲明」之總稱，有時當作解釋某些「聲明」的一個規則化的運作。「話語」本應當作爲環繞「聲明」一詞的界限的；但當我轉移我的分析或它應用的地點，或當「聲明」消失於我們眼前時，我難道沒有讓「話語」的意思也隨之而變嗎？

而這也就是我現在所面臨的工作。我要重新將「聲明」的定義追根究底，然後看看是否這個定義出現於我稍早的描述中，也要看看是否我眞是在討論在我分析話語形構時所指的那個「聲明」。

我已經在好幾個場合中用「聲明」這個詞來談論一群「聲明」（就好像我在討論許多個人或獨立的事件一般），或是將它和我所稱爲的話語組合作一個區分（就好像將一整個東西的一部分與整體分開一樣）。乍看之下，「聲明」是以一個最終的、不可分解的元素型態出現，而此元素可以孤立起來並與其他元素引介到一組關係中。它是一個沒有外貌的基點，但此基點可被置放在一個區域中的各層面，或是在各組合的特殊形式中。它也是一粒種籽，出現在組織（tissue）的表面，而它也是這一組織的合成要素。而它更是一話語的基本成員（atom）。

隨之而起的問題是：如果「聲明」眞是話語的基本單位，那麼它又包含了什麼？它的特徵是什麼？我們必須給予它什麼樣的界限？而這一單位與邏輯家所謂的「命題」，或文法家所稱的「句子」，或是「分析家」所試稱的「語言行動」的各「一統」單位是互相印證的嗎？在所有這些語言（langage）研究所表現的連貫一統現象中，它又佔有什麼樣的地位？（即使因爲它所呈現的問題十分困難，以及精確定義它們極爲不易，使得這些「一統」的理論不很完整。）

我不認爲一個「聲明」的必要且充分的條件是去呈現一定義精確的命題結構，或是只有在命題存在的狀況下，我們才可以談論「聲明」。事實上，當我們只找到一個命題、只擁有一個價值、只服從一組話語建構的法則，而且包含相同的運用可能性時，我們也可以有兩個極其不同的「聲明」，分別指涉非常相異的話語組合。從邏輯的觀點來看，「沒有人聽到」和「眞的沒有人聽到」是不可分辨的，也不能被看作是兩個不同的命題。但在許多「聲明」中，這兩個形構是不相等也不可互換的。在話語的階層上它們不能佔有相同的地位，它們也不屬於同樣的一組「聲明」。假如在一本小說的第一行我們發現「沒有人聽到」這一說明方式，我們知道，在新的秩序出現以前，它是小說作者或是人物所作的觀察（或是大聲的表達，或藉內在的獨白形式表達）；假如我們發現了第二個說明方式「眞的沒有人聽到」，我們只可能是處在一組構成內在獨白、一個自我沈默的討論、或一段對話的片段、或構成一組問題與答案的「聲明」中。以上兩個例子裡，每一個都有同樣的命題結構，但它們卻有極其不同的「聲明」特色。另一方面，當我們正討論一簡單、完整、自給自足的「聲明」時（即使此一「聲明」是其他「聲明」的一部分），也可能出現複雜的，或雙重的命題形式；或相反的，出現支離破碎的、不完整的命題。「法國現任的國王是禿子」是一個眾所熟知的例子（只有我們接受在單一的「聲明」形式下的兩個不同命題，而其中任一可能是眞或僞，它才可以自邏輯的觀點來分析）。另外像「我正在撒謊」這樣的一個命題，只有在獲得較低層次的肯定時，才可成爲眞的命題。當我們要去描述一個「聲明」的特別統一性時，我們用來定義一命題的本質，分辨在一統一的說明方式下不同的命題，以及凸現其完整自足之特色的那些規則標準，都不是眞確的了。

我們又怎麼處理句子呢？難道我們不能接受「聲明」和「句子」的對等關係嗎？只要在文法上可以獨立成句者，我們就可以看出一獨立「聲明」的存在。但是在另一方面，當我們在句子之下觸及它組成因素的階層時，我們就不能再說「聲明」與句子相提並論了。面對著這樣一個對等關係，如果我們再反對有些「聲明」在「主詞—連接詞—述詞」這樣的眾所公認形式之外，也許可由一簡單的名詞組織（「那個人！」）或一副詞（「完全的」），或一人稱代名詞（「你！」）所組成的話，這將是毫無意義之舉了。因爲即便這些結構形式是根據一連串的「主詞—述詞」形式轉化而得，文法家自己也承認這樣的結構方式也可算是獨立的句子。不僅如此，對那些不是正確架設，但卻可以解釋的語言因素的句子組合，文法家也表示「可以接受」。另一方面，對那些不管是否是正確按文法形成但卻可以解釋得通的組合，他們也一律給予「合乎文法」的句子的地位。在這樣一廣闊鬆弛的句子定義下，去分辨何者爲句子但非「聲明」、何者爲「聲明」但非句子，是極端困難的事。

但是句子與「聲明」之對等關係卻是非常不完整的。我們可以輕而易舉的找出一個和句子的語言學結構不相符的「聲明」。當我們在拉丁文文法中發現「amo, amas, amat」排列成一直行時，我們並不是在討論個句子，而是在討論動詞「amar」直說法現在式之不同人稱變化詞型的「聲明」。有人可能會說這個例子有待商榷：也有人可能會說這只是表面上的小花巧，而這個「聲明」實在是省略的濃縮的句子，它在一不尋常的模式下被「空間化」起來。而它原本應讀起來像句子一樣：「動詞amare的直說法現在式第一人稱是amo」。但無論如何，其他的例子可就不這麼含混了。一個植物學種類分類明細表是由「聲明」而非句子所組成的（李諾的《植物總論》〔*Genera Plantaruma*〕是一整本的「聲明」，在該書中我們只能發現極少量的句子）。一本族譜、一冊帳簿，或是一本商業收支計算表都是「聲明」；但句子又到那裡去了呢？我們更可進一步的說，第N級的方程式，或是折射法則的代數公式，雖然都有極其明確的文法性（這是由於組成它們的符號之象徵意義都是由使用的規則來決定，而且它們的順序也是由文法結構法則來操縱之故），都應當被看作是「聲明」。然而，這樣的文法性卻不能與那些判定一個句子是否明白合理之標準相提並論。最後，我們要說一座標圖、一生長曲線圖、一年齡分佈角錐圖、一雲量分佈圖等都是「聲明」。任何隨之而來的句子都只不過是闡釋或批評而已，兩者決無絲毫相等的地方；這可由一個事實來證明，就是在許多情況中只有無限數量的句子可與形成此種「聲明」的全體元素對等。所以，我們若要用句子的文法特色來定義一個「聲明」的話，看起來是不可能的。

最後，仍有一個可能性存在，而且初看之下，這個可能性是所有可能性中，最「可能」發生的。就是，我們只要能夠認出而且孤立一個簡明表達意思的行動（這有點像英國語言分析學家所指的語言行爲），我們不就可以說有一個「聲明」存在了嗎？「語言行爲」（speech act）一詞當然不是指（大聲向某人）說話或（用手或打字機）書寫的實際行動；它也不是指說話者的意圖（也就是他想說服某人、施令於某人、找出解決問題的方法，或傳達消息）；也不是指他說過的話所產生的結果（不管他已經說服某人或反引人疑竇；不管他的話是否有人聽或他的命令是否有人實行，是否他的祈禱已上達天聽）。我們所指的是由意義表示的公式所實行出來的那個運作情況，像承諾、命令、法令、合約、協議、觀察等。這個「語言行爲」不是在「聲明」被作出來的前一秒中發生的（也就是發生在作者的思想或意圖之中）；它也不是在該事件之後，循其殘跡而可能發生的，或是它所導致的結果。「語言行爲」是一個「聲明」（在極其特定的情形下）發表時，所滋生的行爲。所以可想而知的，一個「聲明」的個別化和「語言行爲」的表達形式都擁有同樣的標準：每一個「語言行爲」是在「聲明」中所具體化，每一個「聲明」皆包含了一種語言行爲。兩者以一種互惠的關係而共存共榮。

但是在仔細的觀察下這樣的一個關係卻不能成立。僅舉一例來說吧：通常要使一個「語言行爲」生效所需的條件，不僅只是一個「聲明」而已：一個盟誓、一個祈禱、一項契約、一項承諾，或一項展示通常都需要很多不同的公式或個別的聲明。我們很難以所有句子和公式都是深受同一「語言行爲」的影響爲前提，而質問是否每個句子或公式都有權被看作是一個「聲明」。在那個情況下，我們或可說在一整系列的聲明中，「語言行爲」本身並不是一成不變的。一篇禱詞裡，有限的、連續的，和並立的「語言行爲」與不同「聲明」所形成的要求，在數量上可說不相上下。在一項承諾裡，約定的數目與可由不同「聲明」獨立化的事件序列也是亦步亦趨的。但我們很難對這個答案感到滿意：第一是因爲表達意義的「語言行爲」將無法定義「聲明」，而恰相反的，意義表達之「語言行爲」應由「聲明」來定義。「聲明」會提出問題，並要求獨立化所需的標準。此外，某些「語言行爲」只有在幾個「聲明」各如其份的被表明後，才可被看作在它們特別的「一統」形式下是完整的。所以這些「語言行爲」不是由這些「聲明」的系列或總合，或它們必要的並立方式所組成；它們決不能被當作一現存的整體，或不斷遞變更新。因此，我們不能在「聲明」的組合與「語言行爲」間建立一「兩者共音」的關係 (bi-univocal relation)。

當我們想要將「聲明」獨特化，我們不能毫無保留的借用任何文法、邏輯，或「分析」的模式。我們了解這三種模子所提供的標準都太多太重，它們也限制「聲明」的範圍。而且，雖然有時「聲明」和上述的幾種形式若合符節，但這到底不是永遠如此的。我們會發現「聲明」缺乏合理命題結構；我們發現當我們不能辨認一個句子時，「聲明」亦可存在；而我們所發現的「聲明」要比我們所標明的「語言行爲」多得多。這就好像「聲明」比所有這些形象都更稀薄，更不能判定，結構上也更不堅固，但卻更無所不在；這也好像「聲明」沒有那麼多的特色，也比較容易組合。但這也正好像因爲這個事實，「聲明」排拒了描述任何東西的可能性。更困難的是，我們難以看出它應座落於那個階層，和我們應用什麼方法接觸它。所有上述的「分析」方法都只能作旁敲側擊式的幫助而已：在邏輯分析上，「聲明」是命題結構被精煉和定義後所遺留的東西。對文法分析而言，它是一串語言學的元素，在其中我們也許可以、也許不能認出句子的形式。對「語言行爲」而言，它以一可見的整體出現，而在其中各種「語言行爲」得以顯現它們自己。對所有這些描述方法而言，它都扮演一無法說明的元素、一項乾硬的事實，或一不相關的原始素材。

難道我們最後必須承認「聲明」不能擁有它自己的特色，而且，(因爲對所有語言〔langage〕分析而言，它都是這些分析據以決定其題材的外緣材料）它也不能被適當的定義嗎？難道我們必須承認任何符號、形象、標記、跡象的系列——不論他們的組織或可能性是什麼——都足以組成一「聲明」，而且文法有權決定它是否是個句子，邏輯可以決定它是否包含一個命題形式，語言分析可以決定它可將何種語言行爲具體化嗎？在這樣的狀況下，我們就必須承認只要有若干符號被並列，或甚至只有一個單一的符號存在，就有一「聲明」存在了。這個「聲明」的關鍵也就成了符號之存在的關鍵。但即使如此，事情還是不如想像的簡單。諸如「符號的存在」(the existence of signs）一詞之意義就需再詳加說明。當有人說，有很多符號存在，而且若要求一「聲明」僅需有一些「符號」就足矣（it is enough for there to be signs for there to be a statement）。這到底意味著什麼呢？而我們要給予動詞「to be」什麼樣的特殊地位呢？

很顯然的，「聲明」的存在和語言（langue）的存在是兩回事，也和被「聲明」相異的特色和它們運用的規則所定義的一組符號的存在是兩回事。一個語言決不會赤裸裸的或完完全全的呈現出來。它只有在次要的方式下，也就是在把語言當作描述對象的那個模糊的描述形式下，才會如此。作成「聲明」的元素的那些符號是一些加諸於「聲明」之上而且自內而外的控制「聲明」的符號。假如沒有「聲明」，語言也就無從存在。但是沒有一個「聲明」是非得仰賴語言而存在的（而且我們永遠可以以一個「聲明」取代另一個「聲明」而毋須改訂語言）。語言僅僅是一個用來建造一些可能的「聲明」之系統，但在另一方面，語言僅是一組眞正的「聲明」的集合所產生之描述（此一描述多少是詳盡的）。語言及「聲明」並不是位於同一「存在」階層上，我們也不能用同一方式來說明「聲明」或語言的存在。然而，假如說一個語言的符號是被製造出來（或發出音來、畫出來、作出來、追溯出來），假如它們出現於一特定時空中，假如說出它們的那個聲音或形成它們的那個手勢給予它們一實際存在的形式，難道語言的符號就可以這樣組成「聲明」了嗎？像我在一張紙上信筆寫出的幾個字母（作爲一個「非聲明」的例子）、用來印書的鉛字模——我們不能否認它們實際存在的物性，因其有形有體——難道這些四散的、看得見的、可以操縱的符號均可被合理的看作是

「聲明」嗎？

但是，在進一步的觀察後，我們可說這兩個例子（鉛字模及我寫在紙上的符號）並不是可相重疊的例子。這堆我可握在手上的鉛體字或是打字機上的字模都不是「聲明」：它們充其量也只是我們用來書寫「聲明」的工具而已。另一方面，那些我在紙上隨意之所至，信筆寫下，用以顯示在混亂狀態下，它們不能組成一「聲明」的字母又是什麼呢？它們形成了什麼形象？難道說它們不是隨便選出來的一些字母組合，一個不經由機會法則所統轄的字母系列的「聲明」嗎？同樣的，統計學家有時用的隨機抽樣數字表是一系列數字符號，且這些數字符號不能用任何句法結構連接起來。但這樣的系列是一個「聲明」：是我們經由某些步驟，淘汰那些可能增加後續問題產生的或然率，而獲得一組數字的「聲明」。讓我們再看看這個例子：打字機上的字鍵不是「聲明」，但是列於打字手冊上同樣的一列字母「A,Z,E,R,T」卻是法文打字機採用的字母順序的「聲明」。所以我們現在面臨幾項負面的結果：形成一個「聲明」是不需要一個規律性的語言學架構（此一「聲明」可以由擁有最小可能性的系列所組成）；但即使任何實際語言學元素的效用，任何符號在時空中的出現都不足以保證一個「聲明」的出現或開始存在。所以，「聲明」既不是像語言那樣的存在（雖然「聲明」是由符號組成，而符號也只有在自然的或人工的語言系統內其獨特性才可能被空義），也不像呈現在感官面前的事物般存在（雖然它永遠是被賦予一種物性，而且可以按照時空座標來座落其所在）。

要回答關於「聲明」的整個問題，在此並非適宜，但這個問題本身可以在此被釐清。就是「聲明」不是一種和句子、命題，或「語言行爲」相同的單位，所以它不適用於同樣的規範。另一方面由於「聲明」的局限和獨立性的關係，也不是和實質事物相同的單位。但因爲它的特殊性（既非完全的語言性，亦非特別的物質性），「聲明」在我們判斷句子、命題，或「語言行爲」是否存在時，是不可缺少的。同樣的，當我們判斷是否某個句子是正確的（或可接受的、可解釋的）、是否某個命題是合理而結構良好的、是否「語言行爲」完成了它的要求且確被實行出來，「聲明」也是決不可少的。在探詢「聲明」的過程中，我們決不應打算在「聲明」中找出個結構上或長或短、或強或弱的單位來，而應找出個像其他單位一樣，也是交織於一邏輯上的、文法上的，或談話上的關係中的單位。與其說它是眾多元素中的一個，一個可以被安置在某一分析層次的區域，倒不如說它是一個與這爲數眾多且彼此相連的單位並排運作的功能（function），而且這一功能使我們能夠談論一連串的符號而不管那些符號是否呈現於其中。所以「聲明」不是一個結構（所謂結構是在各種不同元素間的一組關係，也因而使數量上可能無限的具體模式得以成立）；它是一種存在的功能，而這個功能的的確確屬於符號，且在符號的基礎上我們可以經由分析或直覺來決定它們是否的確有些道理，按照什麼樣的規則他們相互銜接或並列，作爲什麼東西的符號，或是它們的書寫或口頭）表達形式實現了什麼樣的「語言行爲」。因此，如果我們不能找出「聲明」的「一統」結構標準，我們不應驚訝。這是因爲它本身並不是一個單位，而是穿過結構和可能的「統一」模式領域的功能，「聲明」並且在時空中以具體內容顯示它們。

我們所描述的也正是這個功能，包括了這個功能的實際運作、它的條件、統治它的規則，以及它操作的範圍。

第二章 「聲明」的功能

綜上所述，可知如果我們想在單一的符號組合中尋找「聲明」，將是徒勞無功的。「聲明」既不是一語法單位，也不是架構規則，更非連續和排列的標準形式。它是使這樣的符號組合存在，並使這些規則或形式明顯化的東西。但雖然「聲明」使它們得以存在，它卻是以一特殊方式來進行的——這個方法決不能與作爲語言元素之符號的存在，以及那些在時空中佔有一席之地的標記的實體存在，相互混淆。我們現在必須研討的，也就是這種特殊存在模式，它的特色只要在被表達出來的符號系列中，都會顯示出來。

(1)讓我們再一次的討論前章所述及的例子。有許多符號具有明確的物質性，且以一特別方法所組合而成。這個組合方式是否武斷，我們並不確知，但無論如何，它卻不具有文法性。像打字機的字鍵，或印刷工手上的字模等就是這樣兩個例子。我們所要做的，只是獲得這些符號，並將它們傳錄於一張紙上（就用它們原來的排列出現，而不刻意使其成爲一個單字）以使一「聲明」出現：不管是一個順著打字機字母排列而打成的「聲明」，或是一些隨意組合的字母之「聲明」。應該已存在的「聲明」現在怎麼樣了呢？第二個組合到底有些什麼是第一組所沒有的呢？像拷貝一樣的重複而已嗎？當然不是，因爲所有打字機的字鍵都是模仿某一模式而作成，也因此它們不是「聲明」。是主體的介入嗎？這樣的答案不妥之處有二：如果要使一個人的動機轉變成爲一個「聲明」，光靠重複一系列的動機是不夠的；而且，無論如何，問題並不在重複的原因或源頭上，而是在兩個可以認同的系列間的特別關係上。第二個系列不是一「聲明」因爲，而且「只」因爲，「兩者共音」的關係只能建立在第一系列的各個元素之間。（這一關係或是突現「重複」的事實，如果它只是個拷貝的話，或是「聲明」的精密度，假如我們實際上已跨越了「聲明」的門檻；但這個關係不讓我們定義這一門檻以及「聲明」這件事實的本身。）一系列的符號可以成爲一「聲明」，只要這系列符號包含了「一點別的東西」（這東西也許會奇怪的與其神似，而且甚或不分軒輊，上述的例子可爲證明），一特別與該系列本身有關的關係——而不是它的原因，或它的元素。

有人也許會提出異議，認爲這個關係並沒有什麼神秘的地方。相反的，這個關係實在是我們所熟悉且不斷被分析的。這個關係也就是有關「意指」（signified）與「意符」（signifier）間的關係，或名稱與名稱所指涉之事物間的關係；也就是句子與其意義間的關係；或命題與指涉對象（referent）間的關係。但我相信我們可以顯示，「聲明」與其所述的內容間的關係，與上面任何一種關係都是不同的。

「聲明」即使被縮小到最小的句法單位（「那隻船！」），或縮小到一個名詞（「彼得！」）時，它與所指陳的內容間的關係，和「名稱」（name）與其所指明或象徵的東西間的關係，並不一樣。名稱或名詞是一個可能在文法組合中佔有不同地位的語言元素；它的意義是由它運用的規則來定義（不管這些規則是有關被該名詞確實指明的個人也好，或是名詞得以正確的加入的語法結構也好）；一個名詞是被它重現的可能性來定義的。而一個「聲明」則存在於任何重現可能之外；而且「聲明」與它所指陳內容間的關係與一組運用的規則是不能互相認同的。這是一種非常特別的關係。而且假如一相同的表達方式重新出現於這些情況間（同樣的文字，基本上同樣名字——甚至分毫不差的句子），那也不見得是相同的聲明。

「聲明」與其所指陳事物間的關係也不應與命題及其指涉對象相混淆。我們知道當邏輯家作了像「金山是在加州」這樣的命題時，這是不能被證明爲眞的，因爲它沒有指涉；它的否定意義和肯定意義是分毫不差的。假如藉命題而存在的「聲明」沒有指涉的話，難道我們也要說「聲明」什麼也沒說出來嗎？恰恰相反。我們不但不說缺少指涉對象連帶使「聲明」也缺少一對應相關物，反要說這項缺失正是「聲明」的對應事物——「聲明」不僅將所說的，也將它談論到的，它的「主題」，指涉到這一對應上。這也使得我們可以說是否一命題有一指涉對象。而且「聲明」單獨的在一明確方式下就可決定這件事。讓我們且假設「金山在加州」這個意義的表述不是出自一本地理書籍，不是出自一本旅行刊物，而是出自一本小說，或者出於一虛擬性的作品，而我們仍能給予它一眞實或錯誤的價值（我們所持的標準是，是否它所指涉的幻想世界可以給予這一地質和地理學上的幻想一眞確的權威性）。如果我們要說到是否一命題有一指涉對象，我們必須要知道這「聲明」所指涉的是什麼，而它相互關聯的空間又是什麼。「法國現任的國王是禿子」缺少一指涉對象，除非我們假設這個「聲明」指的是當代歷史訊息的世界。命題與指涉間的關係並不能作爲「聲明」及其所述之內容的模式或法則。後者不僅不屬於前者的層次，而且還先於前者。

「聲明」和句子及其意義間可能存在的關係也沒有重疊的可能。這兩個關係形式間的鴻溝很明顯的出現在兩個有名的句子中。這兩個句子雖然有完全正確的文法結構，但是卻毫無意義（如：「無色的綠理念憤怒地睡覺」）。事實上，如果我們要說這樣的一個句子沒有意義，則我們的前提是我們已經排除許多可能性了——諸如該句描寫一個夢，它是一詩篇的片段，它是一個作成符號的訊息，它是一個吃了迷幻藥的癮君子的夢囈——而且我們也假設它是某一種型態的「聲明」，它必須在一非常明確的方式下指涉一可見的事實。因此，一個句子和它的意義的關係是存於一特別的且相當穩定的「聲明」關係上。此外，就算這些句子是在一「聲明」層次上毫無意義，但作爲「聲明」而言，它們與意義的相互關係仍然不能被剝奪。譬如，它們是那些能使我們說，思想永遠不會是無色或有顏色的。所以上述的例句是沒有意義的（而這些句子與意義的相互關係著重一眞實的層次：在其中理念是看不見的，而顏色是看得見的等）。此外也有些「聲明」與意義的關係使一可疑的句子眞確化，俾使其作爲一種句法組織正確但確毫無意義的例型（而這些相互關係著重語言及其法則和屬性的層次）。一個句子不可能沒有意義；它一定指涉某種事物，因爲它的本質是一個「聲明」。

然而，我們又如何定義使「聲明」之所以成爲「聲明」的那個關係呢？這個關係似乎暗地裡以句子或命題爲先決條件，而它又先於句子或命題的存在。我們如何將它自那些意義的關係或那些眞理的價值中解析出來呢？「聲明」、句子，與命題之間常混淆不清。任何一個「聲明」，不管我們把它想得多簡單，都不會把一個由句子中的某個字所指明的一個人或特別事物當作是它的相關對應事物。在像「金山是在加州」這樣的一個「聲明」裡，其關係對應事物並不是作爲主體的名詞語素所指的形構，不論這形構是眞的或想像的、荒謬的或可能的。但「聲明」的關係對應事物也不是一種事物的狀態或能證明命題眞確的關係（在我們上述的例子裡，這是指在一特別區域中一座特別的山脈的空間包攝）。另一方面，可以被定義爲「聲明」的關係對應事物的是一組領域的集合，在其中句子和命題的對象可以出現，且它們的關係可以加附於這領域的集合上。例如說，它可以是一擁有某些可見且具體的屬性之物質對象的領域——或者相反的，它可以是一虛擬題材的領域，被賦予一些武斷的屬性而沒有任何由實驗或感官可資證明的權威性（雖則它們有某種規律及連貫性）。它也可以是一空間或地理學上定點的領域，擁有坐標、距離，以及親密及含攝的關係——或者相反的，它可以是一象徵附屬物及秘密關係的領域。它可以是一「聲明」形成時，與它在同一時刻及同一時間階層上存在的對象的領域，它也可以是一屬於一十分不同的「現在」的對象領域——那個「現在」是由「聲明」自己所指示及組成的，而不是「聲明」自己所屬於的「現在」。一「聲明」不是面對面的與一**關係對應事物**——或關係對應事物的缺少——相對壘，好像命題之有指涉對象，或一名詞指稱某人（或無人）一般。它是與一「指涉屬性」（referential）相連接，但此「指涉屬性」不是由「事物」、「事實」、「眞實」的東西、「存在的事物」所組成，而是由可能性的法則，在其內被指稱、命名、描述的對象之存在規則，以及在其內被否定或肯定的關係之存在規則所組成。「聲明」的指涉屬性形成「聲明」出現的地點、狀況及領域，分辨個人、物體、事物之狀態，以及由「聲明」自己帶入運作的關係之權威；它並定義「聲明」出現的可能性以及給予句子意義，給予命題眞實價值的界限。也就是這一組合突現了意義傳達時「聲明」階層（enunciative level of formulation）的特色，並使其與文法及邏輯層次相對異：通過與這些各式可能性的領域的關係，「聲明」產生了語法元素、一系列象徵、一個我們可能會也可能不會賦予意義的句子、一個可能會也可能不會被賦予一眞確價值的命題。

在任何一情況下，我們均可看出這一「聲明」層次的描述不能藉形式分析、語意探究，或查證等方式來表現，而需由對「聲明」及「聲明」表示其相異處的**空間**之間關係的分析來達成。

(2)「聲明」也和任何語言元素不同，因它與主體有極特殊的關係。我們現在必須定義這個關係的本質，而且最重要的是，將它與其他易混淆的關係分辨清楚。

事實上，我們決不應該將「聲明」的主體（subject）減縮到像出現在句子中的第一人稱文法元素那樣的地位。第一，因爲句子的主詞並不存於語言學上句型結構中；第二，因爲不包含第一人稱的「聲明」往往也有一個主詞。最後也最重要的是因爲所有擁有一固定文法形式的「聲明」（不論是以第一人稱或第二人稱出現），與「聲明」的主體並沒有相同的關係型態。這個關係很容易看出來與「夜正來臨」或「每一結果必有原因」這型「聲明」是不一樣的。而與像「長久以來我習慣早睡」這類的「聲明」裡，其與「聲明」主體的關係與我們聽到有人在閒談中這樣講，或讀到普魯斯特（Proust）的《往事回憶錄》（*A la Recherche du temps perdu*）的第一個句子如是寫出，是不一樣的。

難道這個位於句子之外的主體不正就是說或寫這些話的那個人嗎？我們都知道，如果沒有人，或至少沒有樣東西作媒介，符號不可能吐露出來。如果一系列的符號要存在（按照因果律的系統），必須要有一個「作者」，或傳遞符號的權威存在。但這個「作者」和「聲明」的主體是不能互相認同的。而且「作者」的製作與表達符號的關係，與連結「聲明」主體與表述內容間的關係，並不是一樣的。讓我們且不管一組已經被實際形成或構圖好的符號這樣簡單的例子：它們的產生暗示了一個作者的存在，雖說我們既未看到一「聲明」或一「聲明」的主體之存在。藉著傳達符號者及「聲明」主體間的關係的分離，我們也可以提一下以下這個作品的例子。如第三人稱所閱讀的作品（text），或一演員念他的臺詞。但這都是極端的例子。大體而言，至少在乍看之下「聲明」的主體是那個想要傳達意義並製作了不同表達元素的人。但事情並不這麼簡單。在一本小說裡，我們知道傳達意義的作者是那個名字出現於書本首頁的人（但我們仍然面臨了對話，及申明是表達一角色的思想的句子的問題；我們仍面臨了書籍以筆名出版的問題。而當詮釋分析家想要將所傳遞的整體意義與作品的作者，或作者想要說的、作者所想的，或簡言之，與那龐大的、靜謐的、隱匿的、統一的話語，在其上它們建立各種不同的階層，連接起來的話，我們可知道這些「複製」工作的困難有多大）。但是，即使遠離那些不與「個人」或「作者」相同的意義指陳權威，當小說的「聲明」好像自外界提供故事的歷史及空間背景，當它們描寫一些好像可以被一個穿梭於小說人物間，卻是神龍見首不見尾的人看到的事物，或當它們對某一角色的內心感受提供一文字解釋，就好像有一種現成的內在的解釋方法在作用一般時，小說「聲明」的主體與作者仍是不相同的。雖然在上述的例子中，作者都是同一人，雖然作者可以把每種表現方法歸功於自己，雖然他在他本身及我們所看到的作品間並未發明一個補充的聯繫，這些「聲明」的主體不見得要具備與作者相同的特色，爲其先決條件。它們也不意味這個主體與被說出來的東西間要有相同的關係。

也許有人會說，小說裡常爲我們所引用的例子並沒有決斷的眞確性，或乾脆說這樣的例子僅對文學的本質，而非「聲明」中主體一般性的地位，提出質疑。按照這樣的觀點，作者的消失、隱沒於作品中，委派一個發言權威，或將自己一分爲數種用途，都僅只是文學的本質；所以我們不應從這裡遽下斷論，認爲「聲明」的主體在本質、地位、功能，及身份上都與陳述意義的作者不同。其實這一鴻溝不僅限於文學一隅。我們要了解「聲明」的主體是一個特殊的功能，但此一功能不見得是自一個「聲明」到另一「聲明」都是相同的，我們可說此一鴻溝是總括性的。此外，我們要認爲「聲明」之主體是一空虛的功能，可被任一表達「聲明」的個人來塡滿，這一鴻溝也是概括性的；同理，我們要承認同一個人於同一「聲明」系列中，可以輪流佔領不同的地位，扮演不同主體的角色，這個鴻溝也是總括性的。我們且拿一項數學論說作爲例子：在序言的詞句中，我們解釋何以這個論文被寫就，在什麼樣的情況裡，爲了要解決什麼樣的疑難，爲了要達到什麼樣的教育目標，使用什麼方法，在經歷了何種試驗與失敗後，「聲明」主體的地位方能由表達過程中的作者或作者們所享有。主體獨立化的條件其實很多也很嚴格，但在我們所舉的例子中僅認定一個可能的主體。另一方面，假如在該論文的主要論述中，我們遇到像「和第三個數相等的兩個數是彼此相等的」這樣的命題，則「聲明」的主體是位於一完全中立的地位，與時間、空間，及各種狀況均無關。在任何語言系統中，書寫或象徵的符號也以相同面目出現，任何人只要肯定這一命題，即可佔據該主體的地位。不僅如此，像「我們已經展現……」一定會包含了一有關其上下文狀況的正確「聲明」，而此「聲明」並不為先行的意義表示中所暗示：主體的地位因而被限定在一群數量有限的「聲明」所構成的領域中；它被安放在一系列「已經」發生的「聲明」事件之中；它被建立於指示性的時段內，而既然較該時間稍早的階段從未失落過，也因此該時段不需重頭開始而被一再的以「現在」面貌呈現（只要提及一次就足以重顯其原本的眞確性）；主體的地位由許多事先已存在而仍有效運作決定，而那些運作不見得需要由同一個人來顯示（指正在說話的人）。但它的確是屬於「聲明」的主體，由該主體操縱，而且遇有必要，正說話的人也可利用他自己作為「聲明」主體。這樣的一個「聲明」的主體是由這些集合在一起的必要條件及可能性來定義；而這個「聲明」的主體不會被定義成為一個人，一個已經眞正實行某些運作，生存在一從不會打破、也從不會被遺忘的時間裡，並在其意識中將一整個眞確的命題內在化，更在其思維的現況中，保存那些命題之重現的人（在個人的例子中，這僅只是作爲「聲明」主體的個人之地位中，心理學及「活過」的部分）。

同樣的，我們也可以描寫在像「我將解釋任何疑點像……」或「假設有任何元素的有限系列的存在」的句子中，主體的特別地位。在任一例中，主體的地位是與一已被決定並呈現出來的運作存在相連接的。在兩例中，「聲明」的主體也是運作的主體（建立一直線之定義的人也就是「聲明」該定義的人；安置一有限系列之存在的人，也同時是「聲明」它的人）。在兩例中，主體藉著這使他具體化的運作和「聲明」，連接了未來的運作和「聲明」（作爲一「聲明」的主體，它接受這一「聲明」以作爲他自身的法則）。但這裡有一不同點：在第一個例子中，所被「聲明」者乃是一個語言的成規——也就是「聲明」主體一定要使用的那個語言成規，且在其中他亦被定義。因此，「聲明」的主體和所「聲明」的東西是在同一層次上（但對於一形式分析而言，像這樣的一個「聲明」暗示了「後段語言」〔metalanguage〕的不同層次）。另一方面，在第二例中，「聲明」主體將一外於己身的客體帶入存在的領域，而此客體屬於一前已定義的領域，該領域的可能法則已經被表明，而其特色也先於「聲明」而存在。由上述我們可知在一眞確命題的肯定中，「聲明」主體的地位不是永遠一成不變的。我們現在也看到當「聲明」一個運作開動時，「聲明」的主體的地位也不是相同的。

所以，「聲明」的主體不應看作與話語意義的作者相同——不論是在實質上，或功能上，都應如是觀之。事實上，「聲明」主體不是那以一句子型態被說出來或寫出來的現象之原因、啓始，或出發點。它也不是那有意義的意圖，將文字組成一個制度化的整體；它不是一連串經由「聲明」而輪流被顯示在話語表面的運作的恆久不動、不變的焦點。它是一特別的、架空的所在，可由不同的個人來塡充。但是，它不是一經定義便永久不得改變，並以此形式貫穿一個作品、一本書，或一全集的東西。相反的，這個所在是不斷的變異的，或者換句話說，它的可變性是如此之大，所以它旣可在幾個句子中維持相同的面貌，也可以隨句子的轉換而改變。它是一個範圍，用以標示整個意義的話語體系，成爲「聲明」的特質。而它正是「聲明」功能的特色之一，並使我們得以去描述。假如一個命題、一個句子，或一組符號可以被稱之爲「聲明」，這不是因爲有一天有個人恰好把它們說了出來並以一具體書寫形式表達出來之故，而是因爲主體的地位可以附加於任何人身上。描述一個作爲「聲明」的意義話語並不是要去分析「作者」和他所說的話（或是他想要說的話，或是他不想說卻說出來的話）之間的關係，而是要決定，假如一個人要成爲話語的主體，他應該佔有什麼樣的地位。

(3)「聲明」功能的第三個特色是：它可在一相關領域不存在的狀況下運作。這使得「聲明」不僅限於一堆符號而已。那些符號爲了存在之故，僅需像一書寫的表面、聲音、可鍛的物質，繪圖的雕切空檔等物質基礎。但更重要的是，這也將與句子和命題分開。

我們且拿一組字或象徵符號來作例子。爲了要決定它們是否組成像句子那樣的文法單位，或像命題般的邏輯單位，我們必須要判定它所據以形成句子或命題的規則是什麼（而這也就夠了）。「彼得昨天到達」形成一個句子，但「昨天到達彼得」則否；A＋B＝C＋D組成一命題，但ABC＋＝D則不是。我們只有透過與人工或自然語言系統有關之元素及其分配的考查，方能使我們區分何者是而何者不是命題，何者是句子，而何者是文字的堆砌而已。此外，這個考查也足以讓我們決定有疑問的句子屬於那一種型態的文法結構（肯定句、過去式，且包含一似名詞的主詞等），或有問題的一串符號是屬於什麼型態的命題（二附加物的對等）。我們甚至可以設想一個「自我判定」的句子或命題，它不需要其他的句子或命題作爲上下文，也不需要其他相關的句子或命題：假設在這類的情況下，這樣的一個句子或命題如果是無用的或不能用的話，這並不意味著我們認不出它來，即使它是在單獨的狀況下。

無疑的，有人會對此大加反對。比方說，有人也許會說，只有當我們知道一命題所遵守的原則系統時，一個命題才可能這樣的建立及獨特化。難道那些定義、規則、書寫傳統沒有形成一不能與命題分劃的相關領域嗎？（同理，假如我們想去認出一個句子，或是一種型態的句子，我們需要知道默默作用於主體能力中的文法規則。）然而應該注意的是，這個組合（存在的，或潛存的）不屬於像命題或句子的那個層次，但它與句子及命題可能的元素、序列，及分配卻保持關係。這個組合與它們並不直接相交，而是作爲它們的先決條件。也可能有人認爲我們不能只根據命題的組織規則來判斷命題的眞僞；我們必須得依賴指涉物來判斷其眞僞。他會認爲，不管是眞是假，命題還是命題，決定命題之權並不必依賴指涉物。在討論句子時也有同樣的情形。在許多狀況裡，它們的意義只有和上下文連接時才能顯出（不論它們是包含了指涉實際狀況的具體元素，或利用指稱說話主體及對話者的第一及第二人稱代名詞，或者是使用指涉稍前或稍後句子的代名詞元素或連接詞等）；但是它的意義不能被完整的表示的事實，卻不能阻止句子在文法上成爲一完整自足的單位。當然，我們不能確定一組像「我明天會告訴你那件事」到底意味著什麼。不論如何，我們既不能確定「明天」到底是那一天，也不能指明這句話的聽者是誰，更不能猜出「那件事」是什麼事。然而，這個句子卻有完美的規劃、符合其使用的語言的結構規則。最後，有人也許會對「沒有上下文有時仍很難定義一個句子的結構」這一想法有異議。（「我永遠將不會知道他是不是已經死了」這句話可以解爲「我將永遠不知道他是死還是活著」；或「當他眞死了，我將永遠不會被通知他的死訊」。）但這一意義的混淆仍是可以淸楚定義的，各種可能性可以同時分屬於句子相對應的結構上。大體而言，我們可以說一個句子或命題即使當它們被孤立時，與可解釋其意義的上下文分開時，或甚至與所有它明裡暗裡指涉的元素斷絕關係時，永遠仍保持得像句子或命題一樣，而且也永遠可照此狀態被認出來。

另一方面，「聲明」的功能（這顯示了它不只是一以前存在的元素的組織）不能孤立的運作於一句子或命題之上。如果要求一個「聲明」的存在，只有一個句子，或一個與一客體範圍有特殊關係或與一主體有特殊關係的句子都是不夠的。它必須與整個的鄰近領域相連接。或者換句話說，既然「聲明」與鄰近區域的關係不是那種重疊於其他關係上的追加關係，我們不能當它是個句子，也不能將那種追加關係轉化成一「聲明」，除非一附隨的空間也加入運作。一個「聲明」永遠有一些爲其他「聲明」佔滿的邊緣地帶。這些邊緣地帶並不是通常所謂的「上下文」(context)——實際的或是文字的——而是指所有情況及語言的元素集合。它們引發一則表述並決定其意義。「聲明」的邊緣地帶與此「上下文」不同處主要是在它們使這「上下文」成爲可能：在一本小說中或在一本物理論文中，一個句子及其前後的上下文的關係是不一樣的，在一對話中及一實驗報告中，意義的陳達與客觀環境間的關係也是不一樣的。上下文一定是要在意義表述之間一較概括性關係所形成的背景下，或是對應一整個文字網絡所形成的背景下，它的效果才可被決定。這些「邊緣地帶」也和主體說話時所意識到的各種作品與句子不同，它們比這一心理學的構置來得更有延伸性，而且在某一程度上來說，它們決定那個構置。這是因爲按照一個意義表述的地點、位置，及角色——按照它是屬於文學的範疇或是一孤立的談話，它是一敘述的一部分，或是論證的記載——其他呈現在主體心中的聲明在方式上都與這個「聲明」不同；既不是同一層次，也沒有同樣的語言經驗、字彙記憶、一切已經被說過的指涉的形式。一個表述的心理學光環爲一「聲明」範疇的安置所遙遙控制。

一個將句子或符號系列轉化爲一「聲明」，並供給它們一特別的上下文，一特別的表象內容的相關範疇，形成一極複雜的網絡。首先，它全由其他意義表述系列所組成，「聲明」就出現在那些表述中並且形成一元素（被說出來並形成一對話的意義表述所組成的結構，一個一方面與其前提另一方面爲與結論銜接的論證的結構，形成一敘述的那些主張的系列）。相關範疇也是由所有「聲明」公開或暗地所指涉的意義表述所組成；而其採用的指涉方式可以重複它們、修訂它們、改編他們，或可由反對它們，批評它們。所有「聲明」都可以藉著某些方式來重現其他「聲明」（在一敘述中的儀式因素，在一論述中以前被接受的命題，一個對話中約定俗成的句子）。相關範疇也是由那些其結果可能性由「聲明」來決定，且跟著「聲明」成爲它的結果、它的自然繼承者，或它對話上的反駁的意義表述而組成　這一秩序並不像一原理的命題或敘述的開端般，開啓同樣的聲明可能性）。最後，相關範疇是由所有那些其地位爲某一討論中的「聲明」所分享，在其中「聲明」得以座落卻不必顧及直線秩序，並隨其消逝，或相反的隨其被珍惜、保存、神聖化，且可能供未來一話語作爲可能的題材的意義表述所組成（一「聲明」與它可能被當成爲「文學」接受、或傳諸百世而皆準的眞理、或過時則可忘卻的瑣碎言詞或預言性文字的地位是不能分割的）。大體而言，我們可以說一個語言元素的順序只有當它陷入一表述範疇，並在其中以一特異元素的姿態出現時，才是一個「聲明」。

「聲明」不是一特別的狀況或一組描述在語言（langage）的層次上直接的投射。也不是由說話主體操縱一些元素及語言規則的東西。追根究底的來說，「聲明」被分裂成一表述範疇，在其中它有其地位與身份，而該範疇約定了它與過去間可能的關係，而它更開啓了聲明可能的未來。每一「聲明」在這個情形下被特殊化：沒有所謂概括的「聲明」，沒有自由、中立、獨立的「聲明」，但一「聲明」永遠屬於一個系列或整體，永遠在其他「聲明」中扮演一個角色，得到其他「聲明」的支助且又與它們有別。它永遠是眾多「聲明」所形成的脈絡組合之一部分，在其中，它有它需扮演的角色，無論這個角色有多小。我們可以說文法結構僅需元素及規則來運作。我們可以只構想一個（人工）的語言，而該語言唯一的目的是架構一個句子；而當字母、架構的規則，以及一形式變化的系統都具備之後，我們可以完美的定義這個語言的第一個命題。但以上這些狀況都不適用於「聲明」。所有的「聲明」都要有「其他『聲明』」作爲前提；所有「聲明」都是由一個共存的領域、系列及順序的效果、功能和角色的分配所包圍。假如我們可以談論「聲明」，那是因爲一個句子（一個命題）在一特定的基點，而以一特別的地位，存於一超過它的表述網絡中形成之故。

而在此「聲明」的共存背景之下，一個自治自轄的、可描述的層次上，出現了句子間的文法關係、命題間的邏輯關係、客體語言及定義其規則的語言之後設語言關係、句子組合（或元素）間的修辭關係。當然我們可以分析所有這些關係而不將「聲明範疇」本身當作我們的主題，所謂「聲明範疇」就是在其中「聲明」功能得以運作的那個共同存在的領域。但只有在這些句子已經被表述的範圍內，它們才可存在並得以被分析。換句話說，在它們被布署於一允許它們互相追隨、互相命令、共同存在，以及發生相互的關係的「聲明範疇」中，它們才得以存在和分析。「聲明」遠非將符號（意義產生的最小單位）組合，獨特化的原則，而是將這些有意義的單位安置在一個空洞中，這些意義的元素在其內因而滋長繁複。

(4)最後，如果我們要把一連串的語言元素當作「聲明」來看或分析，我們必須完成第四個條件：就是，「聲明」必須要有一個物質存在。假設沒有聲音將「聲明」清楚的發送出來，假如某事物的外貌不能負載「聲明」的符號，假如「聲明」沒有形成一個感官可以接收的元素，假如「聲明」沒有在我們的記憶或空間中留下任何的痕跡（即使這只是一刹那的事），那麼我們還能談論「聲明」嗎？難道我們可以把「聲明」看作是一個理想的、沈默的形象嗎？「聲明」永遠是透過某些實體媒介表達出來的，即使那個媒體隱而不見，或即使那個媒體一出現就註定要立刻煙消雲散，「聲明」仍需媒體的作用。「聲明」不僅需要這個實體性；而且這個實體性也不是後來附加於一個已經被作成的「聲明」上，聲明的一部分其實是由這個實體性所組合而成。即使一個句子是由相同的文字組合成，而且負載了同樣的意義，保存了句法及語義的同一性，但它由某人在談話中道出，和印在小說中出現，即包含了不同的「聲明」。它如果是一百年前的某一天寫出來和它現在又由某人口頭朗誦出來，又顯示了不同的聲明。職是，「聲明」的座標及其實體地位是它內在特性的一部分。這是一個明顯的事實，或幾乎是。因爲一旦我們再仔細的觀察一下，事情就不那麼簡單，而問題也隨之而來了。

當然，我們很容易去說如果「聲明」（至少有一部分）的特色是由它的物質地位來標明，而且，如果「聲明」的身份也容易受此一物質地位改變的影響，我們對句子和命題也應作如是觀：因符號的物質性畢竟和文法或邏輯的物質性有類同之處。我們知道使用象徵符號時，其特質恆久性會帶給邏輯什麼樣的理論問題（如何透過各種在其中象徵可被具體化的實體，以及象徵可以接受的形式變異，來定義一個象徵？如果它一定要被定義爲一具體物質形式，我們又怎麼去認出它並確定它是同一個象徵？）。我們也知道「一連串象徵」這個觀念會帶給邏輯什麼樣的問題（「先行」、「後隨」是意味什麼？先來後到又意味著什麼？這一秩序又座落在什麼樣的空間中？）。物體性和語言的關係是較爲我們所熟知的——像書寫與字母的角色，在一份報紙或一本書、一封信或一張海報、一篇書寫出來的作品及一段對話中，所運用的語法及字彙都是不同的這一事實。此外，也有一系列的文字僅在作爲報紙的標題時，是完全獨立化也可被接受的句子，但在一般對話中卻決不能構成一有意義的句子。但是，物質性在「聲明」裡扮演了一個更重要的角色。它不只是變異的一個原則、認識之標準的修改，或語言之副組合的判定因素。它也是「聲明」本身構成因素之一：一個「聲明」一定要有一個實質、一個輔助、一個場地，及一個日期。當這些條件改變時，「聲明」的身份也隨之改變。但在這一點上有許多問題隨之而起。同樣的句子，我們大聲的說它和小聲的說它，到底形成一個還是多個「聲明」？當我們把一篇作品銘記於心後，我們每朗誦一次就形成一個「聲明」，亦或每次背誦都僅是同一「聲明」的重複？當一個句子很忠實的被翻譯成他個語言，那麼所形成的是一個相同的「聲明」，或截然不同的「聲明」？當我們集體朗誦一禱文或一課書時，有多少「聲明」產生？我們如何透過這些不同的形式、重複，或謄寫，來建立「聲明」的身份呢？

無疑的，使得問題更形晦澀難解的一個事實是，因不同層次所產生的混淆現象。首先，我們必須把話語的繁複性暫且擱置。我們要說只要一組符號被表露出來，「聲明」就發生了。每一個這樣的意義表達行爲都有它時空的獨特性。在同時間內，兩個人可以說同樣的事情，但由於他們是兩個人，所以他們產生兩個不同的「聲明」。同樣一個人可能會重複同樣的句子好幾次；而這產生了在時間中各有不同的一些「聲明」。「聲明」是一件不能重複的事件；它具有在時空中不可被減縮的特殊性。但這一特殊性准許了一些如文法、語音，及邏輯的常數出現，藉這些常數我們可以經由中性化「聲明」的時間及空間的特立性，來認出一個句子、意義，及命題的大概形式。「聲明」的時空以及它所用的物質補助於是成爲無關緊要的問題（至少大體如是）；而所眞正引人注意的則是一可無限重複的形式，而它也可導致最分散的「聲明」。但「聲明」本身則不能被縮減到這一純粹的「聲明」事件。因爲，儘管它也具有物質性，「聲明」卻是不能重複的。我們可以很容易說在些微不同的狀況下，兩個不同的人所說的相同句子僅構成一個「聲明」。但「聲明」不能被縮減到一個文法或邏輯的形式，因爲，在「聲明」所受到物體、實質、時間，和空間之不同的影響，在程度上要較文法或邏輯形式爲大，而且方式也不一樣。由是觀之，什麼又是「聲明」獨有的物質性，而此物質性又能准許某些特別型態的重複呢？當面臨到幾個不同的表述的方式，我們可說那都同屬於一個「聲明」；可是當我們可以認出有些形式、結構、架構規則，及意圖是相同的表述，但卻必須將其分屬幾個不同的「聲明」，這又是怎麼一回事呢？這個刻劃「聲明」之特色的**可重複的物質性**（repeatable materiality）到底是什麼呢？

這個「可重複的物質性」也許不是一個感官可觸知，或定性的物質性。它無法以顏色、聲音、物質等形式來表示，或經由相同的時空觀察來區劃出一可以由知覺探出的空間。讓我們先看一個很簡單的例子。一個被重複出品了好幾次的作品，一部書的連續再版，或是同一印刷的幾種不同樣式，並不會產生數目相同的各樣「聲明」。在所有《惡之華》（*Les Fleurs du mal*）的版本中（變異的或被拒的除外），我們發現同樣數量的「聲明」。但印刷的字體、油墨、紙張，甚至作品的版式及符號的位置都不相同。也就是說，整個物質性的本質都已經改變了。但這個例子中，這些「小節」上的不同並不足以改變「聲明」的本質乃至引生出新的「聲明」：它們大體都被中立化了——物質的元素當然是其中之一，但經濟性及制度性的元素亦包括在內。一本書不管有多少冊或多少版，不管它運用的實質有多麼不同，但是它是使各「聲明」確實相同的場所——對那些「聲明」而言它是一個允許重複但不改變本質的權威。由第一例我們可見「聲明」的物質性並非是由其所佔的空間或發表的日期來定義，而是由它作爲一事物或客體的地位來定義。這個地位永遠是不明確的，但是它可以被修訂，是相對的，而且永遠容許各種質疑。比方說我們知道對文學史家而言，一本得到作者同意而出版的書的版本與他的遺作在地位上是不同的。在書中的「聲明」有一特殊價值，它們不是各種表白中的一個，而且與它發生關係後就一定會有重複的出現。同樣的，一篇憲法，或遺囑，或宗教啓示錄，以及所有手稿或這些手稿的精確複製品間，即使字體一樣，實質材料相同，我們也不能將它們相提並論。事實上「聲明」、「複製」二者間壁壘分明。聲明不能和一小塊物質材料去認同；但它的本質隨著物質材料複雜的變化而改變。

不管是寫在一張紙上或印成一部書，「聲明」可能是同樣的；而當它被說出來、印在海報上，或複製在錄音帶上，「聲明」也可能是相同的。但另一方面，當一個小說家在日常說了一句話，然後將同一句話放在他正寫作的手稿上，並將其歸諸於他的人物所說的話，或甚至將其歸諸於那個無名的敍述者身上，我們卻不能說在這每一個例子中的「聲明」是一樣的。因此，「聲明」所必須遵守的物質性的規則應該是制度上的秩序的規則，而不是它座落在時空中的規則。這個規則定義**再銘刻及謄寫的可能性**（possibilities of reinscription and transcription）（這「可能性」也是門檻和局限），而不是定義有局限性並可被毀滅的個體。

「聲明」的本質也臣屬於第二組條件或局限：這些條件和局限是被所有其他的「聲明」所加諸於某一特別「聲明」之上，但這一「聲明」也是自其他「聲明」中成長定型。這些條件和局限也是使「聲明」可以被運用的領域，或「聲明」可表現的功能和角色所形成的。對於地球是圓的以及物種進化的觀念之肯定，在哥白尼（Copernicus）的前後，或達爾文（Darwin）前後所形成的「聲明」是並不一樣的。對這樣簡單的「聲明」之形成而言，字面的意義實在沒有改變，所改變的是這些肯定與其否定之間的關係、它們使用及重新發展的條件、經驗的領域、可能的證實、尚待解決的問題等所有「聲明」能指涉的事項。「夢實現慾望」這樣一個句子也許是數世紀以來的老生常談，但對柏拉圖或佛洛依德而言，卻非相同的聲明。其使用的階層、適用的規則，及規則可以運作的構置形式，及它們策略的潛能都爲「聲明」組成了一**穩定化的領域**（field of stabilization），這使得「重複」聲明之本質但卻忽視表述方式的不同，成爲可能。但這同一領域也可以在大多數明顯的語意、文法，及形式身份下，定義一「門檻」，超越這門檻，就沒有其他對等關係存在了，而且新「聲明」的出現也一定會被認出來。但無疑的我們可以再推進一步。也有很多的例子在其中我們可以考慮只有一個「聲明」存在，縱使文字、句法、語言都十分不同。這樣的例子像一種語言以及其同時的翻譯；一個英文的科學化作品以及其法譯；一個以三種語言刊印在三欄中的通告：在這樣的例子中，使用的語言數目及「聲明」的數目並不一樣，而是以不同語言形式呈現之「聲明」的單一組合。尤有過之的是：一個訊息也許會被用其他的文字、一簡單化的句法，或是一約定合成的符號來再傳述。假如這個訊息的內容以及可以運用的方式是相同的，我們可以說在每一例中的「聲明」都是相同的。

同時，我們所關心的不是「聲明」個別化的標準，而是其變化（variation）的原則。這種變化有時比句子的結構更爲分歧（也因而其本質更加精密而脆弱，亦比語意或文法的整體更容易被修訂），亦有時比句子的結構更具恆久性（因此它的本質更寬廣、更穩定，也更易受各種「變化」的動搖）。此外，不僅這「聲明」的本質不會永遠被限定在與句子之本質的那個關係上，它自己也是相對的，並隨著「聲明」的用途及它被操縱的方式而波動。當我們使用「聲明」以致揭露它的文法結構、它的修辭學上的構置，或它常可能有的弦外之音，我們很明顯的無法將它的原文及翻譯當作是同一回事。另一方面，如果它是作爲實驗性查證過程的一部分，則翻譯與本文組成一表述的整體。或者，再換個角度來看，在某一大的歷史層次上，我們可以考慮像「物種進化」這一定論在達爾文和辛普森（Simpson）的理論中，形成了相同的「聲明」；但在較精微的層次上去考慮更有局限性的運用範疇（像與達爾文主義相對的「新達爾文主義」），我們則面臨兩個不同的「聲明」。「聲明」的恆常性、它本質經由表述的特殊事件的保持、經過形式的認同而致的重複，組成了它們所座落的**使用範疇**(field of use) 的功能。

由此而觀，「聲明」必須被看作是發生在一特別時空中的事件，而我們對這個事件所能作的最多只是在記憶的行爲中去回想它——或自遠處褒揚它。但「聲明」也不是一個可以在任何實體、時間、條件，及物質狀況下實現的理想形式。它因爲可以不斷的重複以致無法與其出生的時空座標完全認同（它不僅止於它出現的日期和地點），它太受周遭支持它的事物的限制以致不能像純粹形式般的自由（它不僅止於是統轄一組元素的建構法則），它被賦予一種可被修改的厚實感，或是一種與它置身其內的範疇有關的重量，或是准許各種用途的常性，一種時間永恆性但不具有符號或軌跡那種冥頑呆滯的特性，而且它也不沈溺在過去的窠臼中。一個表述可以被重新開始或引發，一個語言或邏輯的形式可以被重行實現，一個「聲明」可以被重複——但這永遠是在嚴格的條件下發生的。

這個表述功能所有的「可重複物質性」的特色顯示了「聲明」是個特別且弔詭的東西，但也是人類生產、操縱、運用、轉化、交換、合併、分解、修改，並可能毀滅的事物之一。

「聲明」不是一件說過就永遠算數的東西——像戰爭的結果、地質上的大災難，或國王的死亡等般遺失在過去——當「聲明」憑其物質性而崛起，以一種地位出現，並進入各種的網絡及運用的範疇時，它受到臣屬於轉化或修改的可能性的限制，融合入運作和策略，而其本質在其中被維持或抹消。所以「聲明」循迴運轉，被使用、消失、准許或阻撓一慾望的實現，服務或拒斥各種興趣，參與挑戰及奮鬥，且成爲一佔有侵呑或競爭的主題。

第三章
「聲明」的描述

我現在發現，我們的分析已較原先的計劃有大幅度的改變。我本來是要定義「聲明」的涵意的，但是卻一直置之未予理會，好像我把「聲明」當作是個不證自明的單位，而我也僅需描寫它合併的可能與法則似的。我現在卻了解到，我不能把「聲明」當作一語言形式般的單位（較文字現象爲優，卻遜於文本）。我實在是處理一個包涵許多種不同樣式的表述功能（這些樣式有時可能是句子，有時是命題；但有時它們是由句子的片段所組合成，有時是由符號的系列或綱目、一組命題或相等地位的說明所組成）。而且，這個「聲明」的表述功能並不賦予這些樣式或單位一「意義」，而是將其連接到一客體的範疇。「聲明」的表述功能並不提供它們一個主體，而是爲它們開展許多可能的主體地位；「聲明」的表述功能並不劃定它們的界限，而是將它們置於一共存共榮的領域中；「聲明」的表述功能並不決定它們的本質，而是將它們置於一空間，在其中它們會被利用及重複。簡言之，我們所發現的「聲明」

不是一個「原子式聲明」（atomic statement）——意即一「聲明」有它明顯的意義、它的根源、界限，及獨立特色——而是表述功能運作的領域，以及表述功能揭露各種單位（這些單位可以是、但卻不一定就是文法或邏輯的結構）所需的各種條件。但我現在覺得我必須對下面兩個問題提出解答。第一，我對我自己動手描述的「聲明」，到底懂了多少？第二，這個「聲明」的理論又如何的與我先前所分析的話語形構相輔相成呢？

一

(1)首先我們必須確定所使用的字彙。如果我們同意把**文字表現**（verbal performance）或較好聽的**語言表現**（linguistic performance），當作是任何基於自然或人工語言所製造的符號之組合，那我們就可以把**說明**（formulation）稱之爲：利用任何物質並按照一特定形式來標明那一符號組合的單獨（或集體）行爲。「說明」是一個事件，它的定點永遠可在時空中找到，它永遠是和一作者相連接，而且它本身也可能蘊涵一特定的行爲（一「表演」行爲，如該英國分析家所述）。我們可以稱那些在一組符號中，文法或邏輯可以認同標明的單位爲**句子**或**命題**。這些單位的特色永遠可由形於其中的元素，或結合它們成爲一架構的規則來表示。與句子和命題相關者中，所謂「根源」、「時空」、「上下文」的問題實在是無關緊要的枝節·,最有決定性的問題是它們「正確性」(correctness)的問題（只要在「可接受性」〔acceptability〕形式下出現）。因此，我們將稱決定那一組符號存在與否的模式爲**聲明**。「聲明」這一模式使那組符號不僅是一系列的軌跡、一連串的實質標記，或由一個人作成的事物。「聲明」這一模式使那組符號與一客體的領域發生關係，並確立任何可能的主體的地位，並可置身於其他語言表現中，被賦予一可重複的物質性。我們現在可以瞭解何以**話語**一詞的意義是如此模稜兩可，而我對這一詞的使用或誤用也是基於許多不同的理由。從最廣闊、最籠統的方面來說，話語意味著一組文字表現：而我把由各符號組合所產生出來的（可能是所有的）東西，稱爲話語。但另一方面，話語對我而言也意味著一組說明的行爲，一系列的句子或命題。最後——而這將是話語意義的終極（話語的第一個意義也與此意義相伴，作爲一暫時性的解釋）——話語是由一組符號的順序排比所組成，而其先決條件是那些符號的順序排比已經是「聲明」了，也就是說，那些符號已經被賦予一特定的存在模式了。所以，假如我能成功的顯示（就像我馬上要作的一樣），這樣一個（符號順序排比的）系列的法則就是我所稱之爲「話語形構」的話，假如我能成功的顯示這個**話語形構**眞的就是「聲明」，而不是「說明」、「句子」，或「命題」的播散及再分配之原則的話，則話語這個詞可以被定義爲屬於同一形構系統的聲明之組合。所以我將可以據之以談論臨床醫學話語、經濟話語、博物學話語、精神病理話語了。

我也非常瞭解我大部分的定義都和目前通行的定義不甚符合：語言學家通常對話語一詞有極不同的定義。而邏輯家對「聲明」一詞的使用也與我大相徑庭。我的用意不是要把已經通行的一套觀念、一分析的形式，及在他處形成的理論，生硬的套入一尚不廣爲人知的領域內。而我也不想把別的模子及其效應套用於新的內容之上。當然，我不是想質難這樣一個模子的價值，也不是在沒有嘗試之前，就要限制模子的應用，或者早早設下它難以超越的門檻。我想要作的是去標明一描述的可能性，勾劃出其能力範圍，定義其界限及自足的情況。這一描述的可能性方是基於其他的描述可能性方能清楚的表達，但它卻不是脫胎於它們。

具體來說，對「聲明」的分析並非要對語言或我們所說過的話作鉅細靡遺的整體描述。在語言表現的體系，「聲明」的分析是座落在一特殊的階層，必須要與其他階層分開，但卻有賴其他階層的關係來顯示它的特色，而必須以抽象的方式來表達。更進一步說，「聲明」的分析不能取代對命題之邏輯分析、句子的文法分析、「說明」之心理或上下文的分析：它是攻擊文字表現、解體其複雜性、孤立那些深陷於文字網絡中的詞彙，以及確定它們所遵從的各種規則的一種方式。我將「聲明」與句子及命題相對立，並不是要再發現一不爲人知的「一統」模式，或者恢復「語言」的豐饒完滿性，或是「文字」的繁複性，或是宇宙根本之「道」的深切統一性，像許多念舊的人喜歡作的一樣。我對「聲明」的分析只是一特殊層面的描述。

(2)由是觀之，「聲明」不是那種可以被納入由文法或邏輯所描述的眾多「一統」模式的一員。它不能像句子、命題，或一「說明」行爲般的被孤立。而且描寫「聲明」也不是件孤立並突顯一平面片段的工作，而是要去定義那使一系列符號（不見得是由文法或邏輯所建構成的系列）得以存在，並作特定的存在的功能之運作條件。這裡所謂的「存在」將顯示，這一被操作的系列符號不只是一簡圖，而是與客體領域相連的關係；不只是一件行動或一單獨運作的結果，而是對主體而言一套可能的地位；不只是一有機的、自足的整體，能夠滋生自我完滿的意義，而是在一共存的範疇中的元素；不只是一冥頑不靈的客體或一稍縱即逝的事件，而是具有一可重複的物質性。「聲明」的描述所關切的，是在一垂直立體的層次中，各種不同意指（signifiers）組合存在的條件。因此所產生的弔詭情況可略述如下：「聲明」的描述並不企圖規避各式文字表現以求發現藏於其表面之後或之下的元素，或是一隱晦不爲人知的意義；但「聲明」在另一方面卻不是顯而易見的；它不是堂而皇之的由文法或邏輯結構所塑造出來的（即使這樣一個結構不十分清楚，也很難廓清）。「聲明」既不是可見的，也不是隱匿而不得見的。

「聲明」不可能是被隱藏起來的原因是：自定義上言，「聲明」刻劃了攸關一組有效產生的符號之存在的模式。「聲明」的分析永遠不能將其注意力局限於已經被「說」過了的事情，或是確被說過或寫過的句子，或是被描劃或發佈的「指涉」元素——而且更重要的是，

「聲明」的分析不能將其注意力局限在使事物存在，並呈現於讀者眼前的特殊性上，或局限於一個可能的重複運作、不可數計的運用或轉化上（這些發生於其他事物間，但與其他事物不相像）。「聲明」的分析不能只關注已被實現的各種文字表現，因爲它僅能就其存在的層次上加以分析：而這樣的分析僅是描述被說出來的事情，特別是那些事情曾被說出來的樣式。職是，「聲明」的分析是種歷史性的分析，但它卻躲開了所有的解釋。它不會質問被說出來的事情外，還隱匿了什麼，或那些事情「眞正」的意義何在；或質問在已被明白表示的事情外，還包含有那些隱晦的元素，或各種思想、幻想、意象的所在。但相反的，「聲明」的分析將追詢這些意符元素存在之模式；它們之得以存在、留下痕跡，並可能長此以往的留下來以待再能發生作用的一天，這到底都意味什麼。此外，更要質詢爲什麼在某時某地就是這些意符元素而不是其他的元素能夠存在？從這一觀點來看，沒有所謂的潛在「聲明」，這因爲我們所關注的是語言的事實表現。

要支持這一論調卻很不容易，我們知道，我們通常說一件事來代替另外一件事（這可能打人類開始說話就常發生了），而且一個句子可能有雙重意義。一個眾人似乎都明白的意思也可能暗藏了其他玄秘的或預言的意義，而這層意義也只有在極微妙的解釋或有待時間的流逝方得顯現。在一可見的意義表達之下，也許有另外的「說明」控制它、騷擾它，而且將本身意義的表白，強加於其上。簡而言之，不論在何種情況下，被「說出來」的事情總比它原本的內涵爲多。但事實上，這明顯的重複表白的情形，這些被說出來但卻不能言盡其義的情況，都不影響「聲明」·，或至少在我們所定義的範圍下，不影響「聲明」。「多義性」(Polysemia)——也就是使詮釋學及其他意義的發現成爲可能者——關注句子以及句子所應用的語意範疇：同一組字彙可以導生好幾種不同的意義和好幾種可能的架構。所以，在同一表述基礎上，也可能有不同的意義在錯綜交替的運作。同樣的，各種文詞表現的互相傾軋、替換、阻撓也是屬於「說明」層次的現象（即便它們都投射到語言或邏輯的結構）。但「聲明」本身並不關切這些複製或壓抑的問題，這是因爲「聲明」是文字表現已經發生後之存在的模式之故，所以它本身並不關切這些複製或壓抑的問題。「聲明」也不能被看作是好些游移變動、緘默不語，且互相對立的「聲明」間的結晶或累積的結果。「聲明」不會爲那些沒有公諸於世的話、隱匿的意義，及壓抑等的神秘出現而紛擾。相反的，這些匿而不可見的元素如何作用以及如何被恢復的方式，都有賴表述模式本身。不論在結構或在效應上講，那些「沒有被說出來的」，以及「被壓抑的」在數學的「聲明」、有關經濟的「聲明」、自傳，或一個夢的追述上，都不是相同的。

然而，對所有這些可能座落於表述範疇的背景之下而**未被說出來**的東西之各種模式，我們無疑應加上一個**缺失**（lack）。這一「缺失」不是在這範疇的內部，但卻似乎與其互相關聯並扮演一決定其存在與否的角色。在「聲明」出現的條件中，事實上有（也可能永遠都有）

許多排斥、局限，或鴻溝的存在。它們分配指涉的屬性，只確認一個系列的模式，涵括共存的各組合，並避免某些形式的運用。但在地位上及效應上，我們對標明表述規律性的「缺失」和隱藏於表述規律性所形成者中的意義，均應嚴加注意以免混淆。

(3)雖然「聲明」不能被藏匿起來，但它也不是可見的。它並不呈現於我們的感官之前，好像是感官的界限及特色的持有者一般。我們若要認識及考察「聲明」的本質，則我們的觀點及態度必須要作某種程度的改變。也許「聲明」就像那些我們極爲熟悉的事物一般，因爲太熟悉之故，我們往往視而不見；或是像那些我們習見的透明事物，它們雖然並不遮掩任何東西，但對我們而言，終究是隔霧看花，不甚了了。職是，「聲明」階層以一種極近似的狀態出現。

對這一現象，有幾點理由可資解釋。第一點我們在前面已經提及：就是「聲明」並不只是另一個高於或低於句子或命題的「一統」狀態。「聲明」永遠是包含在這類的「一統」模式（句子、命題）之中，或甚至包含在一序列不遵從文法或邏輯法則的符號中（這些序列可以表格、偶然的系列，或明細表等方式出現）。「聲明」所凸現的，不是某些句子或命題中的內容，而是那些句子和命題之所以存在的事實，以及它們如何的成立之方式。「聲明」暗含了**有**（there is）的若隱若現的特質；在「這裡有這樣或那樣東西」（there is this or that thing）的情形下，「有」的條件往往被東西（物體）存在的現象抹消了。

另外一個理由是：語言（language）的「指涉」（signifying）結構永遠指涉到一些別的東西。事物由此象徵結構來指稱，意義是表現在此指涉結構內，主體是由數個符號指涉回到此結構，即使主體本身並不出現於那些符號之中。語言似乎永遠爲其他的事物、地點、遙遠的所在所佔駐；如果缺乏指涉的事物，語言本身就空無所有了。難道語言不是一些非語言的外物所棲息的所在嗎？難道它自身的存在不是因實現此一功能而被泯滅了嗎？但假如我們想要去描寫話語層次，我們就必須考慮語言本身存在的問題。我們應質問語言得以生成的那個層次，而非語言所指涉的方向。我們應暫時忽略語言指稱、命名、顯示、揭露，和作爲意義或眞理座落的所在的力量，而將注意力轉移到決定語言獨特而有局限之存在的那個時刻——這個時刻立刻會被具體化，重陷於「意指」（signified）及「意符」（signifier）的交錯作用中。在我們對語言的查考過程中，我們不僅必須停止「意指」的觀點（對此我們到現在已經習慣了），而且應該停止「意符」的觀點。如是，我們可以標明在與其他客體或主體的可能範疇的關聯中，在與其在可能的意義表達行爲及其重複中，仍有語言的本身存在。

對「聲明」之若隱若現特性所持的最後一個理由是：「聲明」是永遠暗含在其他語言的分析中，而不爲其所表明。假若語言可以被看作是個事物，能被分解到許多不同層次，並被描述和分析，則一事先已被決定且有限的「聲明資料」（enunciative datum）一定會存在。

語言的分析永遠是對一套文字和作品的分析，而對隱含意義的解釋及揭露也永遠是基於一有限的句子組合；一系統的邏輯分析隱含了一組有限的命題，而這組命題是以正式語言所重行寫就的。這個「聲明」層次每次都是中立化的：它或者作爲使我們解放那些可無限應用的結構的代表性樣品，或者消失於一純粹的表面文章中，在表面文章後文字的眞理得以表露；或者它就像一中立化的實質，作爲對形式關係的支持。如果我們從事分析一定需用到「聲明」，這個事實使得我們反而不注意「聲明」本身的分析。在其上我們如果加上一條件，就是「只有描述本身已經形成有限的『聲明』組合，那些描述才可以成立」的話，則它們爲何由眾多「聲明」範疇包圍，爲什麼它們不能自其中解脫，以及爲什麼它們不能直接把它當作一個主題，就變得很清楚了。當我們考慮「聲明」的本質時，我們不會超過這些分析，淬入到另一層次去追求語言曾被抹殺的根底。我們將試著將構成「聲明」可能性的元素之立即透明狀態，以可見及可分析的方式表達出來。

「聲明」層次既非隱而不見，亦非顯而易見，它是位於語言的限界上。它本身不是一組可以立即呈現（即使在一沒有系統的方式下）於我們經驗世界中的特色，但它也不是那神秘莫測，寂靜無聲，而不爲經驗所詮釋的殘留物。它定義了「聲明」出現的模式：它的枝節的而非內在的組織，它的表面而非它的內容。但我們有能力定義這一描述的外貌證明了語言所「被賦予的規則」及其資料，並非僅是一原本沈靜的情況之發而爲聲而已。文字、句子、意義、肯定、命題的系列並不直接的退縮到太初的死寂之中；而一句子的突現，一個意義的一閃而過，食指所作的手勢，永遠出現在一「聲明」功能的運作領域中。在我們閱讀及我們聽到的語言之間，我們說出一語言之際，或缺乏任何意義表示的情況下，沒有沒說完的事物、講了一半的句子，沒有完全表達的思想，以及沒完沒了的自白都存在於「聲明」的表述功能中。但在所有之前，——或在任何狀況下，在其之前（因其依賴它們）——「聲明」的表述功能運作所循的條件更是存於「聲明」之中。這也證明了在語言結構、形式，或闡述分析之外，去找尋一至少脫離實證性，在其中主體的自由、人類的勞作，或超越的命運的開展都足以實現的領域，是徒勞無功的。我們不應反對語言的或邏輯的分析：「當你對它的架構已經說了這麼多，你對語言本身在其實體充分的存在下，又如何處置呢？你對這樣的自由，或對先於所有指稱系統而產生的意義，而且沒有這種意義的存在，人們將無法在那永無休止的語言運作中互相了解一事，又如何處置呢？難道你不明白，一旦我們跨越了那個使話語得以無限度產生的有限系統（但這些有限系統卻無法建立並解釋話語），我們所發現的只是一種超越的標記，或只是人類的造作嗎？你不知道你僅僅描述了語言的某些特色，而該語言本身的出現及存在的模式全然不因你的分析而減損嗎？」對這些反對的聲浪我們可暫且不顧。因爲假如眞的有一個層次是既不屬於語言學也不屬於邏輯的話，那個層次也不可能是個失而後得的超越現象，也不可能是朝那可望而不可及的「根源」所重新開啓的大路，也不可能是人類根據他自己的意思所創造出來的結果。語言在其外貌及存在模式下，就是「聲明」。也因爲這樣，語言所屬的描述既不是超越的也不是人類學式的，「聲明」的表述分析並不給語言或邏輯的分析設下限制，迫使語言學或邏輯一超越這個限制就得捨棄其權力並接受其權力喪失的事實。「聲明」的表述分析也不會爲語言學或邏輯學圈定它們的領域。「聲明」的表述分析其實朝另一方向布署，但與語言學及邏輯學相交接。假如「聲明」的表述分析可能於焉建立，則其一定可以解除某些哲學話語賴以反對所有語言分析的那個先驗的障礙（而哲學分析所持的理由是爲了那個語言的存在狀態，該語言的源頭所出自的地盤之故）。

二

我現在一定要轉而討論第二組問題了。我們這樣定義的「聲明」的描述，如何能適應話語形構的分析，及我前面所列舉的原則呢？反過來說，在什麼情況下，我們可以說話語形構的分析眞的就是一「聲明」的描述呢？回答這些問題是很重要的。因爲就是在這一點上，我多年來鼎力從事的研究（我是有點盲目的進行這項工作，但即使要稍作修改協調的工作，我也要試著重行勾劃出一個大綱來）現在是到了自圓其說的時候了。就像我前面已經淸楚的提過，我在這裡不是要重述一次我曾試著提出的具體分析，或者描寫我心中的計劃、我遇到的阻礙、我被迫放棄的企圖，或我奮力所得的一些多少尚稱滿意的成果。我不是要描寫一個有效的軌道以便說明我過去原應怎麼做或我將來打算要怎麼做。我想試著清楚的說明一個描述的可能性——俾能衡量它以及決定它的要求——該可能性在過去一直爲我所用，但我卻從未意會到它的限制以及資源；我不是要試著去發現我所說過的話，或我可能說但沒說過的話，相反的，我將試著去標示，使得我這麼說出話來的規則性到底是什麼——這一規則性至今我尚未好好掌握。但我想大家也看得出來，我在這裡不是要發展一項理論（一個嚴格定義的「理論」），像是根據一些原理通則所化約出來的一項抽象模式，而此模式可以應用到無限的實體經驗的描述中。即使這樣的組織確實是可能的，作成這項理論的時機可是尚未成熟。我也不是要自一話語的「聲明」作基礎以推衍出一話語形構的分析；我也不是要自話語形構的現狀中推衍出「聲明」的本質，就好像我們任取一個描述就可以歸納出一個抽象的結果來似的。我所要做的，是顯示一個領域可以如何的組織起來而沒有缺陷、矛盾、內在的武斷性，而在其中種種「聲明」、它們組合的原則、它們可能形成之偉大的歷史性「一統」局面，以及使我們描述這些「聲明」的方法等，都導生了仍有待我們思考的問題。我正進行的工作並非依賴直線式的演繹法，而是有賴一種同心圓的方式，有時向內有時向外的進行我的研究。我最開始是探討話語之不連貫以及「聲明」（中心主題）的問題。在外緣地帶，我曾試著分析某些神秘難解的組合之形式。但是我當時面臨了一些既不是文法的，亦非邏輯的，也不是心理學上的結合原則（principles of unification），而因此這些原則不能指涉回到句子、命題，或表象（representations）。這迫使我重回到同心圓的圓心，回到「聲明」這個問題，也想試著去廓清「聲明」這個字到底意義何在。假如我已經能夠縮小範圍，並顯示出話語形構的分析就是集中在對「聲明」之特殊性的描述，那麼我以後所關注的將不在於是否我已建立了一個嚴格的理論架構，而在於我已解放了過去以「連貫」爲主的描述範疇，或進一步說，即使我不能建立一個模式，我至少已爲未來一可能的模式，預作安排。簡而言之，如果我已經能顯示它們就是「聲明」正確的層次，而此模式在我們確定話語形構的工作上運作的話，則我已達成了上述的企圖。我不是要**訂定**（found）一個理論——也許在達到這一步之前（我並不否認我很遺憾尚未能成功的達到這一步）——我目前所關切的是**建立**（establish）一個可能性。

在我們查考「聲明」的過程中，我們所發現的是一種與各種符號組合有關的功能。這一功能既不與文法上的「可接受性」（acceptability）也不與邏輯的正確性相認同，而且這個功能如果要運作就得需要一個指涉屬性（它事實上不完全是一個事物、一些事物的狀態，或甚至一個客體，而只是一項區別的原則）；一個主體（並非是說話的意識，也非表達意義的作者，而只是一個可能由不同個人在某些情況下佔據的地位）；一相關聯的領域（它並非是意義表達時眞正的背景，或是意義被發佈時的狀況，而只是對其他「聲明」而言，共存的領域）；一物質性（它並不只是意義發表時的實質或輔助形式，而只是一傳寫的一個地位或規則，應用及再應用的可能性）。嚴格的說起來，我們所描寫的話語形構其實就是各種「聲明」的組合。換句話說，這些組合是些文字表現的組合，但其結合的層次不是由**文法**（句法及語意）在句子的層次來連接，它們也不是由邏輯（形式之連貫及觀念的交接）在**命題**的層次來連接，它們也不是由心理學於**說明**的層次（或是意識形式的本質、心態的常性，或是一計劃的重複）來銜接。這些組合是在**聲明**的層次互相銜接。所謂「聲明」的層次指的是我們得以定義統御其客體的一組概括規則，一個規律的分劃它們（句子、邏輯、心理分析）所說事物的散佈形式，一個它們的指涉屬性所形成之系統。「聲明」的層次也暗示了我們定義、統御不同話語表述模式的那一套概括性的規則，及主體地位的可能分佈、定義並規定那些主體地位的系統。「聲明」層次也暗示了我們定義對所有相關領域也適用的一套規則，它們所能顯示之連續性、同時性，及重複性的形式，以及連繫所有這些共存領域於一堂的系統。最後「聲明」的層次暗含我們可以定義用來統御這些「聲明」之地位的一組概括性規則，它們制度化，爲大眾所接受、運用、重複運用、結合的方式，以及它們成爲被利用的對象、慾望或興趣的工具、一個策略之元素所須按照的模式。要描寫「聲明」，要描寫「聲明」所負載的那個表述功能，要分析這個功能運作的條件，要涵蓋作爲這一功能先決條件的不同領域，以及這些領域被清楚表達的方式，就是要去揭露我們所謂的話語形構。或者換句話說，它以相反的方向達成同樣一件事，話語形構就是一統御一組文字表現的總體性的「聲明」表述系統。這個系統並非是單獨的統御那組文字表現，因爲按照其他的層次而言，那組文字表現亦須遵從邏輯、語言，及心理學的系統。我們所稱之爲「話語形構」的則將被說出來的事物分置於特定的「聲明」層次上。它被分析時的四個方向（客體的形構、主體位置的形構、觀念的形構，及策略選擇的形構）與「聲明」表述功能運作於其內的四個領域相吻合。如果「聲明」表述形構是不與作品或書本等大的修辭上之「一統」模式相關聯，如果它們不受到演繹結構的嚴格箝制，假如它們並不與一作者的全集認同，這是因爲「聲明」表述形構不將句子的文法層面、命題的邏輯層面，以及意義表明之心理學層面帶入運作，而將表述層面以及凸現其特色的規律性帶入運作之故。

根據這個基礎，我們現在可以提出幾個深入這些分析核心的主張：

(1)我們可以這麼說：確定話語形構獨立於其他可能「一統」模式之外的位置，標明了「聲明」之特殊的層面。但另一方面我們也可以說「聲明」的描述以及對其表述階層組織方式的描述，也促使話語形構的單一獨立化。這兩個解釋都同樣的言之成理，也同樣的可以逆轉。對「聲明」的分析以及對形構之分析的建立其實是息息相關的。一旦我們要釐定一個理論，則我們必須要定義一演繹式的秩序。

(2)一「聲明」之屬於一話語形構的方式，正如同句子之於作品、命題之於演繹整體一般。但是雖則句子的規則性是由語言的法則來定義，命題的規則性是由邏輯的法則來定定義，「聲明」的規則性卻是由話語形構自己來定義。「聲明」屬於一話語形構的事實與統轄「聲明」的法則其實是一回事。這並非是似非而是的弔詭說法。因爲話語形構的特色非由結構的原則，而是由事實的散播來標明的，也因爲「聲明」不是可以互換的元素而是由「聲明」存在的模式來顯現其特徵之故。

(3)所以，我們現在可以將以上所論的話語下一個完整的定義。在「聲明」屬於同一話語形構的範圍內，我們可以稱話語爲一組「聲明」的組合。話語並不形成一修辭或形式的統一性，而這統一性是可以無限重複，且其在歷史上的外觀及用途可以被表示出來（如有必要，也可以解釋出來）。話語是由數目有限的一組「聲明」所組成，而且針對這一組合，可以定義出一組存在的條件。在這樣的情形下，話語不是一理想的、擁有歷史但卻超越時間的形式。我們因此所關注的問題不在於自問話語「如何」以及「爲什麼」在時間特定的這一點上湧現並具體成形；整個話語從頭到尾就是歷史性的——它是歷史上的吉光片羽，歷史本身中斷或連貫的表徵；話語對本身的局限、分劃、轉變，提出質難，也對自己在時間的共謀中，它之無常性的特別模式而非它突然的闖入，提出質疑。

(4)最後，我們現在也可將前面所謂的「話語運作」(discursive practice)，作一更精確的定義。「話語運作」決不可與個人賴以表達一想法、一慾望、一意象的那個運作表達機能相混淆；它也不應與那可能運作於一推論系統中的理性活動相混淆；它更不能與一說話主體建造一個合乎文法的句子時所仰賴的「能力」(competence)相混淆。「話語運作」是一些無名的、歷史性的規則的集合，此一規則體永遠是在定義一特別時期的時空中決定，而且是爲了一個特定的社會、經濟、地理，或語言的領域、「聲明」表述功能的運作條件而決定。

在我把話語形構指涉到它們所描述的「聲明」之後，我現在應該掉轉研究的方向，去作一些外緣的分析，或是這些觀念之合理的運用問題了。透過這些觀念，我們可以發現什麼？在其他的描述方法中，它們如何取得自己的地位？它們能修訂或重行配置思想史的領域到何種程度？但在我進行這項研究方向逆轉之前，我將在我所探討的這個層面多滯留一會兒，並試著去定義「聲明」領域的分析以及劃分聲明領域之表述形構到底要求什麼？排斥了什麼？

第四章 稀有性、外緣性、積累性

對「聲明」的分析應對一稀有性的因素加以考慮。

大體而言，對話語的分析是運作於「全體性」（totality）及「滿溢」（plethora）這兩個相像的極端間。我們顯示我們研究的不同的作品是如何的互相印證，如何將自己組成一單一的形象，與制度及各行業集中在一起，並且含有一個可能在某一時期舉世認同的意義。每一個元素都被看作是整體的一個表現；而該元素是屬於那個整體，且超越了它設下的界限。就在這個情形下，我們就將一種龐大的、統一的「作品」用來取代事物複雜分歧的本相。這一龐大統一的作品在過去從來未被淸楚的表達過，而且也難得顯示在文字上及，在話語及寫作上，在政教制度上、各種行業、技術及他們生產的事物上，到底「其眞正的意義」何在。在與這個含蓄的、獨立自主的及共通的「意義」相關的情形下，「聲明」以一充滿盈溢的情形繁衍產生。這是因爲這些「聲明」都指涉到那同一個「意義」上，而這些「聲明」的「眞理」也莫不繫於那個「意義」上。因而形成的是一種充塞、「滿溢」的象徵著元素與單一的「意指」(signified)相對的現象。但是另一方面，這主要且終極的意義是透過明白的意義「說明」而躍出的。它藏在所出現的事物之下，而且秘密的將其複製。因爲每一個話語都包含了一種力量，去說一些實際說出來以外的東西，也因此包含了意義的複雜性：這又演成了單一意符(signifier)與意義繁多充塞之「意指」間的關係。從這個觀點來看，話語既是完滿自足的，也是無窮無盡的財富。

我們對「聲明」以及話語形構的分析卻開展了一個與上述相反的方向。它想要決定一個原則，按照這個原則只有被表述的「符號」組合才能出現。也就是說，這個分析打算要建立一項「稀有性」的法則。而這項工作包含了下面幾個方向：

——這項研究是根據**每一件事**(everything)都沒被說過爲其原則。對那些可能以自然語言被聲明過的東西，以及語言元素之無限的匯合而言，「聲明」的數目(不管其數量有多少)永遠是不足的。在某一特定時期的文法及字彙基礎上，其所編排「說」出來的東西實在不能算多。因此，我們必須找尋「稀薄化」的原則，或至少找出在語言所開展之可能的意義表達領域中，何以只有少數的意義被說出來的那個原則。話語形構一方面在紛亂纏繞的話語中以「分割」(division)的原則出現，同時也在「語言」(langage)的領域中以一「眞空」(vacuity)的原則出現。

——我們所研究的「聲明」，是位於分界「聲明」以及那些沒有被說出來的東西之界限上，也就是在准許「聲明」出現並排斥其他東西的時刻上。我們的工作並不要爲那環繞「聲明」四周的沉寂境界幫腔，也不是要去重新發現存在「聲明」之中或之側，但卻一直緘默不響，或被化減成沉靜的東西。也不是要去研究那些阻撓一特殊的發現、撤回一特別的「說明」，或壓抑一特別表述的形式、一特殊的無意識意義，或在發展的過程中一特別的理性說明的障礙。我們的工作是要去定義一「聲明」得以出現的有限系統。話語形構因此不是一個正在發展的總體，它在一未形成的話語中，以它自己的機動性或遲滯性帶領著那些還沒被說過的，或當時與其矛盾的東西。話語形構不是一個豐富而困難的繁衍過程，而是鴻溝、空檔、缺失、局限、分劃的分佈狀態。

——然而，我們並不將這些「排拒」的情形與一壓制的狀態相連；我們也不是要把「在明白清楚的『聲明』下必有某物藏匿於其下」當作是一先決條件。我們在分析某些「聲明」時，並不把它們用來取代其他已不可能出現的「聲明」的地位，而是在它們自己的位置上加以研究。這些「聲明」是被放回到一個完全佈署好的，也不可能複製的空間中。那裡沒有「副文本」(sub-text)，也因此沒有「滿溢」的現象。其表述的領域和它的外貌是一致的。每一個「聲明」佔有一屬於它自己的位置。對「聲明」的描述因此不在於重新發現那些沒有說出來，但它的地盤卻爲「聲明」所佔的東西；也不在於我們如何將其化減到一個沉靜的、普通的「文本」。相反的，對「聲明」的描述是要發現它佔有什麼樣特別的位置，什麼樣的形構之系統的分支使它得以標示它的所在，以及在各「聲明」大體的分散狀態中，它是如何被孤立起來。

——這種「聲明」的稀薄化，這表述領域之片段、不完整的形式，以及沒有幾件事可以被「說」出來的這個事實，解釋了「聲明」並不是像我們所呼吸的空氣那般無限透明。相反的，「聲明」是一些可被傳送及保留的東西，有它自己的價值，而我們也試著去將其佔為己有。「聲明」也是可以被重複、複製，及轉化的。以往建立的網絡必得重新適應於其中，而在政教制度中也必得給予它一地位。「聲明」的複製不僅可見於拷貝或註譯，也可見於訓詁註釋、批評，及其內在意義的繁衍。正因為「聲明」的稀少，它們被以整合的總體形式來集中，而且可以自其中發現的意義也被增殖加倍。

一般的闡釋活動只有在透過「聲明」的實際**稀有性**才有可能存在。但這些闡釋卻忽視了這一稀有性，且相反的將所說出來的東西之精謹的富裕的意義當作是它的主題。話語形構的分析與此恰恰相反，它轉而專注這一「稀有性」的本身，它將這個「稀有性」作為它明顯的對象。它試著去決定它獨特的系統，而且它將原來可以有解釋的這一事實，納入考慮。去闡釋一件事情是對「聲明」的貧瘠不足的反應，也是要以一意義的繁衍，來彌補這個缺憾；闡釋是以那個「聲明」的貧乏現象爲基礎所作的一種言談，但這一言談同時也輕視「聲明」貧乏的現象。分析一個話語形構卻是要找出造成「聲明」支絀的法則，這一分析爲的要衡量它的份量，並決定它特殊的形式。所以，從某一角度上來看，分析話語形構是去衡量「聲明」的「價值」。這個「價值」不是由「聲明」的「眞理」來決定，也不是以一秘密內容的呈現來估量；這個「價值」顯示了「聲明」的地點、它們循環及交換的能力、它們轉型的可能性。這些不僅應可見於話語的編排上，也可見於稀有資源的經營上。從這一方面來說，話語不是持註釋態度者所研究的對象。對喜歡闡釋者而言，他的對象應是一個無盡的寶藏，從那裡他永遠可以汲取新的，但也不可測的財富；應該是一個永遠有先見之明的天命，而且只要我們知道如何傾聽，就使我們聽到一回顧的神諭。話語卻此相反，它是以一資產的形式出現——有限，有範圍，值得追求，也很有用——而它有它自己出現的規則，但也有它自己佔用及操作的條件。這個資產從它存在的那一刻起（不只是它實際應用的那一刻起），即置下了權力的問題。這一資產自本質而言，是一競爭的對象，而且是一場政治性的競爭。

另外的一個特徵是，對「聲明」的分析是以一種研究**外緣性**（exteriority）的系統形式來進行的。通常，我們如果對被說出來的事物作歷史性描述，我們要透過其內部及外部的對立而進行的；而且也爲一種自外部向內部核心移動的欲望——這可能只是巧合或是物質上的必要性，一可見的個體或不確定的翻譯——所導引。從事那些「已經被說出來的東西」的歷史研究就是朝它反方向去重做（re-do）表達的工作；也就是從時間所保存、散播於空間的「聲明」回溯到先「聲明」而存在、留下其標記於聲明中、並爲「聲明」所背叛的內部秘密。如此，那肇始的主體性庶幾可以被解放。這個主體永遠是落在明顯清楚的歷史之後，而且讓我們在事件之下發現了另一更嚴肅、更秘密、更基本的歷史。這一歷史更接近始源（origin），更爲堅定的與其終極水平相連接（而結果也更能掌握所有它的決斷）。這個所謂的歷史以外的另一歷史是運作於普通歷史之下，預期普通歷史的產生而且永無止境的將「過去」重行蒐集起來。在社會學或心理學的方面而言，這可以被描述爲心態的演進（the evolution of mentalities）；在我們追溯宇宙的「大道」或理性目的論時，它可以賦予一哲學的地位；最後，它可在一軌跡的流變中被淨化，先於所有的言辭，是意義銘記（inscription）的開端，被延後之時間的鴻溝，它永遠是歷史一超越性的主題的一再重演。

對於「外緣性」主題作「聲明」的表述分析則試圖解放它自己，好把「聲明」還原到它們原本純淨散播的情況。外緣性的分析要分析這些「聲明」的外在情況（這可能聽起來有些弔詭，因爲它並不指涉到一個相逆的內在形式）。外緣性分析考慮「聲明」不連貫的情形，而不必非要藉著一種拆散或貶低它們的轉換，來將它們與一更基本的開端或不同連接。外緣性分析要補捉它們在何時何地確實發生的侵入（irruption）；要重新將它們的發生當作一樁事件。也許我們應該以「中立性」（neutrality）一詞來取代「外緣性」一詞，但即使「中立性」一詞也很容易暗示一信仰的中止，所有存在地位的抹殺或存而不論，「置於括弧之中」(placing in parentheses)。而事實上，外緣性分析所要作的是新發現一個外在的世界。在其中，在其相對的稀有性中，在它們不完整的親密關係中，在它們被分佈的空間中，「聲明」事件得以被布署分置。

——這樣工作的先決條件是，「聲明的領域」不應被描寫爲一發生於別處（在人類的思想中，在他們的意識及潛意識中，在超越的組織的領域中）之過程或運作的「傳譯」（translation）。這個工作的先決條件是，在它經驗的支絀中，它被接受爲特殊事件、規律、關係、修訂及系統化的轉型的所在地。簡言之，「聲明」領域不應被當作是別的事情的結果或痕跡，而應被當作是一自給自足（雖然仍仰賴它物）的實在範疇，而且我們也可就它本身的層次來描述它（雖然它必須基於別的東西才能淸楚的被說明）。

——這樣的工作之另一先決件條件是：這一「聲明範疇」既不指涉到一獨立的主體，也不指涉到某種共同的潛意識，也不指涉到一超越的主體性。相反的，這一「聲明範疇」是被描寫爲一無特定主體的領域，其方位布署定義了說話主體可能的地位。「聲明」不再只對應一個專制性主體，而是應在說話主體的不同形式下，認淸其與「聲明」表述範圍息息相關的那些效果。

——結果是這項研究工作亦須以下列的事項爲其先決條件：在聲明領域的轉型、連續系列，及起源方面，「聲明範疇」並不把意識的時間性（temporality of consciousness）當作一必要的模式來遵從。所以（至少在這個階段及目前這個描述的形式下），我們不應該寄望能去寫出一「被說出來的事物」的歷史，而且這一歷史在其形式、規則性，及本質上，都能合法的說是一有關單獨的或匿名的意識、一個計劃、一意圖的系統、一套目標的歷史。話語的時間並不是思想中模糊的時間的傳譯、清晰可見的年代表。

對「聲明」所作的分析因此並不需指涉到一思維中心（cogito）。它並不質疑說話主體（而這一說話主體標明或隱匿於在所說的話中，或在說話中運用它自主獨立的自由，或該說話主體並不了解其自由，因而仍臣服於一它似覺非覺的限制下）。事實上，對「聲明」的分析是位於「已經被說出的」層次上——我們不應以爲「聲明」是一種共同的意見，一施加於每一個人身上的集合表象；我們也不應以爲它是一龐大的、不具名的聲音，而且這個聲音必須透過每一個人的話語來發佈。但我們必須根據它來了解那些「被說出來的」東西之整體性、自其中可以觀察得知的關係、規律性，及轉化，以及某些形象、某些交錯暗示了一個說話主體的獨特地位以致可以被稱之爲「作者」的那個領域。「每一個人都說話」，但它所說出來的話卻不是自任何一立場都可能說出來的。它一定是陷在一外緣限制的運轉之中。

「聲明」分析的第三個特性是：它是被指向一特殊的**累積形式**。此一形式既不像一內在化過程（像以記憶的形式），也不像文獻般作無分軒輊的統合。通常當我們分析已經存在的話語時，我們視這些話語已躍出一基本上遲滯的窠臼。這些話語倖存於機運之下，或倖存於人們對其的細心照顧，以及人們對其文字所負載的價值及不朽性所存的幻想下。但現在這些話語也不過是一堆書寫的符號，塵封於圖書館中，沈睡在一夢鄉當中。而這是自話語被發佈以來就不可避免的結局。因爲它們會漸被遺忘，而它們可見的效果亦消失於時間的流逝中。運氣最好的時候，這些話語也許在偶然的機會下爲後代所閱讀檢視。我們可以發現這些話語負載著一些可以追溯到當初它們表述意見時的標記。而這些符號一旦被解析出來，它們可藉著超越時間限制的記憶，來解放其意義、思想、欲望，及被埋藏的幻想。這四個術語：閱讀—追溯（trace）—解讀翻譯—記憶（不管我們賦予其中那一個多重要的地位，也不管我們給予它何種的形上層次，而使它涵括另外三個術語）定義了一個系統，這個系統通常可以自過去的話語中重新發現一些已消失的活力。

但是「聲明」分析的功能不在於將作品或文本自沉睡狀態中喚醒，並自誦讀那些表面仍可辨認的標記中，重新發現作品誕生的那一剎那。相反的，「聲明」分析的功能是要追隨這些作品並直透它們的睡眠，或換句話說，是要藉「睡眠」、「遺忘」，及「根源的遺失」這類相關的主題，來發現在「聲明」被保存、重新被促使運作、使用，並被遺忘或甚而毀滅的那段時間中（雖然「聲明」的遺忘或毀滅不是它原本的命運），什麼樣的存在模式可以突顯

「聲明」的特色。

——這個分析的先決條件是，「聲明」必須在它們**殘存**（remanence）的情況中被考慮：而且「殘存」現象也不是一幫我們回溯到過去形成意義的那個事件永遠可實現的參閱符號（reference）。當我們說「聲明」是剩餘的，這並不意味那些「聲明」是殘存在記憶的領域裡，或是我們不可能再重新發現它們的意義。而是意味著那些「聲明」是由許多物質技術（書本自然只是其中的一個例子）及輔助按照某些制度的型態（「圖書館」是其中之一），及某些法令的模式（這些模式在宗教典籍中、法律上，及科學眞理上都不一樣）來保存。這也意味著那些「聲明」是被置於促使它們運作的技術中、那些源自「聲明」的運作中，以及「聲明」所形成或修訂的社會關係中。最後，那也意味著事物並沒有同樣的存在模式，與其環境相連的相同關係系統，同樣的使用架構，同樣在一旦被說出來就有的轉變之可能性。這種「聲明」之殘存於時間之中的現象決不是意外的，或是一原本僅爲暫時而存在的「聲明」得以有幸延長其壽命。相反的，這一「殘存」現象亦屬於「聲明」的本質：遺忘及毀滅自某一方面來講僅是這一殘存現象之最低點而已。此外，在這一現象所組成之背景下，記憶的運作亦得以被布署。

——我們分析的另一前提是：「聲明」應以它所特有的**追加性**（additivity）之形式被處理。事實上，在連串的「聲明」間，其組合的型態並不永遠是相同的，而且其組合的過程也不只是一串元素的堆砌和並列而已。數學上的「聲明」之堆積方式和宗教典章或法律並不一樣（它們各有各的方法去合併、相互取消、排斥、增補，以及形成各種組合，而這些組合在各種不同的程度上是不可能互相連屬並因此被賦予其特有的屬性）。此外，這些追加的形式不是「只此一回，下不爲例」，或只是爲了一特別的「聲明」類別才有：今天醫學病歷所形成的一知識的集結，並毋須遵守十八世紀醫學病歷所組成時的那些法規。現代數學也並不是按照歐幾里得幾何學的模子來累積其聲明。

——最後，「聲明」分析所需的先決條件是：我們應該將**重現**（recurrence）的現象列入考慮。每一「聲明」都包含了一先遣的元素領域，而「聲明」之所在與這領域息息相關。但「聲明」也能夠認出這一先遣元素的領域，並因應新的關係重新分配那些元素。「聲明」組成它自己的過去，定義它自己的分支，並對使它成爲可能及必要的情況再加定義，排斥那些不能與其相容的元素。而它也將這表述的過去當作是一已被接受的眞理、一已發生的事件、一可被修改的形式、將被改變的物質，或是一可以被談論的客體等。由於這些「重現」，記憶及遺忘的可能性、意義的重新發現或壓抑都只是特殊的而非根本必然的現象。

由上所述，我們對「聲明」及話語形構的描述必須自廣佈而持久的「回歸」（return）意象中解放出來。這一描述並不要求回歸到那語言尚未落入物質性形式的奠基時分，超越一僅不過是剝落、潛存、遺忘、掩飾或毫無目的的遊蕩的時區，回歸到那語言尚未落入物質形式，或語言沒有苟延殘喘的機會裡，或語言被局限於那鴻蒙將闢、混沌未定的時刻中。此一描述也不企圖爲那「已經說過」的事物另行創造一似非而是的第二度「出生」；它不造作一回歸本源的假象。相反的，該描述討論「聲明」堆積的濃密性；「聲明」陷於其中，但卻未嘗稍停其修訂、紛擾、推翻，或有時甚而摧毀的活動。

對一組「聲明」的描述不是要把該組「聲明」當作是一封閉而滿溢的意義整體，而是要把它看作是一不完整的、片段的形象。我們描寫一組「聲明」，不是要鑽入意圖、思想，或主題內部的牛角尖，而是要遵循其外緣性播散的現象；爲了要重新發現「聲明」積累的特殊形式，而非其本源的線索或時刻。對「聲明」的描寫當然不是要去揭露一解釋、發現一基礎，或釋放組合的行爲；也不是要去勘定一理性行爲或擁護一目的論。對「聲明」的描述是要去建立我所謂的**實效性**（positivity）。所以分析一話語形構是就「聲明」的層次以及突現聲明特色之「實效性」形式的層次，來討論文字的表現。或者更簡單的說，就是要去定義一話語的「實效性」。假如能藉著稀有性的分析來取代對「統一」模式的尋求，藉外在關係之描述來取代超越的基礎論，藉著累積型態的分析來取代對本源的追尋，而使人人成爲一講求實際效應主義者，我的努力也就功德圓滿了。同樣的，對我屢次嘗試著以「實效性」一詞來遙指我希圖解決的複雜問題之舉，我也頗覺滿意呢！

第五章 歷史之先驗及檔案

一個話語的「實效性」——諸如博物學、政治經濟學，及臨床醫學等話語的「實效性」——透過時間，且遠超越個別的「全集」、書籍、作品來標明話語「統合」的特色。這項「統合性」當然不能使我們宣稱是李諾還是布風，是奎斯奈還是杜葛（Turgot），布魯撒（Broussais）還是畢夏的理論是顛撲不破的眞理，是以嚴格精密的方式來推理，並與其假說相吻合。這項「統合性」也不能使我們判斷，這些人的全部著作中，那一個是最接近一基本的終點，那一部又能形成一般科學中最激進的計劃。但藉著把它們自己置於「同一階層」或「同一距離」，經由布署於同一「觀念範疇」，經由這些理論在「同一戰場」上的對峙，這一「統合性」確實顯露了在那個固定範圍內，布風及李諾（或是奎斯奈或杜葛，布魯撒或比夏）是在談論「同一件事情」。另一方面，這一「統合性」也顯示了爲什麼我不能說達爾文所討論的和狄德羅所討論過的同一事情，或者拉尼克承繼了范•斯維登的工作，或舍望

（Jevons）與重農主義者的理論互相呼應。「實效性」定義了知識傳遞的一個有限的範圍，而這範圍比較上來說是極其狹小的。因爲它決無法涵蓋某一學科的整個歷史發展，從它最遙遠的根源以迄於目前的階段。但它所涵蓋的是一較作者相互影響作用，或明顯的辯證領域更爲廣闊的空間。不同的全集、四散的書籍、屬於同一話語形構的各色作品之總集——以及許多互相認識或不認識，互相批評、印證，互相攻詰、掠美的作者，他們相互對面而不知所以然，卻又頑固的交織其獨特的話語，卻不知他們並不能主宰該話語網。他們不能縱觀全局，而且他們對其廣闊的範疇往往沒有適宜的觀念。所有這些不同的形象及個人所賴以溝通的方式既非是他們命題邏輯上的連續，也非主題上的重現，更非一被傳導、遺忘、重新發現之意義的領強性。他們是藉著他們話語實效性的形式來溝通，或更明確的說，這個「實效性」的形式（以及表述功能運作的條件）定義了一個領域，在其中形式的本質、主題的持續、觀念的翻譯，以及論證上的唇槍舌劍都可以被布署安置，因此，「實效性」扮演了一個可以稱爲**歷史先驗**的角色。

把**歷史的**（historical）和**先驗**（a priori）兩個字並列在一起，會產生一頗爲令人震驚的效果。藉著這一個詞彙，我指的是一種先驗格式，但這種先驗格式並不是用來作爲確認一個判斷之眞僞的條件，而是作爲「聲明」之實存的條件。這裡問題的所在，不是重新發現什麼可以使一主張合法化的東西，而是要解放「聲明」出現的條件，它們與其他「聲明」共存的法則，它們存在模式的特別形式，它們殘存、轉化，或消失所須遵循的原則。我所討論的「歷史的先驗」不是那種作爲可能從來沒有被說出來，或從來沒有付諸實際經驗的眞理的先驗格式；而是一已經發生之歷史的先驗。那是關於已經確實「說了出來」的事物之先驗。我使用這一生澀字眼的理由是，這一先驗必得考慮在不同狀態下的「聲明」：在播散狀態中的「聲明」，因其間不相連貫而造成缺口下的「聲明」、重疊及相互代換下的「聲明」、同時共存（但無法連接）情況下的「聲明」、連續（而不可化約）的情況下的「聲明」。簡言之，此一先驗必須考慮一項事實，就是話語不僅是有意義或「眞理」，也有其歷史，而這一特殊的歷史是不會將話語回溯到一單獨發展的法則上。比方說，這一「歷史的先驗」必須顯示文法學的歷史並非是將一理性或一特殊心態的歷史投射到語言及其問題的領域中，也就是說是一文法與醫學、機械科學，或神學共享的歷史。「歷史的先驗」所應該包含的一種歷史型態是——一種在時間中播散的形式，一個連續、穩定化、再啓動的模式，一布署或迴轉的速度——這種型態的歷史只屬文法本身，即使這歷史與其他型態的歷史並不是毫無關係的。此外，這一「先驗」自有其歷史性：它並不在事件之上、一個不動的層次中，組成一超時間的結構。它可被看作是顯現話語運作之特色的一組規則。但這些規則並非由外界強加於它們所集結的元素之上，而是它們正陷於那些它們所連接的事物之中。假如它們不爲這些事物所修訂，它們將修訂那些事物，並且因此一同被轉變到某些決定性的「門檻」中。「實效性」的先驗不只是一在時間中播散的系統；它本身就是一可以轉變的組合。

「形式上的先驗」其管轄權的延伸是沒有任何偶然意外的可能的。與它相對的「歷史的先驗」則是一純屬經驗的先驗。但另一方面，既然「歷史的先驗」使我們能掌握那些按照確實發展的法則運作之話語，它一定能解釋爲什麼這樣一個話語在某一特定的時間內，可以接納或運作，或相反的，可以排斥或遺忘或忽視某個形式結構。「歷史的先驗」不能（經由某種心理學或文化的來歷）解釋「形式的先驗」；但它可使我們了解「形式的先驗」如何在歷史中擁有接觸的基點，插入、闖入、出現的地點，運作的範疇或場合；也可使我們了解這個歷史何以不是一絕對外在的偶然產物，不是一布署它自己的理論辯證之形式必然，而具有一個特殊的規則性。所以，把這一「歷史的先驗」看作是一「形式上的先驗」（後者其實也有一歷史），是最錯誤可笑不過的事了。而這一「形式上的先驗」所有的歷史，是一龐大、靜止、空間的形象，它有一天突然闖入了時間的表層，強把一些必然的模式，施加於我們人類思想上，且無人能得倖免。而它又會在一完全出人意表、完全沒有前例的情形下，突然消失。它是一超越的「切分法」(transcendental syncopation)，一間歇性形式的交互運動。「形式上的先驗」以及「歷史的先驗」既不屬於同一層次也不共享相同的本質：假如它們互相交叉動疊，那也是因爲它們佔有兩個不同的層次之故。

「聲明」的範圍在經過我們按照「歷史的先驗」來表達，以不同「實效性」型態來顯示其特色，且以不同的話語形構來分劃其畛域之後，不再具有我當初討論「話語的外貌」時，所顯示的那種單調、一成不變的外貌。「聲明」的範圍也不再以那遲滯、平緩、中立的元素出現，在其中主題、思想、觀念、知識各按自己的運動，或爲某些隱晦的動力所驅而興起。我們現在討論的是一極複雜的東西，在其中各種性質相異的區域按照那些不能被重疊的特別規則及運作而被區分或播散。我們不能自歷史這一龐大玄秘的書本中，看到成行成列的文字將在另一時空中所形成的思想，「翻譯」成可見的字體。相反的，在密密麻麻的話語運作中，我們發現了將「聲明」當作事件般（並有其自己的條件而出現範疇）以及事物般（有其自己的可能性及使用範圍）建立的系統。對這些聲明系統（不管是事件或是事物），我提議稱爲**檔案**（archive）。

我用「檔案」一詞並不意味著所有作品的總合：這些作品被一個文化當作是證明它自己過去的文獻般，或被當作持續之證據般的加於某人之上。我也不意味一些制度，這些制度在一特定社會裡使那些我們想要記憶並運轉的話語，得以記錄和保存。相反的，「檔案」顯示爲什麼被這麼多人說過也說了這麼久的許多事物，還沒有按照相同的思想法則或相同的條件崛起；爲什麼它們（被說也說了很久的事物）不是在文字表現的層次上，按照內心或事物的秩序來布置的符號。但「檔案」顯示它們是如何藉著一套特殊話語層次上的關係組合而出現。爲什麼它們是按照特別的規則性而衍生，而不是像一些偶然形象在一種偶然的情形下，被移植到一些靜默的過程上。簡而言之，「檔案」解釋了爲什麼我們不管已經被說出來的東西，還要在那些據說不存在於它們中的事物上，也不在說出他們的人身上，而在話語性的系統上，它所設下的「聲明」可能或不可能性上，找到一直接解釋何以某些事情被說出來的原因。「檔案」第一是統轄什麼可以說出來的法則，管治「聲明」以一獨特事件出現的系統。但是「檔案」也是決定所有這些被「說出來」的東西不會疊床架屋、永不休止累積的關鍵，也是決定這些「被說出來」的東西不會被記入一不斷的直線，也不會在外在偶然因素下消失的關鍵。「檔案」保障這些「被說出來」的東西能按照複雜關係來組織，以一特殊形象來聚合，並按照特殊規則來保存或混淆。「檔案」也決定這些「被說出來的東西」不會在某一時間內以同樣速度消退，而是好像星星一樣，有些似乎距離我們近的其實是在遠處，反而看著較明亮，而其他實際距我們較近的卻已經發黯了。「檔案」不是只保護「聲明」的事件而不顧它的逃避，或爲了未來的記憶保存其逃避者的地位；「檔案」是在「聲明」一事件的本源(並在使「檔案」具體化的東西中)，自外部定義**表述聲明可能性的系統**(system of its enunciability)。「檔案」也不是那搜集已再度沉寂遲滯的「聲明」，或使那些「聲明」能起死回生的東西。「檔案」的目的是定義「聲明」一事物出現的模式；它是一**功能的系統**(system of functioning)。「檔案」決不將那些在一話語混亂的呢喃中已經被「說出來」的東西統一化；也決不保障我們在被保存的話語之中安身立命。「檔案」是要在話語錯綜複雜的存在狀態中理出它們的頭緒，並且特別標明話語在自己存在期間內的特色。

語言 (language) 定義一個組成可能的句子的系統，而「全集」是被動的蒐集那些已經被說出來的字彙。在兩者之間，「檔案」定義一特別的階層：一個行爲運作的階層。這個階層導致各式各樣的「聲明」像正規事件般的崛起，或像許多應該被討論和控制的東西般的崛起。「檔案」並不背負歷史的重擔，它也不超越時空，組成所有各種圖書館的圖書館，它也不是那種大受歡迎的「遺忘」，爲所有新的言論大開自由運作之門。在傳統及湮沒遺忘之間，「檔案」標明了一個能使「聲明」繼續存在也能不斷修正的運作規則。「檔案」是**聲明形成及轉變的總體系統** (the general system of the formation and transformation of statements)。

很顯而易見的，一個社會、一個文化，或一個文明的「檔案」是不能被徹頭徹尾的描述殆盡的。甚至一個時期的「檔案」也不能如是。另一方面，要去描寫我們自己的「檔案」也是不可能的，因爲我們自己就是身在其規則之中才能高談闊論，而且我們談話的資料也來自其中。對該「檔案」自己而言，我們的話語就是它的組成對象——像它的出現模式、存在及共存的形式、累積的系統、歷史性，及消失的系統。「檔案」本身無法被周全的討論；它必須就其存在的方式作討論。它的崛起是片段的、有區域性的，且是有層次性的，而無疑的，「檔案」的面貌顯得越淸楚，它和我們之間在時間上的距離也越大：在最極限的層次，如果不是牽就文獻的「稀少性」，我們必須要一更大的時間差距來分析它。但我們要問，如果我們堅持自遙遠的層次來描寫「檔案」這樣的描述眞的是可行的嗎？這樣的描述的確可釐清使「檔案」可行，勘定檔案自何處說話，控制它的權力及責任，試驗並發展它的觀念嗎？至少在目前研究的階段，我們只有等「檔案」的各種可能性眞正實現時來討論它。難道對「檔案」的描述不應該儘量接近統御它的「實效性」，以及使我們今天能夠討論「檔案」的檔案系統嗎？難道它不應該廓清（或至少隱約的劃出一輪廓）那個「檔案」本身也自成其一部份的「聲明範疇」嗎？因此，「檔案」的分析包含了一個特定的區域：它是很接近我們，但卻有別於我們現在的存在，它位於時間的邊界，環繞我們的存在，籠罩著我們的存在，並在存在的「它性」（otherness）中指示它。它也是在我們以外給我們劃定界限的東西。對「檔案」的描述布署了「檔案」可能性（以及這些可能性的掌握），而其所根據的基礎是那些恰恰已不再屬於我們使用的話語。對「檔案」的描述存在的門檻是爲一種不連貫的狀態所建立，這一不連貫的狀態將我們與我們不再說的東西分開，並將我們與那些已落於我們話語運行之外的東西分開。這一「不連貫」的現象始於我們的語言（langage）之外部：它座落的所在是我們話語行爲之間的鴻溝。在這個層次上，我們的診斷是眞確的。這不是因爲它能使我們規劃我們各種不同特徵的明細表，或爲我們的將來日面貌先描繪出一個大概，而是因爲它剝奪了我們的「連續感」；它驅散了我們引以沾沾自喜的時間連續感，憑著這一連續感我們過去曾想用以抵消歷史的不連貫性。「不連貫」的觀念也打破了超越目的論；而且過去人類學思潮所一度質疑的人類主體性及存在等問題，現在也因這一「不連貫」的觀念而須藉外在事物另作討論。在這個層次上，我們的調查分析並不是要標榜我們的特殊性必建立我們本身的特別地位。它強調我們的「不同性」（difference）。我們的理性是基於話語的不同，我們的歷史是基於時間的差異，我們的自我是基於標誌的不同。這一「不同」遠非那被遺忘又被發現的「根源」（origin），而是我們所存在和製造的四散分離狀態。

「檔案」永遠不能完成，也永遠不會完整的表明。而這一現象形成了話語形構之描述、實效性之分析、「聲明」表述範疇的劃定等工作所隸屬的總體層面。因此文字的權力——並非是聲韻學家的權力——使我們得以使用**考掘學**（archaeology）一詞來描寫所有這類的研究工作。但這一術語並不暗示對起始（beginning）的追尋；它也不將我們分析與實地考掘工作連在一起。它是一種描述工作的大主題，這種描述對那些「在其存在層次上被說出來的東西」提出質疑。「考掘學」也是運作於其內的「聲明」功能的主題、話語形構的主題，以及它所隸屬的大檔案結構的主題。「考掘學」把話語當作在檔案的元素中被特別標明的一些運作來描述。

【第四部】

「考掘學式」的描述

第一章
「考掘學」與思想史

我們現在可以將我們研究的程序稍微顚倒一下。我們可以先行向下游；一旦我們已經蓋括了話語形構及「聲明」的範疇，一旦我們可以勾劃出它們理論的大要，我們便可著手進行研究它們可能的運用範疇了。我們可以查考一下，我所堂而皇之的稱爲「考掘學」者，到底有什麼用途。事實上，我們也必須如此做，因爲老實說目前的情況還眞有點紛擾不清呢。我開始是提出一較簡單的問題：話語可以分劃爲一些大的統合單位，但這些單位不能以「全集」、「作者」、「書本」，或「主題」等來命名。爲了要建立這些統合單位的地位，我也曾企圖建立一整個系列的觀念（如話語形構、實效性、檔案等）；我曾定義一範疇（「聲明」、表述範疇、話語運作等）；我更試圖標明這個方法的特色既非是使題材形式化，也不是闡述性的。簡而言之，我曾訴諸許多種方法手段（以圖表明我的想法），而這些方法手段累贅及怪異的特性，委實是讓我覺得汗顏的主因。我之所以這麼作是有兩三個理由的：既然我們已經有許多描述或分析語言（langage）的方法，我再多加一個應該不算爲過。而且，不管怎麼說，我一向對那些像「書本」或「全集」的話語「一統」觀表示懷疑。因爲我覺得它們不像它們表面看起來的那麼現成和不證自明。如果我們現在打算用我們花費很大的功夫，經過了一百多頁的解析才建立的「一統模式」，來取代以往的那些單位，這樣做是合情合理的嗎？那些我費盡心思才限定的事物，我用各種方式刻劃出來的話語本質，那些爲了實際例證需要而提出的（像「心理分析學」、或「政治經濟學」、或「博物學」等）各話語型態，這些都給我充分的理由去發展這個奇怪的理論火藥庫嗎？現在最重要的事是，我該衡量一下我所試著定義的觀念在描述上的成效了。我必須看看我的理論架構是否運轉自如，而且它能產生什麼結果。這個我所謂的「考掘學」到底能夠提供一些什麼其他描述方法所不能提供的東西呢？我這麼殫精竭慮進行的計劃到底又會給我什麼樣的收穫呢？

而現在我心中又有一個疑惑產生。我在書中一向的態度是好像我已發現了一個新領域，也好像爲了要規劃這個新領域，我需要一些新的衡量規劃的標準。但事實上，難道我自己不也身在那久爲人知的「思想史」（the history of ideas）中嗎？即使我好幾次試著保持距離，難道我自己不是也暗暗的將我的理論歸溯到這一「思想史」上嗎？而既然我沒有強迫我自己去規避這種歷史，難道我就不能在這已經卓有建樹的歷史中，找到我想要找的東西嗎？也許我根本是個研究理念的歷史家而已。但我是一個含羞帶愧的，或者如果有人願意換個方式說，一個傲慢的思想史家。作爲一個思想史家，我想要從頭到尾的更新學術規範，無疑的我也想要成就一種（許多類似的描述研究已於最近獲得的）新制度。但是在我無法徹底修改老的分析形式，使其跨越科學的門檻（或是發現這樣一個轉變根本是不可能的，或我本身沒有這個能力去改變老的分析形式）之後，我只好宣稱我一向所從事的，也想要達成的，是一種與以往非常不同的東西。所有這些努力都爲的是要在那已砍伐殆盡的研究領域，另闢一條生路。只有當我完全與「思想史」斷絕關係，直到我已明白顯示我的「考掘學式」分析是如何的與思想史描述大相徑庭，我才會感到滿意。

要去說明思想史的特色並不是件簡單的工作。思想史是個捉摸不定的題材；它的疆界沒有明確的規劃，它所用的方法是七拼八湊起來的，而它對事理的研究更缺乏精密的規範與穩定性。思想史似乎擁有兩個角色。一方面它研究一些歷史上次要或邊際性的題材。比方說，它研究的不是「科學」的歷史，而是那些不完整、先天不足的知識，而這些知識在它漫長的存在過程中，永遠也不會達到那種科學化的形式（如煉金術的歷史而非化學史，動物精神或骨相學的歷史而非生理學的歷史，有關原子說的歷史而非物理學的歷史等）。思想史所研究的是那些籠罩在文學、藝術、科學法律、倫理學，甚或是我們日常生活中，那些隱晦不彰哲思的歷史；或是研究那些行之有年的「主題」的歷史。這些主題雖然從未以精密系統化的方式分析過，但卻在那些從不涉獵哲學的人們心中形成一種自然而然的哲學觀。思想史研究的不是文學的歷史，而是那些無關緊要的謠傳附會、那些不登如「全集」般大雅之堂，日常瑣碎寫作的歷史。或換句話說，思想史分析各種文學副產品（sub-literatures）、曆書年鑑、報紙評論、曇花一現的成功作品，及無名無姓的作品。以上的例子可以看出去設定一個思想史的界限是多麼不易，但也顯出思想史主要是專注所有那些不爲人所習知的思想，所有默默交相運作於你我之間之重現行爲（representations）。思想史賴以存在的脆弱土壤是在龐人話語遺文遺物間的縫隙內。浮動不定的「語言」（langages）、沒有型態的作品，或不相連屬的主題，是思想史研究的主要課題。它分析的是意見而非知識，錯誤而非眞理，心態的模式而非思想的形式。

但在另一方面，思想史又企圖跨越現有諸學科的界限，去從外部來探討它們並加以重新解釋。所以，它不但不是一種邊緣的研究領域，反而造成了一分析的風格，一觀點的建立。它把科學、文學、哲學等歷史的領域均加以考慮。但它描述那些一度僅作爲更進一步知識形成之基礎的經驗及不反射的知識；它試著重新發現話語所傳寫的那個立即現成的經驗；它去追踪那在被我們接納的表象基礎上，導引「系統」及「全集」誕生的那個起源。另一方面，思想史也顯示了如此建立的龐大形象是如何逐漸的解體；主題如何分崩離析；追求各自的生命，淪爲一無所用，或以一新的方式再組合起來。職是，思想史是研究起始及結束的學科，是對隱晦的連貫性及回歸性的描述，直線形式的歷史發展之重建。但基於這一事實，它也能描寫一個範疇到另一範疇間的合縱連橫的情況。它顯示科學的知識是如何的融解乃致引生哲學的觀念，也許甚而汲取文學作品的形式。它也顯示問題、觀念，及主題如何的自哲學領域被移居到其他範疇，因而形成科學或政治的話語。它將作品與制度、社會風習或行爲、技巧，以及未列入紀錄的需求及運作相連接。它試著去將最複雜精緻的話語形式在具體的背景下，或在實際成長及發展下復甦。所以，思想史成爲一種「干預」的學問，一種對圍繞著作品、標明作品特色、作品與其他作品相連，以及將其插入他物中的同心圓之描述。

我們現在可以清楚的看到，思想史的這兩個角色其實是相輔相成的。在它最概括的形式上，我們可以說它繼續在描述（而且是朝向它所運作的所有方向）從非哲學到哲學，從非科學到科學，從非文學到文學全集本身的轉換。思想史所分析的是話語寂靜的誕生，或其間遙遠的連繫，在明顯變革下持續不變的因素，或自無數偶然且錯綜的機運裡，緩慢出現的形構，或是許多形象逐漸累積但在最後淬礪出作品的精華。「起源來歷」、「持續性」，及「一統化」是思想史中的重要主題，而藉著這些主題它現在是與某一種歷史分析的形式（現在也成爲傳統了）相接。在這些情況下，要那些仍然從事歷史及其方法、需求，及可能性研究的人放棄像思想史這樣一個學科，當然是不能想像的事。或換個角度來看，他們當然會認爲任何其他分析話語的形式是對歷史的反叛。但是考掘學式的研究卻的的確確是要拋棄思想史，有系統的排拒其假說和程序，並企圖對人類所「說」過的事進行一截然不同的歷史研究。很多人在這一計劃中會遺憾找不到他們自孩提以來即已熟知的正史，他們悲悼這一傳統史學的消失，儘管傳統史學大勢已去，他們仍努力要促其東山再起。這些人的作爲固然證明了他們對傳統史學的忠貞不二，但這種保守派的狂熱卻益發堅定了我的目的，並使我有再接再厲的信心。

在思想史及考掘學式的分析間，有許多的分歧點。我馬上就要指出四點我認爲它們最大不同之處。這四點是有關創新的歸屬、矛盾處的分析、比較性的描述，以及轉變的標示。藉著檢查這些相異之點，我希望我們可以掌握考掘學分析的特點，也希望能衡量它的能力。至於目前，我想要先設下幾個原則。

(1)考掘學試圖要定義的，不是思想、說明、意象、主題、一個話語所顯露或隱藏的先見，而是那些話語本身，那些遵循某些規則而運作的話語。考掘學並不把話語當作是**文獻**、某種別的東西的符號、一種必須是透明的元素。相反的，話語很遺憾常常是晦暗不明的。如果我們想要知道話語的最終底細，我們常常必須刺穿它表面以求深入。考掘學所關注的是把話語本身當作像**遺文遺物**（monument）般的處理。它不是種闡釋性的訓練；它不是要去找尋另外一個，或隱藏得較好的話語。考掘學拒絕「寓言化」（allegorical）。

(2)考掘學並不是要去重新發現連接話語與發生在話語之前、之後，或圍繞它四周，那個繼續不斷的、不能察覺的轉移變遷。它並不依據那些未成定數的話語，而等待最後話語完成一刻的到來。它也不等待話語的形象即將四散崩離，逐漸失去其特質的那一時刻。相反的，考掘學所面臨的問題是定義話語的特殊性，去顯示在什麼方式下，話語所使用的那組規則是減化到不能減化的地步；去追尋話語整個外在的情況，以求能進一步的標示出它們來。在漫長的進展中，它並不自意見的紛擾複雜的領域進步到系統的獨特性，或進步到確定明晰的科學穩定性。考掘學不是一個「讚美詩」，而是對話語模式所作的分門別類的研究。

(3)考掘學並非是按照「全集」的統轄性形象來排比的，它並不試圖去掌握什麼時候「全集」出現在一默默無聞的層次之上。它也不想重新發現個人與社會相互顛倒交錯的那謎樣的基點。考掘學既不是心理學也不是社會學，擴大來說也不是研究萬物之始的人類學。對考掘學而言，全集不是一個相關的領域，即使「全集」是在「考掘學」的上下文範圍內或在支持它的因果率的脈絡內，要取其而代之。考掘學定義話語運作的規則，這些話語運作貫通個別「全集」，有時甚而完全統轄那些「全集」到了鉅細靡遺的地步。但有時話語運作也只能統轄一部分「全集」。對考掘學而言，創造性主體的權威性，就如同作品的主要理論架構和統一的原則一樣，是無其意義的。

(4)最後，考掘學並不試圖恢復在一確定時間，被話語用來表達的那些人們所想過、思考過、經驗過，或欲望過的東西。它也不想重新捕捉那個神秘不可捉摸的地點，在其中作者與「全集」互換身份；在其中思想仍以互不相屬的形式只與自己保持最親密的關係；而在其中語言（langage）還沒有被布署於話語空間性、連續的播散狀態。換句話說，它不試圖藉著追根究底的方法來重複那些已經被說過的東西。考掘學也不強調在一模糊不清的「閱讀」過程中抹消它自己；而該閱讀過程可以在純淨無瑕的情形下，把那遙遠的、捉摸不定的、幾乎要消失的「根源」之光再重新點燃。考掘學不過是重新書寫的方式：也就是說，在一話語外緣性得以保存的形式下，一種將那些已經被書寫出來的東西作規則性的轉型。考掘學並不是要回返到「本源」的內裡祕密上；它要對一個話語客體作系統性的描述。

第二章 原創的與規制性的

一般而言，思想史把話語領域化約作一擁有兩個價值的範疇，任何位於其中的因素都可用新或舊、傳統的或創新的、常態的或脫軌的等來標示其特點。因此，我們可以區分兩種話語表明的類別：一種是評價極高但相對的卻極少見的話語，它是第一次出現，在此之前沒有相似的前例，可以作爲其他話語的模式，也因此應被視爲一種創造。另一種是那些普通的，日常習見的，也很堅實的話語。它們對自己的存在不負責任，而且淵源於那些已經被說過的東西（有時它甚至是逐字的重述）。對這兩個組合，思想史均各賦予一地位，因而使它們臣屬於同一類的分析。在描述第一組時，思想史詳述發明、改變、變形的歷史，它顯示眞理如何自錯誤中提煉出來，意識如何自持續沈睡狀態中清醒過來，新的形式如何不斷崛起，以創造我們今日所熟知的景觀。歷史家的工作是在這些各別獨立的基點上，這些連續的縫隙中，重新發現一演進的持續路線。在另一方面，第二組話語顯露歷史爲一冥頑遲滯、笨重不已的東西，是一種過去事件的緩慢累積，或已經被說過的東西一沈靜的沈澱。在第二組中，對各個「聲明」的研究必須要依據其重要性以及它們的通性；各別獨特的出現也許被中立化了；它們作者身份的重要性，它們出現的地點及時間都縮減而不重要了。相對的，我們必須衡量「聲明」的各個「程度」：如它們在時空中重複的程度，它們被散播所經的管道，它們流轉運行於其中的組合，它們爲人類思想勾劃大要的一般準則，以及它們應用這一大要的限度。還有，在突顯一時代的特色時，它們如何能使該時期異於其他時期，如此我們然後能描寫一系列的整體形象。在第一組中，思想史描寫思想上發生的一連串事件；在第二組中，思想史研究其規律的效應面。在第一組中，我們重新組合眞理或形式如何的出現；在第二組中，我們重建話語被遺忘的堅實性，而且回溯話語的相對性。

的確，思想一直不斷的要劃定這兩大權力之間的關係；而這兩者也從未以最純淨的狀態出現過。思想史描寫新舊間的衝突，已被接受的話語如何排斥新的話語，如何壓抑截至目前尚未被說出來的東西，如何將新的話語蓋上僞裝，以及它有時如何成功的將其局限在遺忘的領域中。但思想史也描述那些仍渺不可及，但促使未來話語崛起的條件；那些將推翻我們熟悉的「語言體系」(language) 的緩慢取代過程或突發的鉅變。它描寫新的話語如何融合在已經建立好的知識範疇內，原創的話語如何不斷的演變終落入傳統的窠臼，或者那些已經被說過的話語之再度出現，以及新創話語的顯露。但是這一交叉面並不能就此使思想永遠避免對新和舊的話語作兩極性的分析。這種分析重新把根源（origin）的問題投入歷史之經驗元素中，或者歷史的每一階段中。在每一全集、每一本書、最小的作品中，我們所面臨的問題是重行發現罅裂的基點，用可能最精確的方式，在已經說過的東西的內在稠密度、話語命定性的法則上，對已認可的話語一種不由自主的效忠，從而與創造的充沛活力，躍入不可化約的歧異間，建立一個區分。雖然這一對原創性的描寫可能看起來非常的明顯，但它確仍有兩個方法學上的問題。其一是相像的問題，其二是進行（procession）的問題。事實上，它的先決條件是：我們可以建立一種單一而龐大的話語系列，在其中每一個意義的表明都會按照性質相同的時序綱要進行而有一個日期。但我們不妨再仔細的看看這個問題。我們要問：格林（Grimm）的母音變換順序是以同樣的方式並在同一時間層次上較包普（Bopp）爲先嗎？（包普徵引使用、應用及修訂格林所說過的話），哥杜（Cœurdoux）及安哥提-杜勃隆（Anquetil-Duperron）（在觀察希臘文及藏文的相類方面）爲後來的印歐語言定義舖路，並爲比較文法學開創先例嗎？難道皮爾斯（Peirce）和他的符號學，阿腦德（Arnauld）及蘭斯勒等新古典語言學對符號的分析，以及堅忍學派（Stoics）有關「意符」（signifier）的理論等，是按照同一個前行性的模式和同一系列來作爲索許（Saussure）的前導嗎？時序上的「前導性」（precession）不是一個不能減縮且必要的**條件**；它並不能扮演一個衡量所有話語而且區分原創與重複敍述的秩序。相反的，這個秩序必須有待我們正在分析的那個話語、我們所選擇的層次，及我們所建立的標準來決定。如果僅將話語透過日程表來排比先後次序，或是給予其中每一元素一個日期，我們並不能得到一明確的「前導」或「創新」的排列階序；如果我們要根據時間順序建立評價話語系統的高下次序，我們所獲得的結果永遠是相對而非絕對的。

同樣的，兩個或兩個以上的連續意義聲明間的相似性也帶給我們許多的問題。在什麼情況下及按照什麼標準下我們可以堅稱：「這已經被說過了」；「同樣的事可在其他作品中找到」等等？在話語的秩序中，什麼是其部分或全部的本質呢？事實上即使有兩個聲明完全一模一樣，由同樣的字組成也有同樣的意涵，我們也知道它們未必是完全相等的。即使我們在狄德羅和拉馬克（Lamarck），或德馬累和達爾文的作品中，發現了相同的有關進化論原則的表述，我們也不能認爲我們在各作品中討論的是同一話語事件，而該事件只是在不同時段中一系列的重複。「同一性」即使是在萬無一失的情況下也不能作爲一個準則；更何況當它只用在「聲明」的部分相似處，或相同的文字每次用來表達不同的意思，或不同的字指涉了同樣意義所在呢！我們在什麼情況下可以聲稱，布風、杰素（Jussieu）及居維耶（Cuvier）極其不同的用字及話語極其不同，但其所出現的有機組織主題是相同的呢？倒過來說，難道說在道賓頓（Daubenton）、布魯盟巴克（Blumenbach），及喬佛瑞・聖-希來爾（Geoffroy Saint-Hilaire）的著作中，「組織」（organization）一字都有同樣的意義嗎？大體而言，難道我們發現居維耶和達爾文的相似性，和居維耶及李諾（或亞里斯多德）間的相似性是屬於同一種型態的嗎？在各意義的聲明間並沒有現成可以辨認的相似性：它們之間的類同是話語範疇（在其中相似性得以劃定）的效果。

因此，我們如果直截了當的在我們研究的作品中找出原創性，或是僅從有沒有先進者的事實來判斷這些作品是否擁有原創性，是極不合理的。只有在精確定義的系列中，在那些界限及領域已被建立的組合中，在界分性質（註）極相同的話語領域的界線間，以上這個問題才顯得有意義。

但是要在堆積如山的已經「說出來」的書籍中，找出一個和後來作品「原本」就很相像的例子；在歷史中搜尋以期再發現一些回響或先見，去回溯到那初始的階段，追根究底；去表明一部作品如何的忠於傳統或及其不能再化約的獨特性；去提高或貶抑其原創性；去說波特-羅耶派文法學家其實什麼也沒發明；或去發現居維耶的前導者比我們想像的要多；對那些不求長進的歷史家而言，這些都是無傷大雅的娛樂。

考掘學式的描述所關注的是那些話語的進行方式。如果我們不願以一種幼稚而無系統的方式來建立「連續的事實」（facts of succession），也就是說我們不願論功行賞的話，那麼我們必須求助於考掘學式描述。在考掘學描述所位於的層次上，所謂創新／陳腐的相對已變得無關緊要了。在一原始的意義表達方式及千百年來不斷重複表達其意義的句子間，並沒有所謂價值的高下層次存在，這也不會造成極端的不同。考掘學式的描述只是試著建立「聲明」的「規則性」。從這個方面來說，「規則性」並不是與「不規則性」相對的東西：後者（「不規則性」）現在往往用來表示出軌離題的「聲明」（如不正常、有預言性、遲滯的、病態的，或是天才的產物）。「規則性」對每一文字表現而言（特出的，或平凡的，山類拔萃的或是不斷重複的），意指一套條件，在該條件下「聲明」表述功能得以運作，且該條件保證並定義此「聲明」表述功能的存在。在這一意義下，「規則性」並不能標示一統計曲線兩端間的一個中心點——所以它不能作爲考察事物頻率及或然率的一個索引；它只是能標明一個話語「出現」的效應範圍。每一「聲明」含有某種「規則性」而且也不可能與其分離。所以，我們不能把一個「聲明」的「規則性」與另一「聲明」的「不規則性」相對立（所謂「不規則性」是指那些殊少預料到的、較獨特的、較富原創性的），而是應該與突現其他「聲明」的規則性相對。

考掘學不是要追尋新的發明。當某些人言之鑿鑿的找到了一個「眞理」時，考掘學分析者卻無動於衷。它並不試著要重塑「美好的時光」。但考掘學對於那些每個人在一特定時期內會重複的一般泛泛意見，也不甚關注。在李諾或布風，培帝或李嘉圖，皮奈或比夏的作品中，考掘學所追尋的不是一系列的聖人，而是要揭示一話語運作的規則性。這個話語運作是以同樣的方式在這些「聖人」的前輩作品中運作；這個話語運作不僅考慮到最有創造性的主張（那些別人從來沒夢想過的主張），也考慮到那些他們自前輩處借用或甚至抄襲的主張。從「聲明」的觀點來看，一項發現（發明）不見得就比重複或融合這一發現的作品來得較少規則性。不管在一平凡的或獨特的話語構造中，規則都顯得有同樣的機動性、效應性，或活潑性。在這樣一個描寫中，我們不能認爲在一創造性的「聲明」（該「聲明」揭示了一些新的東西，或到目前爲止不爲人知的訊息，或是很「主動」的一些東西），以及模仿性的「聲明」（該「聲明」接受並重複別的訊息，也因此好像很「被動」似的）之間，有什麼不同。「聲明」的領域不是一組冥頑不靈的地區突然有了豐饒的時刻，它是一個自始至終均很活躍的領域。

我們對「聲明」表述規則性的分析開拓了幾個新方向，有待我們將來更仔細的來探討。

(1)一組「聲明」的特色是由一種規則性的形式表示，而這一規則性也不一定非要區分什麼是新的，什麼是舊的。但這些規則性並不是一勞永逸的就確立了（關於規則性我們待會還會再提到）。在突尼佛（Tournefort）和達爾文的作品中，或蘭斯勒和索許，培帝和肯尼斯（Keynes）的著作中，並不會發現相同的規則性。雖然「聲明」規則性（描述一「聲明」形構者）性質相似的領域不少，但這些領域仍是互有區別的。從一個表示規則的領域運轉到另一領域並不需要話語的其他層次作相對應的轉變。有很多的文字表現從文法觀點上來看是相印證的（如字彙、語法，及語言〔langue〕等）；它們從邏輯的觀點（如命題結構，及其所座落的演繹系統）看也是相同的。但它們在「**聲明表述**」的方面卻是不同的。所以，在價值及流通的貨幣間定量關係的形構也許可用同樣的文字來表示——或同義字表示——而且可用同樣的推理來獲得；但在「聲明」表述的方面，格來仙（Gresham）或洛克（Locke）及十九世紀邊際效用學者（marginalists）並不是相同的。在每一狀況下它並不屬同樣的客體及觀念的形構系統。所以我們必須區分「**語言學類比**」（linguistic analogy）或「可譯性」（translatability），「**邏輯等同**」（logical identity）或「同義」（equivalence）以及「**聲明性質相同性**」（enunciative homogeneity）。而考掘學所關切的就只是這種「性質相同性」。考掘學能在文字「表明」保持語言上的類同及邏輯上相等的情況下，看出一新的話語行爲的出現（波特-羅耶派文法學家經由研究，有時是逐字吸收，古老的句子歸屬及動詞-Be動詞的理論，開創了一種「聲明」規則性；去描述它的特殊性是考掘學家的責任）。反過來說，考掘學可能忽視字彙間的不同，也可能越過各語意範疇或不同的演繹組織。考掘學能夠不顧其性質的相異，而在每一例子中認清某種「聲明」的規則性（從這個觀點來看，語言〔langage〕的理論、對與語言原始根源的探求、其原始根源的建立等這些十八世紀建立的理想，與蘭斯勒的「邏輯」分析相較，實在不能算是新穎）。

因此，我們可以看到幾個意義分離及申明現象的出現。我們不能再說一項發現、一個總體原則的形式，或是一個計劃的定義以排山倒海之勢開創了話語歷史的新局面。我們不再非要根據一個有始有終、組織健全、物盡其用的基礎，來找尋一個完完全全肇始的起點，或是革命性的新局面。我們要討論深陷在不同歷史的網絡中，不同型態和階層的事件；一個「聲明」性質相同現象的建立決不意味著在未來數十年或數百年間，人類會說或想同樣的事；它也不意味著只要我們訂定幾個（明顯或不明顯）的原則，從這幾個原則其他的事理可以源源不斷的形成一必然的連續狀態。「聲明」之性質相同（或相異）的現象與語言的連貫性（或改變），及邏輯的認同（或相異）相互交叉，但三者發展不一定步伐一致或一定會互影響的現象存在。這領域無疑是極端複雜的，也有待我們進一步的描述。

(2)另外一個研究的方向是：「聲明」規則內部的階序高下排列。我們已經看到每一個「聲明」隸屬於一種規則性——這使我們了解，沒有一「聲明」可以被看作是種純粹的創造，或是某天才打破成規的精彩表現。但我們也已經看到沒有一個「聲明」可以被看作是遲緩呆板的，或被當成一啓始話語的不眞確的影子或轉移。整個的「聲明」範圍既是規則性的也是變動性的；它從不陷於沈睡呆滯的狀態中。即使最渺小的「聲明」——或是最謹愼最平凡的「聲明」——也會牽動整個的規則運作。按照這些規則，「聲明」的目標、型態、它運用的觀念、及其所屬的策略，方得以形成。這些規則從不是在某一意義表達時被建立，相反的，它「橫跨」不同的意義表達形式，而且爲它們建立一種共存的空間。因此，我們不可能重新發現一個自說自話的特別「聲明」。然而，有些「聲明」的組合將這些規則運用得淋漓盡致；如果我們把這些「聲明」當作一個起點，我們可以看到其他的題材，其他的觀念，其他的「聲明」模式，或其他的策略選擇可以在一些概括性較小而其應用範圍較明確的規則基礎上形成。我們據此可以描述一**聲明來龍去脈的體系**（a tree of enunciative ceriva-tion）：在體系的根基部分是那些將形構規則作最廣泛運用的聲明，在它的頂端是許多分枝的聲明，雖運用同樣的規則性，但這些規則卻是被較精密的描述及定義。

職是，考掘學可能就是構成話語中「聲明來龍去脈體系」的一門學問——這也是其主題之一。比方說，博物學的考掘學等。考掘學就像**統御性的聲明**（governing statements），在根本上佈署了一些有「統御性的聲明」功用的聲明。這些「統御性聲明」關注可具結構之定義以及可能客體之領域，這些「聲明」標明了將「聲明」特徵化最總括性的可能，也因此開闢了一整個有待建構之觀念的領域。最後，當這些「聲明」建立一策略性的選擇時，也爲隨之而來的各種可能選擇預留最大的餘地。考掘學在其旁枝的尖端，或在整個架構的不同之處，會找到一些「發現」（discoveries）的新芽（就像化石系列的發現），觀念的轉換（就像種類的新定義），新見解的出現（就像哺乳類或有機體的新定義），技術的改進（組合蒐集物的原則，分類及命名法的方法）。這種「統御性聲明」的來歷一定不可和那些基於一些原理的演繹法相混淆；也決不可以和一「總體性」的觀念，或那些自哲學經驗及精確觀念化逐步粹礪而現的「核心意義」相認同。最後，它也決不能被誤認爲是一心理學上的起源，其來歷可溯自一結果與可能性均逐漸發展的發現。考掘學之「統御性聲明」的來歷與這些均不相同，它必須在自己的天地中才能被討論。所以，我們描寫博物學在考掘學上來源的問題時，可以不必始於追究那些無法表示的「原理」或其「基本主題」（如自然的連貫性），也不必將「第一次」發現或「首先」的探討等當作我的起步或策略（像突尼佛先於李諾的發現；或那些莊士頓（Jonston）先於突尼佛的發現等）。考掘學的程序既不是那種一板一眼的系統化的秩序，也不是時間上的順序。

但我們可以看到一整個新問題的範疇在我眼前展開了。由於這些不同的秩序不能明確的表示也不能自給自足，所以在它們之間必然有各種關連及相依賴的情形。對某些話語形構而言，考掘學的秩序與某些系統性的秩序可能並不是非常不同。而在有些情形下，考掘學的秩序甚至可能追尋某種時間上的先後秩序。這種相互印證的情形（與我們前述的各種抵觸扭曲的情形相矛盾），是很值得分析的。無論如何，我們都應儘量避免將上述各種秩序相混淆，也不應找尋一「前所未有」的發現，或者在一創新意義表明形式中，找出一放諸四海而皆準的原則。我們不應在一總攝的原則下找尋「聲明」規則或個人發明的法則，也不能強求考掘學式的探究產生出一時間先後的順序或表明一演繹式的結構。

但在分析話語形構的過程中，最最錯誤的企圖要算是作一整體性的時期劃分，並據此認爲在某一段某一刻時間，每一個人不管表面的不同之處，會想同樣的事，說同樣的話，並透過型態繁多的字彙，產生一個無往不利的大「聲明」。相反的，考掘學描述一「聲明」表述性質相同的層次，該層次可以清晰表明它自己在時間上的特徵，而它也不會有其他可在語言上發現的認同及相異的形式。在這一層次上，考掘學建立了一種秩序或階序，一整個觀念的萌芽，因此得以排除了那種大堆頭式、形體不定，而且一形成就似乎要垂諸永久的「同時」狀態（synchrony）。在那些稱爲「時代」的混淆觀念中，考掘學根據其特有的特點，表明了「聲明的時期」（enunciative periods），這一「聲明時期」是根據觀點的時間、理論的時段、形成的步驟及語言發展而得表明，但卻不能與這些觀念混淆。

（註）：也就在這樣的情形下，康居漢建立了從威理斯（Willis）到波契斯卡（Prochaska）的系列，使得對反射（reflex）的定義成爲可能。

第三章 矛盾的地方

思想史通常認爲話語的分析工作可以首尾連貫，一氣呵成。假如思想史碰巧注意在文字使用中的不規性，有一些不相吻合的命題、一些不能互相適應的意義、無法被系統化的組合起來的觀念的話，它一定會念茲在茲的在一較深層階層中，找出一組合話語爲一體的原則，並使其潛在的統一性還原。這一連貫的法則是一個啓發式的規則、一程序上的義務，也幾乎是研究工作中的一個道德守則：不要去繁衍無謂的矛盾，不要斤斤計較小的不同處，不要太著重種種改變、否定、回歸過去，及辯駁；不要去設想人類的話語永遠在內部爲他們的欲望、他們所隸屬的各種影響，或他們生存的條件間的衝突所破壞。這一連貫的法則強調我們應承認，只要人類說話，而且在人群之中說話，那麼我們一定可以克服上述的衝突矛盾，而且可以找到控制這些矛盾的立足之點。但這統一連貫性也是研究的結果：它定義了完成一分析的最後統一狀態；它發現了一個作品的內在組織、一單獨全集的發展形式，或不同話語的交會之處。爲了要重新組合成這一事物「統一連貫」的現象，「統一連貫」倒首先成爲研究的先決條件，而且只有當我們的探尋夠深夠久，我們才能找到它。它成爲所有事理最適合的條件；所有可能想像得到的矛盾現象都可用同一最簡單的方法解決。

但是，我們已用了許多的方式去追溯這連貫的現象，而正因此我們找到的各種「連貫」情形往往有很大的不同。藉著命題的眞理以及連接它們的關係，我們可以定義一邏輯上無牴觸的領域：然後我們就可以發現一系統性；我們就可以自句子的可見形體中超昇到那純淨、理想的結構上，這個結構一向因爲文法的隱晦性以及文字所超載的意義所掩蓋而不能完全表示出來。我們也可反其道而行，而且藉著遵循類比和象徵的線索，重新發現一主題學，這主題學較富想像性而較少話語表述性，較有影響力而較少理性，較近欲望而較遠離觀念。它的力量使得最相反的形象都啓動起來，但又重新將其融入一個可緩慢轉變的整體中。我們如此發現的連貫性只不過具可塑性的連貫性，一種藉重現、意象，及暗喻等具體化方式發展意義的過程。這些連貫的現象也許是有主題、有系統的、明白表示的或隱晦的。它們可以在說話主體意識到的表象層次被找到，然而該主體的話語——由於某些情況的限制或是因爲他語言形式的不適——卻無法表達。這一連貫性也可自局限作者而非作者可以建造的結構中找到，而且此一結構可能會在作者不知不覺的情況中加諸在其身上；其方式則可爲假設、操作架構、語言規則、一組肯定的信條或基本信仰、意象的型態，或一整個幻想的邏輯。最後，有一種連貫是建築在個人的層次上——他的自傳，或他的話語的特出情況——但我們也可按照較廣泛的指引來構成這些東西。我們可以賦予它們一個時代共同的、直線發展的層次，一種意識的共通形式，一個社會的型態，一組傳統，以及整個文化共享的想像境界。在所有這些形式裡，由這樣方式所找出來的連貫現象永遠扮演同樣的角色：它標明那些立即或馬上看得出來的矛盾情形只是表面的反照；而那散漫的光線必須被集中到一個焦點上。矛盾僅是一個隱藏或被隱藏的一統現象的幻影而已。矛盾僅在意識與無意識間、思想與作品間、理想與與時俱變的表現個體間的鴻溝中才佔有一席之地。在任何情況下，分析都必須盡其所能的壓抑這一矛盾。

在這樣研究工作的結尾，只有殘餘的矛盾現象存在——如意外、缺憾、錯誤。或者相反的，就好像我們整個的分析已經不顧一切的秘密完成，基本的矛盾於焉顯現：在系統的根源處，不能調和的假說，互相交錯牴觸的影響，欲望最初的折射，使得社會自相爲敵的經、政衝突，所有這些不但不是一些必須化約的膚淺因素，反在最終處被顯露爲組織的原則，用以解釋微小矛盾現象，並給予其一堅定基礎，或神秘的基本法則。簡言之，它們形成一個解釋所有歧異對立的情形的模式。這樣研究下的矛盾遠非話語的一個表面或意外，遠非我們爲求「眞理」而勢必要解脫的束縛。相反的，它組成了它存在的根本法則。在這樣一個矛盾基礎上話語開始說話，而且是爲了傳譯和克服這個矛盾話語才開始說話。而矛盾又是不斷的經由話語而重新衍生。也就是爲了逃避這一矛盾，話語不斷的追尋自我而且不斷的重新開始。也正是因爲矛盾永遠先於話語存在，而話語也永遠不能逃避這一矛盾的前提，所以話語才改變，經歷變形，而且逃離它自身的連貫接續。職是，矛盾在話語中運作，爲話語進行的歷史性的原則。

思想史因此認識了矛盾的兩個層次：表面的層次，這一層次會融入話語的深層統一中；基礎的層次，這一層次導致話語的誕生。對第一個層次的矛盾而言，話語是一個理想的形象，必須與矛盾的意外出現或太顯而易見的形體分開；對第二個層次的矛盾而言，話語是個經驗的形象，而矛盾可能將其吸收，而其表面的連貫也必會被摧毀，以求最後在罅隙和暴力間重新再發現它們。話語因而是從一種矛盾到另一種矛盾的必經之路。假如話語衍生了那些可見的現象、觀念，那是因爲它遵從它所原要掩飾的東西；去分析話語是去隱藏也是標明矛盾；也就是去顯示矛盾建立在話語之內的運行作用，表明話語如何傳達矛盾，使矛盾具體化，或者給予它們一暫時出現的機會。

對考掘學分析而言，矛盾既不是要去克服的表面現象，也不是有待闡明的秘密原則。它們應該是就其本身立場被描述的對象，而不需企求發現從什麼樣的觀點矛盾可以被化解，或在什麼階層上它們可以被激進化而使結果變成原因。讓我們用一個已被數度提及的例子來解釋這一論點。在十八世紀，與李諾最穩固的觀點所最牴觸的，倒不是**佩羅瑞亞**（Peloria）的發現（這只是改變了其應用的模式），而是一些可在布風、狄德羅、彼德、德馬罕及他人作品中發現的「演化論」(evolutionist)信條。考掘學的分析不是去顯示在此對立觀點下，在某一關鍵層次上，每一個人都接受幾項基本的主題（自然的持續不輟及豐饒圓滿的現象；最近形式和特殊情況的相互關聯，自不存活到存活事物間幾乎難以察覺的轉變）。考掘學的分析也不是要顯示這樣的觀念對立在博物學特別的範疇內反映了一更廣大的衝突，該衝突將十八世紀所有思想與知識予以分化（如，一個有秩序的創造主題強調所有的創造一次就克竟全功，可以被佈署而不會不能化約的秘密，相對的是一個「自然多產化」的主題，強調自然被賦予謎樣的力量，在歷史過程中逐漸佈署形成，並依照時間不斷進行的主旨打破空間的秩序）。考掘學試著顯示這兩個對立的信念，即堅定不移論的主題和演化論的主題，在描寫某些物種和類屬上，其實共享一個地盤。這項描寫將各種器官可見的結構當作其對象（即是它們的形狀、尺寸、數量，及在空間中排比的樣式）；而這項描寫也可以將該對象以兩種方式加以限制（或將其限制於將有機體作以整體來看，或將其限制於某些或由重要性、或由分類上的方便來決定的因素上）；這項描述在第二個方式上標明了一規律的分目表，其中包含了許多明確的尺度，而這些尺度組成了所有可能創造的程序（所以，不管是現存的、仍有待發生的或已經消失的，對物種類屬的組織序列是絕對穩固的）。而在第一個例子中，各種親密關係的組合則保持無限的開展、互相分離，且得忍受一些爲數不定的新形式；不管這些形式與以往存在者有多麼的相近，它們仍有自我存在的意義。這樣，藉著顯示兩個課題之間的矛盾來自某種客體的範圍，來自其限制和劃分，我們並不能發現一個有和解趨勢的基點。但我們也不會將其轉化至一更基本的層次，我們只是定義它發生的那個所在。這個定義標明了兩種理論可能分歧和交會的地點；它制定了兩個話語分歧和並立的地點。結構的理論不是一個普通的假說，一個由李諾和布風共同分享的信念基礎，一個堅實基本的肯定將固定理論及演化理論間的衝突擲回一末梢辯論層次的肯定。相反的，它是兩者之所以不調和的原則，統御其來歷和共存的法則。藉著把矛盾處當作是描述的對象，考掘學分析並不試著去發現一代替性的共同形式或主題，它試著決定隔開二者之間的鴻溝的程度和形式。對於思想史之企圖溶解矛盾於一晦暗不明的一統「形象」之中，或企圖將其改變轉移於一總體抽象齊一的解釋或闡明原則之中的行動而言，考掘學描寫**紛爭衝突的不同空間** (different spaces of dissension)。

所以，考掘學的分析不再把矛盾看作是一項總體性的功能，以同一方式運作於所有話語階層上，也不把分析看作是完全壓抑這種矛盾，或將其帶回到一基本的、組合性的形式。考古分析藉著對不同型態的矛盾之分析，按照它可以被測畫的不同階層，及它可發揮操作的不同功能來取代**矛盾**這一大關目——這**矛盾**在傳統思想史中以無數偽裝出現，然後被壓抑，最後又於主要衝突中還原並於其中達到高潮。

首先我們來討論上述矛盾的不同型態。有些矛盾僅座落在命題及斷言的階層，而且無論如何都不會影響到使命題或斷言成爲可能的那個聲明規則的主體。所以在十八世紀有關動物性格化石的課題與更傳統的化石礦物本質的課題相對立。由這兩個課題所可導致的結果當然爲數甚多且涵蓋極遠，但是它也可顯示兩者實在是源出同一「聲明」形構，起自同一基點，而且是按照同一「聲明」功能運作之條件。它們是「源自」考掘學上的**矛盾對立**，而這一矛盾也組合成一終止的狀態。相反的，其他的課題則超越了一個話語形構的範圍而且與不屬於同一「聲明」條件的課題相對立。所以如果說李諾的固定論與達爾文的進化論相衝突，這也只能看作是我們將李諾理論所屬的博物學與進化論所屬的生物學綜合後的結果。這些都是反映不同話語形構間對立的外在矛盾現象。對考掘學式描述而言（目前我們且將任何可能的程序上的不同擱置不論），這一對立構成了**討論上的出發點**，從這裡衍生出來的矛盾則構成**討論上的終點**。在這兩極之間，考掘學分析描述所謂的**內在**矛盾：那些播散在話語形構本身中的矛盾，而且這些矛盾源自形構系統中的一點，並標明了許多副系統（sub-systems）。所以（我們再沿用十八世紀博物學的例子）有所謂「方法上的分析」（methodical analyses）與系統上分析（systematic analyses）間的矛盾的出現。這裡兩者的對立不是一個終極的狀態；它們不是對同一客體所產生的矛盾命題，也不是對同一觀念的兩種不相協調的應用，而是兩種形成「聲明」的方式。兩者的特色都爲某些客體、某些主觀的地位、某些觀念，以及某些策略的選擇所共同標明。但這些系統並不是基本的：因爲我們可以顯示在何種程度內兩者都源自同一實效性，即博物學。而這種**內在的對立**才是與考掘學分析有所關的。

然後我們要討論不同的層次。一個考掘學內在的矛盾不僅是一個事實那般簡單而純粹，好像我們只要將其當作一個原則或效果來說就夠了。考掘學的矛盾是個複雜的現象，而且分佈在話語形構的不同層次。所以對「系統化」的博物學及「方法化」的博物學這兩個不斷相對立的十八世紀學科，我們可以認出：㈠客體的**不適宜**（inadequation of the objects），（在某一例子中我們描寫植物大體的外觀；但在另一情形下我們描寫許多已經預設的變因；在一情形下我們描寫植物的總體性或至少它最重要的部分，但另一情形下我們又描寫以最武斷的方式所選出來的部分以屈就分類上的方便；有的時候我們解釋植物不同的生長及成熟的情況，但另外的時候我們又專注於一個單一的時刻，一個對植物生長最適宜的可見階段）。㈡聲明模式的**分歧性**（a divergence of enunciative modalities），（在對植物作「系統性」的分析時，我們運用一極精密的感官及語言規則，而且也按照一慣常的標準；但對「方法學」派的描述而言，則各種規則相對的比較鬆弛，而且測畫的標準也較有彈性）。㈢一種觀念的**不調和性**（incompatibility of concepts），在（「系統」中，類屬特色的觀念雖是一個指稱類屬的錯誤觀念，但卻是極武斷的；在「方法」中則同樣的觀念必須要包含對類屬的眞正定義）。最後，一種「理論選擇上的**排斥性**」（an exclusion of theoretical options）（系統性分類學使「固定論」成爲可能；即使它是被「在時間中持續創造以逐漸展露分目表中各因素」的觀念所修正，或者是被「自然災害已經侵擾了自然的近似性秩序」的觀念所修正，但仍排除了「方法學」接受並不完全暗示出的轉型之可能性）。

我們接下來要討論功能。這些對立的形式在話語行進中並不永遠扮演同一的角色。在形式相同的情形下，它們並不是有待克服的阻礙或是生長的一個原則。無論如何，只在它們中間找尋歷史加速進行或減緩的原因是不夠的；當時間被介紹到有關眞理或理想的話語中時，它並不基於一個空洞籠統的對立形式。這些對立形式永遠都代表特殊的功能階段。其中有些致使聲明範疇**添加的發展**（additional development）；它們開展了各種連串的辯論、實驗、求證，以及各式各樣的推論。它們使得對新客體的決定成爲可能，它們導生各樣新的「聲明」模式，它們定義新觀念或修訂那些已經存在之觀念的應用範圍。但是在話語實效性的系統上卻沒有任何東西可被修訂（這類例子顯示在十八世紀自然學家對於礦、植物範圍，以及化石起源與生命或自然的界限之題的討論）。這些「添加」的過程會被一個駁斥其存在的證明，或使其不再運作的發現而保持明確的開展或閉關。其他的則招致「聲明」範圍的**重新組合**：它們提出了許多問題，諸如一組「聲明」如何轉化成另一組「聲明」的可能性，使一組「聲明」可根據另一組發表的連接點，及它們融入一更廣泛空間的問題（所以導致方法／系統對立的兩派十八世紀自然史學家一連串的企圖，以期使兩者在同一描述形式中重建起來，給予「方法派」系統化的精謹規則性，並將「系統派」的武斷性與「方法派」的具體分析綜合起來）。它們不是被以一直線方式加諸於已存有的客體、觀念、「聲明」模式的新客體、新觀念、新「聲明」模式；而是另一層次（更概括的或更特殊）的客體。這些觀念有其他的結構及應用的範圍、另一種型態的「聲明」，然而卻不會改變形成的規則。其他的對立扮演一**批評**的角色：它們將話語運作的「可接納性」付諸施行；它們定義其效應上的不可能處及其歷史上反映的基點（所以在博物學本身，有所謂有機相似性的描述，及透過解剖可變因，在確定生存條件下的功能運行的描述，不再允許我們把博物學當作是根據可見的特徵所作的存在物的分類科學——至少當這一描述作爲自足的話語形構是如此的）。

所以，一個話語形構不是一個理想的、持續不輟的、平滑的作品，於繁複的矛盾之下行進，而且將這些矛盾化解於一連貫思潮的平靜一統體系中。它也不是一個表面，在其中一個矛盾由千百種不同方向反映它是永遠退閉卻是無所不在的統轄者。相反的，話語形構有許多衝突的空間、不同的對立關係，這些關係的層次和角色都必須被描寫。考掘式的分析因此將矛盾的首要條件樹立在一個同時肯定的也是否定的命題模式中。但是這樣做的理由不是要熨平思想總體形式中的對立，並強行藉重溯先驗（a priori）格式來平息它們。相反的，它的目的是測定在一特殊的話語行爲中它們（矛盾、對立）被組成的基點，去定義它們所承襲的形式、相互間的關係，以及它們統御的領域。簡言之，它的目的是保持話語的所有不規則狀態；而由此來壓抑在道統（Logos）未加細分的因素中，矛盾失而後得、去而後生的主題。

第四章 比較的事實

考掘學分析使話語形構個別獨立化並描述其特質。這意味著它必須比較這些話語形構，在它們同時出現的場合中使其相互對立，而且將它們與那些不屬於同一時間基準的話語形構分開，並在其特殊性的基礎上，將這些話語形構與圍繞它們並作爲它們一總括性因素的「非話語」行爲相連接。在這方面，對話語形構的考掘分析也與認識論（epistemological）或「知識體系」（architectonic）論的描述大相徑庭。後兩者只分析一個理論的內在結構，而考掘學是永遠在繁複的狀態中。它在許多層次運作；它跨越各樣的交會處與鴻溝；它有它自己的領域，在其中各種「一統」的體系被並立、分離、安置其高潮、互相對立，而且其間的空檔也被予以強調。當考掘學分析專注於一特殊型態的話語時（像在《文明與瘋狂》中的精神病理學，或《診療所的誕生》中的醫學），它希望由比較的方式建立話語在時序上的局限；它也希望在與那些時序限制同時並相關聯的情形下，描述一話語制度上的範疇，一組事件、行爲及政治決定，一系列包容了人口統計學升降的經濟學過程，公眾濟助的技巧，人力需要，不同的失業層次等。但考掘學分析也可以經由一種側面的**親密關係**（rapprochement）（就像在《事物的類別》中一樣），將幾種不同的「實效性」付諸運用，將這些實效性互隨共存的狀態放在一特定的時間內比較，也將它們與那些在一時期內已發生的其他種話語相交。

但所有這些分析都與人們通常所作的大不相同。

(1)在考掘學分析中，比較是永遠具有限制性及局部性的。考掘學決非是想表明共所分析者的總括形式，它僅試圖勾勒出特殊結構的大概來。當我們比較新古典時期的「綜合文法」、「財富分析」、「博物學」時，並不是要重新組合十七和十八世紀一般心態的表徵——特別是那些到目前爲止仍被忽略但卻具有表達價值者。我們也不是要以一化約的模式和特別的領域爲基礎，去重組運作於新古典時期科學中的理性形式。我們更不是要去彰顯那些我們以爲是視而不見的一些文化形象。我們主要的目的不在於表示十八世紀的人們，「大體而言」對類別（order）較之對歷史來得有興趣，或是對分類較之對發展（development），以及對符號（signs）較之對因果的作用來得有興趣。我們主要的目的是去表明一套已排比良好的話語形構。而在這些形構間有許多可資描述的關係存在。這些關係並不會流洩滲入到別的領域中，而且不能與所謂的當代話語之總體混爲一談，更不能與所謂的「新古典時代精神」相混淆。

這些關係是嚴格限定在上面所提的三個領域所構成的組合中，而且也只有在其特有的領域內才爲眞確。這種相互話語組合（interdiscursive group）是以群落的形式來與其他種話語相結合（一方面以表象的分析、符號的總體理論，及意識形態的形式，另一方面以數學、代數分析，以及建立數理分析〔mathesis〕的形式）。它們是那些標明「博物學」、「財富分析」，及「綜合文法」爲一特殊組合的內在及外在關係，而且也使得我們自其中認出一**相互話語的結構**（interdiscursive configuration）。

也許有人會說：「爲什麼傅柯你不談談宇宙論、生理學，或聖經註釋呢？難道拉瓦西（Lavoisier）之前的化學，或是俄勒（Euler）的數學，或維柯（Vico）的歷史不已經推翻了在《事物的類別》一書中的許多分析了嗎？有鑒於十八世紀豐富的發明想像力，難道沒有許多的想法與考掘學呆板的格式系統格格不入嗎？」這些人的不耐是有其理由的。而對他們所提出的信而有徵的反駁，我會回答：「當然我承認我的分析是有局限性的。不僅如此，我也希望我的分析有此局限性；我已經刻意讓它如此。」對我而言，那些反駁的例證將恰好是可以這麼說：「在你所描述的三個特殊形構中的這些關係，歸屬、聲名、命名，及引伸等理論相互說明的這些系統網絡，所有基於一不連貫的標示及連貫的秩序所形成的分類上，都可發現一種一律性。而在同一方式下，在幾何學、理性力學、氣質（humours）及細菌的生理學、聖經批評，及方興未艾的結晶學也可發現一種一律性。」這種反駁爲的就是要證明我沒有像我自稱那樣描述一實效**相互交錯**（interpositivity）的地帶。我原可以標示出一時代的科學精神——而這類找出時代精神的活動是我整個治學之業所力加反對的。在定義、界說一特殊結構時，我所描寫的那些關係是眞確的：它們並不是描寫一文化整體面貌的標記。於那些倡導**世界觀**（weltanschauung）的人可要失望了。我堅認我所從事的研究是與他們非常不同的。凡是他們看作是一種空隙、一種泯除、一種錯誤者，對我而言是一種方法學上刻意的排斥。

但有人也許會說：「你已經把『綜合文法』與『博物學』及『財富分析』作了一番比較，但爲什麼不將它與在當時（十八世紀）運作的歷史學，或聖經批評、修辭學，及藝術學理論相比呢？這樣作你難道不會發現一極其不同的『實效相互交錯』領域嗎？如此，那你前面描述的種種又有什麼特殊之處呢？」「特殊之處」是一點也沒有的。我所作的描述是許多可資描述的組合之一罷了。事實上假如我們把「綜合文法」提出來而試著去定義與歷史訓練和作品批評的關係，我們當然會看到一些十分不同的關係系統的出現。而對這些關係的描述當然會顯示一話語相互指涉的網絡；該網絡雖與前者不同，但在某些地方仍是會重疊的。同樣的，自然學者的分類也可與病理學及生理學而不與文法或經濟學相比較。在這些方面新的「實效相互交錯」也會出現（我們只要將《事物的類別》一書中討論的分類學／文法／經濟學間的關係與《診療所的誕生》中研究的分類學／病理學的關係相比較，就可見端倪）。所以，這些網絡到底爲數多少並不是我們事先所能定義的。只有透過分析的試探才能顯示它們是否存在，或其中那一些存在（也就是說，那一些可以被描述）。此外，每一話語形構並不僅屬於這些系統中的某一個而已，而是同時進入到幾個不同的關係範疇；在這些不同範疇中，話語形構並不是佔有同樣的地位，或運作著同樣的功能（分類學／病理學的關係與分類學／文法關係並非是同形同構的；文法／財富分析的關係與文法／註經學的關係也不是同形同構的）。

由上所述，考掘學的準則不在於作爲「一」種科學、「一」種理性法則、「一」種心態、「一」種文化。考掘學代表一種實效性相互交錯的角度，它的局限及交會點並不能在單一的運作下就確定了。考掘學是一種比較的分析，意不在化約各話語間的分歧性，或勾勒統合各話語的總體性，而在將其分歧區分成不同的象徵。考掘學式的比較不會帶來總合性的效果，而是帶來分歧性的效果。

(2)當我們面對十七、八世紀的「綜合文法」、「博物學」，及「財富分析」時，我們也許會奇怪當時的語言學家、自然學家，及經濟學家到底分享了什麼樣的觀念。我們也許會好奇，儘管他們理論互有歧異，內裡到底分享了什麼樣的假說；他們遵從著什麼樣秘而不宣的大原則。我們也許會好奇語言學的分析對分類學產生了什麼樣的影響，或是在有關財富的理論中一個秩序井然的自然觀扮演了什麼樣的角色。我們也許會研究這些不同形式的話語各別流佈的情形、其威望的增長、因應其資歷（或相反的由於其新穎）或其周密性而分別賦予之價值、消息得以相互交流的管道。最後，就像傳統分析所顯示的一樣，我們也可以奇怪盧梭究竟在何種程度下將其生物方面的知識經驗傳送到他對語言及其源啓的分析上；杜葛將其對貨幣製造分析應用到語言及字源學的理論上時，又是基於什麼樣的共同理論；分類學家如李諾和亞當孫者又是如何重拾語言是世界性、人爲而完美的觀念。當然，這些問題（不少其中一部分）是言之成理的。但這其中沒有一項是與考掘學有關聯的。

考掘學所希望表明的——在各種不同的話語形構所保持的特殊性及距離下——主要是各類「話語形構」於形構規則的層次上所顯現的類比及不同的關係作用。這隱含了下列五點工作。

(a)去顯現在同樣的規則基礎下被形成的話語因素可以有多麼的不同（例如形成有關動詞、主詞、補語、字根等綜合文法觀念的基礎，與形成極其不同而性質互異其趣的博物學和經濟學觀念的基礎，兩者所根據的話語範疇的排比，如歸屬理論、「聲明」、命名、源啓等，都是一樣的）。也就是要去顯現不同形構間**考掘學式的異質同形關係**（archaeological isomorphisms）。

(b)去顯現在什麼程度這些規則可以或不可以用同樣方式應用，是否與同一秩序銜接，是否在不同話語型態下按照同樣的模式排比的（如「綜合文法」在同一秩序下遵循歸屬、「聲明」、命名、源啓的理論；而「博物學」及「財富分析」則將前兩者及後兩者再加組合，而且以相反的秩序將其相互連接）。也就是去定義每一形構的**考掘學的模式**（archaeological model）。

(c)去顯示所有不同的觀念，儘管它們應用的領域、它們形成的程度，以及最重要的他們歷史的淵源是多麼的不同，這些觀念（像那些表示價值和特殊性質，或價格及淵源特質的觀念）在「實效性」系統的分歧中佔據相似地位，也因此它們被賦予「考掘學的同樣地位」（archaeological isotopia）。

(d)在另一方面，一個單獨的觀念（這個觀念或許由一個字來表示）可以包含兩個考掘學上的不同成分（進化和源起的觀念在「綜合文法」和「博物學」的「實效性」系統上，既沒有同樣的角色和地位，也沒有同樣的形構）；故我們要顯示**考掘學上的轉位**（archaeological shifts）。

(e)最後，去顯示主從及互補的關係是如何從一「實效性」至另一「實效性」建立的（職是，與「財富的分析」與「種屬的分析」相關聯的、在古典時期語言的描述佔據了主導的地位，這是因爲語言的描述是一有關官式化符號如何複製、標明、代表「重現」本身的理論之故）；也就是要建立**考掘學相互關係**（archaeological correlations）的企圖。

以上這些描述沒有一項是以影響、交換、訊息傳遞，或聯絡的貢獻爲基礎。這並不是說我要否定它們的存在，或否定它們是否可以作爲一個描述的對象。我所試圖作的是自這些行動中退一步，好去轉移分析的攻擊層次，去顯明使這些行動成爲可能的因素是什麼；去劃定從那裡一觀念可能投射到另一觀念上去；去確定使得方法或技術轉移成爲可能的共同點；去顯示那些使得概述綜論成爲可能的親近性、類比、平衡性是什麼；簡言之，就是去描述一個向量及差別性感受性（其可透性及不可透性）的範圍，這一範圍正是使得話語交互作用的歷史性條件。「實效相互交錯」性所形成的結構並非是一組相近的範圍；它也不是一肉眼可識別的相似性現象。它不只是幾個話語與另一話語間的整體關係，它也是它們之間相互聯絡的定律。我們不能因爲盧梭及其他的人對類屬的秩序及語言的源起皆輪番作過反省，就說在文法與分類學間就有互換情形或其他種關係的發生。也不能因爲杜葛在勞（Law）和培帝之後，把貨幣當作是一符號，就可說他們使經濟和語言的理論結合到一起，而且它們的歷史帶有這些企圖的痕跡。相反的，這意味著（假如我們想去作一考掘學式的描述）這三者之「實效性」是如此，所以在全集、作者、個人存在、計劃，及意圖等的層次上，我們都可以發現到這樣的置換。

(3)考掘學也揭露了話語形構及非話語領域（制度、政治事件、經濟運作及過程）間的關係。這些**親密關係**並不意味著揭露偉大的文化延續性，也不是要標示因果律的結構。面對著一套表述的事實，考掘學並不問使它們發動運作的原因是什麼（即找尋形成的背景狀況）；它也不要去重新發現它們裡面所表現的是什麼（這是詮釋學派的工作）；它試著決定統治它的形構規則（以及突現它所屬之特殊積極性的那些形構規則）是如何可以和非話語系統相連接起來。它試著去定義聲明表述的特別形式。

讓我們以臨床醫學來作個例子。它在十八世紀末建立之際是與很多政治事件、經濟現象，以及制度轉變同時發生的。在這些事業與醫院醫學的組織之間，我們很容易懷疑某些關聯的存在，至少我們的直覺是會如是想的。但是我們如何分析這些關聯呢？一個象徵性的分析會在臨床醫學的組織與相隨發生的歷史過程間，看出兩種同時性的表現。這兩種表現相互反映和象徵，相互借鏡，而它們的意義就是在無窮盡的反射中來捕捉。這兩種表現事實上只表現了它們所共有的那個形式。所以醫學的觀念如器官的結合一致、功能上的連結、生理組織的溝通等——以及因傾向於身體相互作用的分析而放棄將疾病分門別類的原則——也許對應一政治的運作（以便反映那些觀念，但也在那些觀念中被反映）。而由這樣的一個政治運作我們可發現，在靜態的封建式階級結構下，一個功能型態的各種關係、經濟的關聯、一個社會它的仰賴及互惠都提供一生命的社會形式的類比。另外一方面，一因果式的分析會試著去發現政治變動或經濟轉變會影響科學家的意識到什麼樣的程度——意即他們興趣的水平及方向、他們的價值系統、他們感受事物的方式、他們理性思維的風格。所以，在工業資本主義開始重新計量它所需的人力的時代，疾病也納入一社會的層面：健康的維護、治療、貧病的公共協助、對病因及病源的追溯，都變成國家所需擔負的集體責任。因此，人類身體的價值有如工具般作用，我們必須根據別的科學爲基礎來將醫藥理性化，去維持一群人口健康水準的努力、對治療及癒後所花費的心力，以及長期現象的紀錄等，均與工業資本主義有關。

考掘學將它的分析置放在另一層次。表現、反應，及象徵等現象對考掘學而言，只是一種追求形式類比所作的解釋，或翻譯意義時所產生的效果。至於因果關係，它們也許只存在上下文或條件的層次，而其效果只及於話語的主體。不論如何，只要我們定義它們出現的「實效性」以及這些「實效性」之形成所依循的規則，我們就可以界定這兩者。標明一話語形構的關係範圍是一個場所，在其中象徵化及效果可以被感受、置放及決定。假如考掘學將醫學的話語與其他的運作拉得近些，這決不是要發現像「表現」、「現成」的關係，而是要去發掘那些比透過說話主體意識來銜接的因果律更直接的關係。考掘學不僅想要去顯示政治運作如何決定醫學話語的意義與形式，而且要去顯示政治運作如何以及用何種形式參與醫學話語的出現、嵌入，及功用的條件。這樣的關係也許分佈在好幾個層次上。第一它是出現在醫學客體的區分和界定上。這當然不是說十九世紀初的政治運作將組織官能損害，或解剖、生理學相關聯等新觀念加諸到醫學上，而是說政治運作爲界定醫學研究的對象展開了新的領域

（這些領域是由行政上被區分及監督的人口總合所組成，按照某種生命與健康的規則來衡量，並按照文件及統計的註册形式來分析。這些領域也是由法國革命期間及拿破崙時期被徵集的軍隊所組成，並帶有它們醫藥控制的特別形式。它們也是由十八世紀末、十九世紀初所定義之醫院救治機構，配合當時經濟需要及社會階級間互惠地位所形成的領域）。我們也可在醫生的地位上看到政治運作與醫學話語的關係。醫生在此話語中不只是特權也是唯一的發號施令者。這一地位是經由醫生與住院病人或他的私人業務間（經由教學及以這種知識權威化的模式）所形成的官式化關係所形成。最後，我們也可在歸因於醫學話語，或當醫學被需要時，看到政治運作對醫學話語的影響。這可見諸於判斷個人、作行政決定、制定社會規範、解釋另一命令的內在矛盾（以便解決或隱藏這些衝突，給予社會的分析以及有關社會之運作一自然型態的模子）。所以整個問題所在並不是要顯示一個社會的政治運作如何的組成或變更醫學的觀念或病理學的理論結構。而是要顯示，醫學話語特定對象範圍，當它發現自己是在一群有特別地位的人手中，以及在社會中有某種運行功能時，是如何的基於其話語以外的運作來表明自身立場，而這些運作本身並非一種話語的類別。

假如在以上的分析中，考掘學中止了表現與反映的主題，假如考掘學拒絕在話語中去觀察（位於別處的）事件或過程之象徵投射的表面，它並不是要再去發現一個可被一一分述的因果序列，而且此一序列會使一個發現與一事件，或一觀念與一社會結構的連結成爲可能。

另一方面，假如考掘學中止了這樣一個因果分析，假如它想避免透過話語主體的必要關聯，它也並不是要保證話語的領域及單一獨立性，而是要去發現一話語運作的存在範疇與功能。換句話說，話語的考掘學式描述是位於一統合歷史的層面上來進行。它想要去發現那些制度、經濟過程，及社會關係的整個領域，在其上一話語形構可以被說明。考掘學式描述試圖顯示，話語的自主自轄性以及其特殊性其實並不能給予它一純理想及歷史上完全獨立的地位。考掘學描述所想揭示的是一特殊的階層，在其中歷史可以給一些明確的話語型態一個地位，而這些明確的形式有它們自己的歷史性，而且是與其他各式各樣歷史性所構成的整體相結合。

第五章 改變與轉型

現在讓我們來討論對於「轉變」的考掘學描述。

不管我們對傳統思想史能作出什麼樣的理論性批評，傳統思想史至少是把時間的延續現象當作是它基本的主題，按照演化進展的次序觀念來分析各種觀念，並以此來描述話語在歷史上如何分佈。但是，考掘學對歷史的處理似乎是好像要把它凍結起來一樣。一方面，藉著對話語形構的描述，考掘學忽視了它們所可能顯現出來的時間關係；考掘學想要去找話語在時間上的每一點所奉行不二的通則。但難道考掘學不因此就把「同時性」(synchrony)的形式強行加在一可能是很慢而且無法感知的發展上了嗎？在這個「觀念的世界」中，其本身即已不值信賴，而其中看來最穩固的形物也如此刹那般的消逝，在其中有許多不規則的事物發生且其地位日後被確定，而且在其中未來只衍生出更多的未來，而過去又不停的變易。有鑒於此，考掘學所論的「靜止」的思想不是難以成立嗎？而在另一方面，就算考掘學的確按著年代先後來敍述某事，它看起來是站在「實效性」的邊緣去落實兩件事情：即話語出現和消失的時刻，就好像其間時間的久暫只是用來確立這樣一個粗糙的時刻表，其本身的意義卻在整個分析中被刪除；就好像時間只存在於間斷的空隙中，存在於那蒼白而（似非而是的）超時間的罅裂中，在其中一個突發的構造不斷取代另一個。不管是作爲一個「實效性」的同時性結構，或是作爲替換的瞬間性，時間都被消解了，而且隨著「時間」而來的一種歷史性描述的可能性也因之而消逝。話語是自發展的法則中摘取出來的，而且是建立於一並不連貫的超時空性之中。它是四散分列而且固定不動的。它們是在永恆中流離的碎片。但是我們對此卻無能爲力；數個永恆相互接續、固定不變的印象輪流接連消失，它們並不構成運動、時間，或歷史。

但這整個問題仍需詳加討論。

一

首先讓我們拿話語形構中明顯的「同時性」來作例子。有一件事是眞確的：在每一樣「聲明」中建立規則是沒有用的，而且這些規則也不可能在每一「聲明」中運用的那麼好；它們並不隨機而變。它們可以在時代上差距極大的「聲明」或各組「聲明」中作用。比如說，我們曾看到將近一世紀之久——從突尼佛到杰素——博物學的各個不同處理對象都依循著同一套形構法則。我們可以看到在蘭斯勒、康底拉克（Condillac）及載斯都•德特拉希（Destutt de Tracy）等人的作品中，所用的歸屬理論及其扮演的角色是相同的。此外，我們也看到以考掘學爲淵源的「聲明」秩序並不一定會再產生順序的秩序。我們可以發現布基（Beauzée）的「聲明」在考掘學上的地位是先於那些波特-羅耶派的文法學的。在這樣的分析中，時間的順序是被擱置了——或者更具體的說，形構先後形成的時間表是被打破了。但是這種擱置爲的正是要揭露那些刻劃話語形構之時間性的關係，並且將它們理出頭緒，務使這些關係的交錯不會妨礙分析。

(1)考掘學定義一組「聲明」的形構規則。在此方式下它會顯示一連串的事件在呈現它們的同一分類下，如何可能成爲一話語的對象，被記錄下來，被描寫解釋，被推演成爲觀念，且爲理論性之選擇提供了機會。考掘學分析一個話語的可滲透性的程度及形式。它提供該話語在一連串接續事件中自明的原則；它界定事件被轉化成「聲明」過程中所仰賴的那些作用者。比如說，考掘學並不質難十七世紀及十八世紀初期的財富分析以及龐大貨幣升降間的關係；它試著顯示在這些危機中，何者可以被視作是話語的目標，這些危機如何在這一目標中得以被觀念化；在整個過程中相互衝突的利益如何在其間佈署其策略。或是從另一方面而論，考掘學也會聲稱一八三二年流行的霍亂是與當代醫學話語息息相關的一個事件：它顯示醫學的話語是如何的將這樣一組規則付諸運作，以使得一整個醫學目標的領域得以被認識，或一整組的記錄方法得以被運用，發炎的觀念可以被拋棄，而熱病的陳舊理論問題因此被一勞永逸的解決。考掘學不否定新「聲明」與「外緣」事件相互爲用之關係的可能性：它的工作是顯示，在什麼樣的條件下，一個相互爲用的關係得以在其間存在，及該關係到底包含了什麼（它的局限、形式、符號，及可能性的法則是什麼）。考掘學不企圖去規避那使得話語與事件相符相成的流動性；它試著要去解放該流動性被限定作用的層次——就是所謂的**事件性約定**（eventual engagement）。（是一對每一話語形構極其特別的約定；比如說在財富分析及政治經濟學，在過去「體質」醫學及現代傳染病學上）它並沒有同樣的規則、同樣的操作者，或同樣的感性。

(2)此外，所有被考掘學賦予一「實效性」的形構規則並沒有同樣的概括性；其中有的較明確且源自其他規則。這些主從關係也許只是階序性的，但它也可包含一時間向量。所以在「綜合文法」中，動詞屬性的理論與名詞發聲（articulation）是相互連貫的，而且第二個是接著第一個來的。但這並不意味後者可以決定兩者間的秩序（演繹成修辭等已被選爲作此闡述者除外）。另一方面，對於補語及找尋字根的分析，只有在表示歸屬的句子或者名詞作爲表明事物之分析符號的觀念被發展後，才會出現（或再出現）。另一例子是，在新古典時期，生物的延續原則是在物種按照結構特色之分類上可看出端倪。就此意義而言，兩者是同時並進的。另一方面，只有當這一分類被實行之際，其空隙、鴻溝才可以在一自然史、地球史，或物種歷史的格式分類中被解釋。換句話說，對形構規則作考掘學式的分門別類並不是一同時並舉、劃一整齊的網絡。在其中存在著暫時是中立的關係、分枝，及淵源；其中也存在著其他種暗示一特別時間指向的關係、分枝，及淵源。考掘學所用以作爲其模式者既非一純粹邏輯性的同時性階層，也不是一事件的直線接續秩序。但考掘學試著去顯示話語形構相互間必須接連的關係，以及屬於他種情況的話語間關係交互錯綜的情形。所以考掘學不相信一個「實效性」系統是一個在時間上必須是同時發生的形象，也不相信我們只有擱置整個前後時間進行的過程時，才能體察到此一系統。考掘學對前後程序絕非漠然不顧，而是要規劃出淵源的時間上取向（temporal vectors of derivation）。

對於本身是以先後順序方式出陳的話語，考掘學並不想將其視爲同時發生；它也不想凍結時間，或者用一靜止不動的關聯性來取代事物的流動。考掘學所要叫停的是那個視先後順序爲絕對的主題：該主題以爲有一根本的、不能分化的順序，且話語得向這一順序稱臣。就是對這樣的主題考掘學企圖代之以一些分析，這些分析既揭露重疊於話語中的各種接續的

「形式」（「形式」一詞在此不只意味著節奏或原因，也意味著順序本身），也揭露了這些如此被標明的順序如何的被釐清表明。我們不再追尋一原始時間先後的線索，及因此而建立的一些連續或同時性事件的編年排列表，或是久暫的過程，長短的現象的編年排列的過程。相反的，我們試著顯示順序是在什麼情況下才可能存在，我們在什麼樣的階層可以找到不同的順序情形。如果我們想要構築成一話語的考掘學歷史，我們必須自兩個久已存在的模子中解放出來。這兩個模子一個是言語（以及部分是書寫）的直線模式，在其中所有的事件相互連接而沒有任何同時衝突或重疊的效果；另一是意識流的模子，它的出現永遠使自己規避於對未來的開展之中或者對過去的保持之中。這聽起來雖然有點弔詭，但話語形構並沒有像意識流那樣的歷史性或者語言的直線性。話語，至少像考掘學所分析的那樣（就是在它「實效性」的層次上），不是一個以語言（langage）那樣外在形式所具體化的一個意識；它也不是一個語言（langue）外加一個主體去說這個語言。它是一個擁有自己順序及連貫形式的運作。

二

考掘學比思想史更喜歡談論話語不連貫、間隙、鴻溝等全新的「實效」形式，以及突發的話語再分配的情形。傳統上，政治經濟的運作是找尋支持及預測李嘉圖的理論分析、方法，及主要觀念的每一樣東西，或是每一樣使他的發現更爲可信的證據。而比較文法的歷史則是去重新發現在包普及拉斯克（Rask）以前對語言親屬起源關係的研究；也就是說要去決定安哥提-杜勃隆（Anquetil-Duperron）對印歐語系的組合有多少貢獻。它是要去發現（在一七六九年）首次關於拉丁文及梵文的比較；它甚至可使我們回溯到哈里斯（Harris）或拉穆（Ramus）。考掘學則反其道而行，它是想把歷史家們明明白白打起來的結都解開。它增加了不同之處，混淆各溝通的線索，而且要使它自一事物過渡到另一事物的過程更形複雜。它並不要試著顯示重農主義式對生產的分析照映了李嘉圖的分析；而且如果我們要說哥杜預示了包普的理論，考掘學也不認爲這是對本身的分析相關。

但這種對不連貫性的堅持到底對應什麼呢？事實上，它只有在與思想史的運作發生關聯時才顯得似非而是。換句話說，考掘學是思想史（及其所關懷的連貫、轉移、預示、預期）的一種弔詭的運作。從道賓頓到居維耶，從安哥提到包普，從葛斯藍（Graslin）、杜葛，或佛勃內（Forbonnais）到李嘉圖，即使在間隔如此之小的時序上，其間的差別也是不可計數的。有的差別是區域性的，有的則涵蓋較廣。有的差別有關方法，其他則有關觀念，有時有些差別是有關話語對象的領域，其他時候則有關整個語言學的工具。最令人注目的則仍是醫學上的例子。從一七九〇到一八一五年短短四分之一世紀的時間，醫學話語上的轉變比十七世紀以來，或甚至中世紀以來，也許甚至自希臘時代以來的轉變，都要來得深遠。這　轉變顯露了新的對象（有機組織障礙、深層位置、組織的改造、官能間散佈的方法與形式，解剖了一臨床症候及相互關係）、觀察的技巧、偵察病源及記錄的技巧；也顯露了一個新的感官網絡，以及幾乎是煥然一新的語彙；新的觀念及疾病規劃學的組合（像熱病、體質等極古老的分類終於消失；而像肺病這樣長久以來即存在的病終於被分離出來而且被命名）。那些認爲考掘學以武斷的方式發明各種歧異性的人是決不可能曾看過《病源學》（*La Nosographie philosophique*）或《薄膜論》（*Traité des membranes*）的。考掘學只是想嚴肅的處理這些歧異的情形；去提供一些線索，決定它們應如何區分，它們之間是如何糾結纏繞，它們之間如何互相統治及被統治，它們屬於那些明確的類別。簡言之，去描寫這些不同，而不是在這些不同之間建立一「不同」的系統。假如我們說考掘學中有一弔詭的情形，那麼就是它不會增加不同的情形，但它拒絕去減少這些不同的情形（而因此改變它們常態的價值）。但對思想史而言，歧異不同現象的出現卻意味是種錯誤，是一陷阱。聰明的思想史家不去檢視那些不同處，卻汲汲於減少它們：在表面的不同之下找出較小的不同，在其下再找出更小的不同，直到他到達一理想的限度，就是完美連貫性下的一致無差。另一方面，考掘學所描述對象通常都被以爲是一障礙。它的目標不是去克服不同，而是要去分析它們，去說明它們確實組成的因素，去**區別**它們。但此一「區別」工作又是如何操作的呢？

(1)考掘學不把話語看作是由一連串性質相同的事件所組成的。相反的，考掘學在話語綿密的內涵中區分眾多事件的幾個可能的層次：如「聲明」本身以其特有方式崛起的層次；話語對象的出現，聲明之模式、觀念、策略的選擇（或影響那些已存在者的轉型）的層次；新的形構規則，基於已在運作之規則而衍生的層次——但這永遠是在單一「實效性」因素中進行。最後在第四個階層，某一話語形構取代另一話語形構的情形發生（或者僅止於一「實效性」之出現或消失）。這些事件也許是極其稀有的，但對考掘學而言，卻是極重要的。因爲無論如何，只有考掘學能揭露它們。但這些事件卻不是考掘學描述的唯一目標。如果以爲這些事件可以完全控制其他事件，或是它們會導致上述各階層中同樣的、同時發生的縫隙，是極錯誤的想法。所有那些發生在綿密的話語中的事件不是立即就相互偎依稱臣的。當然，一話語形構的出現通常是與話語對象、「聲明」形式、觀念、策略的大量更新相互爲用（這卻不是一通行的原則，十七世紀時「綜合文法」的建立並未基於文法傳統的明顯扭轉）；但要去決定那一特定的觀念或目標突然標明其存在則是不可能的。所以我們不應按照那些也許適合於一模式之崛起，或一個文字之出現的分類法來描述這樣一個事件。去問「誰是該事件的作者，誰在說話，在何種情況及條件下說話，有什麼居心、計劃？」這類的問題是沒有用的，一個新的「實效性」的出現是不會爲一新的句子（沒想過的、令人吃驚的、邏輯上不可測的、風格上超越常軌的）被納入一「作品」中，並宣稱新的一章開始，或新的說話者登場所顯示。

那是一種極其不同型態的事件。

(2)如果我們爲了要去分析這樣的事件，但僅止去指明轉變，並將其立即連結到神學、美學創作的模式（連帶其超越性、它的原創性及發明），或連結到意識行動的心理學模式（連帶其以前的隱晦性、它的期許、對它較有利的情況、它復原的力量），或連結到進化的生物學模式，這都是不夠的。我們必須精確的定義這改變由什麼組成：那就是用對「轉型」的分析取代一對「改變」的粗略指涉——「轉變」既是對所有事件之概括性的包含體，也是這些事件之順序的一個抽象原則。一個「實效性」的消失及另一「實效性」的崛起暗示了好幾種型態的轉型。自較個別者進而至較概括者，我們可以也必須一一加以描述。一個形構系統的不同因素是如何被轉型的（比如說，十八世紀末在失業率及勞工需求的比率上其變化爲如何？有關大學及同業工會的政治決定爲何？對公眾協助的新需求及可能性爲何？——所有這些都是臨床醫學形成系統的因素）；一形構系統的特殊關係是如何轉型（比如說，在十七世紀中，在永久範圍、語言符號、工具運用，及爲生存物之話語所運用的訊息間的關係是如何被改變，以致使正確對應自然的目標之定義成爲可能）；不同形構規則間的關係是如何被轉型（比如說，生物學修正了博物學在特性化及時序淵源間所建立的秩序及依屬關係）；最後，各種「實效性」間的關係是如何轉型（語言文獻學、生物學，及經濟學間的關係如何轉變了「綜合文法」、「博物學」、「財富分析」間的關係；這三個關目間的特別關係所標示的話語互補性結構是如何被分化；它們與數學及哲學間的個別關係是如何被修訂；其他話語形構的地位是如何出現；尤其後來又被冠以人文科學之名的「實效性相互交錯」的話語是如何取得其他地位）。考掘學不指涉到改變的活力（好像該轉變是它自己的原則），也不找尋其原因（好像它僅只是一個效果）。考掘學企圖建立使「改變」得以發生的那個「轉型」系統。它試著去發展「改變」這個空虛的、抽象的觀念，以冀賦予它可以被分析的「轉型」地位。我們很可以理解有些人對那些歷史（運動、流變、演進）賴以維繫其想像已達一個半世紀之久的隱喻，仍然依戀不已，所以他們視考掘學僅爲一種對歷史的否定，以及對不連貫性很粗淺的認定。事實上是他們不能接受「改變」必須捨棄所有這類偶然的模式，而且「改變」必須捨棄它作爲一種放之四海而皆準的優越性，以及其作爲一總體效應的地位。他們也不能接受「改變」應爲各種不同「轉型」分析所取代的事實。

(3)當我們說一個話語形構取代另一個時，這不是說一整個新目標、新「聲明」、新觀念，及新的理論選擇的世界會全副武裝、整齊有序的崛起於一個「作品」或文本，而該「作品」將會一勞永逸的把那個世界安頓妥當。而是說一關係的整體轉型已經發生，但這一轉型並不見得要扭轉所有的因素；就是說「聲明」是爲新的形構規則所統治，而不是說所有的目標或觀念、所有「聲明」或理論選擇都消失不見了。相反的，在這些新規則的基礎之上，我們可以描述並分析連貫、回歸，及重複的現象。我們不應忘記一個形構規則既非是一目標的決定權，也非是一「聲明」型態的特殊化，更非一觀念的形式或內容，而是它們的繁衍與散佈的原則。這些因素之一（或這些因素中的幾個）也許會保持不變（保持同樣的區分、同樣的特色、同樣的結構），但卻屬於不同的散置系統，且爲不同的形構法則所統轄。職是，我們在此現象中可發現：有些貫穿幾個不同的「實效性」而保持不變的元素，它們的形式與內容或可保持不變，但是它們的形式結構卻性質各異（比方說貨幣流通先是「財富分析」的目標，然後又成爲「政治經濟學」的目標；特色〔character〕先爲「博物學」的目標，然後又成爲「生物學」的目標）。另外有些元素是在一話語形構中組成、修正，或組織，而這些元素在最後穩定落實之後，又形成另一話語形構（就像康居漢所示，反射的觀念是自威理斯到波沙斯卡，是在古典科學中形成，再進展成現代生理學）；還有些元素是在一話語形構中以一最終源頭的型態出現，而且在其後的話語形構裡佔有重要的地位（如有機體的觀念，在十八世紀末博物學中出現，作爲一整個特性化組織分類工作的結果，此一觀念在居維耶時期的生物學中成爲主要觀念。又如組織官能障礙部位的觀念是由摩甘尼所發現，但卻成爲臨床醫學的主要概念之一）。尙有一些元素在經過一個時期的廢止、遺忘，或推翻後又重新出現（像李諾式〔Linnaean〕的固定論重新出現於生物學家居維耶的討論中；或如一老的原始語言觀念又在十八世紀活躍起來）。考掘學不去否定這些現象，也不去減低它們的重要性。相反的，考掘學要去描述及衡量它們：這些永恆性或重複，這樣長久的順序，或如此被投射的曲線是如何透過時間存在的？考掘學並沒有把持著可以解決這一切問題的最終秘訣。相反的，它認爲那些「相同的」、「重複的」，以及「不間斷的」問題並不少於「縫隙」所顯示的。對於考掘學而言，它分析的結果並不見得是非要找出事物齊一的、連貫的現象；這些現象也是在一話語運作中形成；它們也受形構及實效性規則的控制。這些現象不僅遠不能顯示我們喜歡用來作爲「改變」準繩的基本慣性，它們自己也受制於實效性形成的規則。對那些批評考掘學只關懷不連貫性的分析者，對所有懼於歷史與時間的廣漠感的人而言，對於那些混淆縫隙與非理性的人而言，我會回答：「正因爲是你那樣的運用連貫性的觀念，你才貶低了它的價值；你把連續性當作所有其他事物必須相連的附屬品；你把它當作是任何話語運作的基本法則和重心。你喜歡在這一慣性的範圍內來分析每一修正、改變的情況，像是一個人在引力範圍內分析每一運動。但當你把這一地位與「連貫」一觀念相靠攏，你只是將其中立化，使其趨於時間的外在界限，朝向一眞正的被動性而已。考掘學則建議扭轉這一安排，或換個方式說，（在我們不希望僅賦予「不連貫」一個以前屬於「連貫」的角色的前提下），我們想要使「連貫」與「不連貫」等相頡頏；去顯示「連貫」的形成其實也按照使「散置」現象產生的同一規則及條件；並顯示「連貫」的現象是如何像其他「歧異」、「發明」、「創新」，或「離逸」等一樣的進入話語運作的範疇；一點不多，一點不少。

(4)「實效性」的出現與消失，它們所導致的交互替換的作用，並不會同樣構成發生在所有地方性質相同的過程。我們決不能想像「縫隙」是一種巨流，它能同時挾領所有的話語形構。「縫隙」不是一位於兩明顯階段間未經區分的間隔——甚至只是暫時的間隔。「縫隙」不是一種失誤，缺乏分離兩個時期的間隔，也不是那將兩個性質互異的階段分置於裂縫的兩邊。「縫隙」永遠是兩個特別的「實效性」間許多不同的轉型所來表明的「不連貫」情形。所以，對考掘學上的裂痕作分析是要在這許多不同的改變之間，建立類比與歧異、階序、補充性、一致性，及逆轉：簡言之，去描述「不連貫」現象本身的佈置情形。

有一種觀念以爲，在一時間內，會突然有一個裂痕將所有的話語形構分化，在單一的時刻內打散它們，並按照同樣的規則重新將其組合。這樣的一個觀念是不能持久的。幾個「轉型」的同時發生並不意味著它們在發生的時間順序上也必須相互吻合：每一轉型可以有它自己特別的「時間黏性」(temporal viscosity)尺度。「博物學」、「綜合文法」，及「財富分析」是以相似的方式構成的，而且三者都是符合十七世紀的主潮。但是「財富分析」的形構系統與許多情況與非話語性運作相連結（貨物的流通、金融的操縱及其效果、保護商業及製造業的系統、鑄錢用金屬礦藏的升降），因此才有近一世紀之久的緩慢過程（從格拉蒙

〔Grammont〕到堪提雍〔Cantillon〕）。然而另一方面「綜合文法」及「博物學」上的轉型的時間卻幾乎是發生在二十五年之間。相對的，同時發生、相似也互相連結的轉型並不必隸屬於一在話語的表面上被重複製造了好幾次，而且強加於所有的話語上一嚴格單一的縫隙形式。當我們描述導致語言學、生物學，及經濟學三者產生的那個考掘學的「突破」時，我們是要顯示這三者的「實效性」是如何的被連接（被符號分析的消失，及「再現」理論所連接），它能產生什麼樣的平衡對應效果（生物間有機式適應及總體性的觀念；語形論上連貫，以及語言中規律化的演進的觀念；生產形式有其內在法則及發展上的限制的觀念）。這一考掘學的突破也顯示這些轉型之間特別不同處是什麼（尤其是歷史性是以怎麼樣的一個特殊方式被介紹到這三種話語實效性中的，爲何它們與歷史的關係因此就不會相同，即使它們和歷史都有一特定的關係）。

最後，在不同的考掘學式「裂隙」間也有重要的移轉——有時甚至在由許多非常接近，以及由許多關係連接的話語形構間也有重要的轉移。讓我們拿語言及歷史分析學科來作個例子：十九世紀初導致歷史、比較性文法的大轉型，是以將近半世紀在歷史話語中的激盪爲其前導。結果是，語言學所牽涉在內的「交互實效性」系統在十九世紀下半期受到了深遠的影響，但是語言學的「實效性」本身卻未嘗受到質疑，因此有了「片段的移轉」現象。對此我們可以再找一個有名的例子。像馬克思所建立的那種剩餘價值論或利益比率下降論，我們可以根據在李嘉圖作品中已運用的「實效性」之系統來描述。但這些觀念（雖然觀念是新的，但其形構規則則不是）顯然——就像出現在馬克思自己一樣——又同時屬於一不同的話語運作：它們是按照特別的法則在話語運作中形成，在其中它們佔有一不同的地位，他們並不以同樣的順序形成。這一新的「實效性」不是李嘉圖之分析的轉型；它也不是一新的政治經濟；它是一個環繞某些經濟觀念源頭所發生的話語。但相對的，這一話語也定義了經濟學家的話語發生的條件，也可能因此像一政治經濟理論或批判般的那樣紮實。

考掘學不強調裂痕的同時發生性，正如同它也摧毀改變與事件之抽象的統一性一樣。**時代**既非根本的統一性，也非其水平線，亦非其目標。假如考掘學談論這些事情，它永遠是藉特別的話語運作來談論，並且作爲其分析的結果。常爲考掘學分析所提及的古典時代不是一個時間上的型態強把其統一性及空白的形式加諸於所有的話語上。它是個冠在一團糾纏不清的連貫性與不連貫性、「實效性」本身的修正、話語形構的出現及消失的名字。同樣的，**縫隙**對考掘學而言不是它分析的支柱，或考掘學自遠處所指示的限制，而「縫隙」也不給予考掘學特殊性或決定它。「縫隙」是我們給「轉型」的一個名字，而這轉型與一個或數個話語形構的法則有關。所以法國大革命——到目前爲止我們所有考掘學式的分析都集中於此——並不扮演一個在話語之外的事件，我們有某種義務去在所有話語中發掘它分劃的效果。它的功用是作爲一複雜的、被明晰表達的、可以被描述的一組轉型，它們扔下許多未經斧鑿的「實效性」，爲其他的一些「實效性」訂下一些我們仍然奉行的規則，也建立了最近才在我們眼前消失的「實效性」。

第六章　科學與知識

在前述各章中，所有的分析中都被我加上一寧謐的界說，而沒有任何原則統治它，甚至它們的大綱也沒有被清楚的表示出來。所有引證的例子也都千篇一律的屬於一極狹小的範圍。我可以說完全沒有「涵蓋」，更不用說是分析話語廣闊的範疇：爲什麼我有計劃的忽略「文學的」、「哲學的」，或是「政治學」的作品呢？難道話語形構及實效性系統不在這些作品中也佔有一席之地嗎？而且就算是我把注意力局限在科學範圍之中，爲什麼我又對數學、物理學，及化學隻字不提呢？爲什麼我將注意力集中在這許多界限模糊、不甚精確，而且說不定永遠難以跨越科學性門檻的學科上呢？簡言之，考掘學與科學的分析兩者的關係到底是什麼呢？

一、「實效範疇」、學科、科學

第一個問題：在那些怪異的詞彙如「話語形構」及「實效範疇」等之下，難道考掘學所描述的與準科學（像心理病理學）、史前階級科學（像自然歷史），或完全爲意識形態所滲透的科學（像政治經濟學），不是大同小異嗎？難道考掘學所處理的不是那永遠是「半」科學狀態的事物嗎？假如我們稱一組「聲明」爲「學科」（discipline），（這些「聲明」的組織是借自科學的模式，這些模式傾向連貫與可舉證性，而且這些組織是被我們以科學方式所接受、制度化、傳導，或甚而教授），難道我們不能說考掘學所描述的「學科」並非眞正的科學，而另一方面知識論所描寫的科學是經由（或不顧）現存的「學科」基礎所形成的？

我要以否定的方式來回答這些問題。考掘學並不描述學科。這些學科在它們佈署地位最明顯的時候，充其量也只是作爲對「實效範疇」描述的起點而已。是這些學科並不設下這一描述的的界限，它們不會將一肯定有限的分畛加諸於其上；在分析之末它們也不會以進入分析時同樣的狀態再度出現；在已經建立的「學科」與話語形構之間，我們不能建立一個相輔相成的共同關係。

讓我們用一個例子來解釋這種扭曲的情況。《文明與瘋狂》一書的樞紐是十九世紀初年精神病理學科出現。這一學科與十八世紀醫學診療中有關「頭腦的疾病」或「神經的疾病」相較，可說既沒有相同的內容，也沒有同樣的內部組織。在醫學上亦無同樣的地位，沒有相同的實際功用，也沒有同樣的方法。但在檢查這個新的學科時，我們發現了兩種事情：使精神病理治療得以在當時出現，以及使得當時在觀念、分析、顯示的結構上產生如是巨變的主因，是一種整個由醫療、實習方式、社會上隔離病患與常人的條件以及程序、法律學的規則、工業勞工及中產階級道德尺度之間所形成的關係。簡言之，爲這一話語運作而突現其「聲明」的形構的那一整個關係組合。但這一運作不只顯現一只擁有科學地位及科學表達的學科中；在法律的條文中、在文學、在哲學中、在政治的決定，以及在日常生活中所作的聲明、所表達的意見裡，也可以發現這一運作。由精神病理學科所規劃的話語形構與這一學科並不在同一時空內擴張。恰恰相反，這一運作遠遠超過精神病學的邊界。此外，藉著回歸到時間及發掘在十七、十八世紀中先於精神病理學存在的是什麼，我們了解到在過去並沒有這樣的學科。古典時期的醫生所說有關「狂躁」、「狂亂」、「憂鬱」，及「神經疾病」等完全不可能構成一個完滿自足的學科，而充其量也只是對發燒、體質轉換、頭腦所受影響之分析作的評論而已。但是，即使任何有基礎的學科均付諸厥如，一個擁有其自己的規則性及連貫性的話語運作是在進行不輟的。這一話語運作當然可以在醫學上得見，但是我們也可以在行政規章、文學及哲學作品、宗教決疑論、義務勞工的理論與計劃、對窮人的幫助上得見。所以在新古典主義時代，我們已經有了話語形構及「實效範疇」來描述精神病學的梗概，但是卻沒有明確的學科能與之相比擬。

但是，雖然我們不能說「實效範疇」只是已建立之學科的翻版，但難道它們不是未來科學的原型嗎？我們談論話語形構一意時，難道不是意味著科學對它自己所作的回顧式投射，或是即將發生的影子，或預示科學將來是何模樣嗎？比如說，當我們以「財富分析」或「綜合文法」來分析事物，並給予其可能是極虛矯的自治狀態，難道不是顯而易見的「政治經濟」的雛型，或者是一極其嚴謹的語言科學的前奏嗎？考掘學難道不是想（藉著一個倒退的運動，其合理性無疑是很難建立）在一獨立的話語運作中，重新組合所有性質互異、四散分置的元素（而這些元素將證明是對科學建立的必須品）嗎？

再一次的，我們的答案是否定的。在「博物學」下所被分析的東西，並不以一單一的形象來包容那些在十七、十八世紀可能構置成一有關生命科學的原型，並在其合理的族譜傳統下形成。由此而揭露的「實效範疇」解釋了許多有關生物間相似和相異的聲明、它們可見的結構、它們個別特殊的及所屬種類的特色，它們可能分類、分割它們的「不連貫」現象，以及連接它們的過渡現象。但是這種「實效範疇」忽略許多其他的分析，而這些分析卻也出現在同一時期，並且也勾勒出生物學祖先形象的大概：這些分析包括如反射運動的分析（這對精神系統的解剖生理醫學之構成將有莫大的重要性）、細菌的理論（這似乎是爲進化及遺傳學預舖發展之路）、對動植物生長的解釋（這將是一般有機體的生理學的主要問題之一）。此外，自然歷史不但沒有預期一未來的生物學，恰相反的是，它──一個分類式的話語，與符號的理論以及有關秩序之科學的計劃相連接──憑其結實性及自轄性，排斥一有關生命之單一科學的構成。同樣的，那個被描述爲「綜合文法」的話語形構也決不考慮在古典時期中有關語言的每一件事，以及在其中那些後來爲語言學所發現的承繼和拒絕、發展和批評。「綜合文法」忽略了聖經詮釋學，以及爲維柯及赫爾德（Herder）所規劃的語言哲學。所以，話語形構並不是一些未來的科學處於昧暗而不自明的逐漸形成階段，事實上，這些話語形構並不是處於那有關科學之定向進化的目標論式籠罩之下。

因此，我們難道應該說只要有「實效性」的存在，就不會有科學嗎？或是「實效性」永遠是排斥科學的嗎？難道我們該假設「實效性」與科學的關係不是一種時序性的關係，它們實際上是科學以外其他可行的方法嗎？它們難道不是某一種知識缺陷的具體形象嗎？但在此我們可以發現一相對的例證。臨床醫學當然不是一種科學。這不僅因爲它與形式的標準不能配合，或達到物理學、化學，或甚至生理學所預期的那種嚴格標準，也是因爲它包含了一非常沒有組織的經驗式觀察、難以控制的實驗及結果、診療處方，以及制度化規定的大雜燴。但即使如此，此一非科學也不能排除於科學之外。在十九世紀中，它在這些完美結構成的科學如生理學、化學，或微生物學間建立了明確的關係。此外，它也引導了像病態解剖學這樣話語的產生，而如果我們稱之爲虛假的科學，無疑是太過不客氣了。

所以，話語形構既不能被視爲科學，不能視爲很不科學化的學科，不能視爲對未來科學遙不可及的假定，亦不能視爲從頭就拒斥任何科學性的那種形式。「實效範疇」與科學間的關係到底是什麼呢？

二、知識（總體知識〔savoir〕）

「實效範疇」不會標明知識之形式的特色——不論此「實效範疇」是先驗的、必要的條件，或者是已經爲歷史付諸應用的理性形式。但是兩者皆不能在時間的某一點上定義知識的狀態。它們都不能製作一個表格來顯示從時間的那一點之後，何者已被證明爲眞，並且居於完全被接受爲知識的地位。在另一方面，它們也不能製作一個表格來顯示何者已被接受而毋須證明或適當的舉證，或是何者被當作共同信仰來接受，或被當作由想像力支配的信仰。分析「實效範疇」就是去顯示按照什麼規則，一個話語運作可以形成話語對象、「聲明」、觀念，或理論選擇之組合。由此而形成的因素不會形成一個科學的理想性結構。它們關係的系統當然較不嚴格；但是它們也不是來自性質相異的實驗、傳統，或發現的種種相互堆積的知識，僅僅靠擁有它們的話語主體來銜接。它們是一個基礎，在其上連貫或不連貫的提議得以建造，多多少少正確的描述得以發展，查證得以進行，理論得以安置，它們爲將來要被揭露的一知識或幻覺的項目、一個被接受的眞理或一個被暴露的錯誤、一個確實的知識或一項被克服的障礙的先決條件。當然，這一先決條件也許不會被當作一套資料、一個被生活過的經驗來分析，它們深植於想像力或在知覺中（而由人類在歷史的過程中以理性的形式重加研究，或每一個人如想去重新發現深藏或包容於其中的理想意義，他必須自己去經受它們）。在一個從立即的知識到必然的運動中，它不是一種知識萌發以前的東西，也不是一古老的階段；它是一個元素的組合，而這一組合必須要由一話語運作所形成。如果一個科學話語不僅要被它的形式與紀律，而且被它所討論的目標、它使用的聲明型態、它所操縱的觀念、它運用的策略所構成與標明的話，這一元素組合必須要由一話語運作所形成。所以，如果一個話語要存在，該話語要與科學性的實驗或形式的準繩相符合（如有必要的話）。科學不見得要和曾經在過去和現在生活過的事物相連結（除非與科學相配合之理想式意圖要建立），而是要與那些曾經在過去和現在「被說過的」話語相連結。

這一元素的組合是由一話語運作在正規的方式下所形成，對一科學的構成也是不可或缺的因素，可以被稱之爲**知識**——雖然這些元素不見得一定要導致一個科學的產生。知識是我們可在話語運作中談論的東西，而且知識也可經此事實被詳加說明。由不同的話語對象（這些對象也許將來會或也許不會獲致一個科學的地位）所組成的領域（十九世紀的精神病學知識不是由一些我們以爲是眞的東西所組成的集合，而是由一個整套實習、單獨的東西，以及我們在精神病學話語範圍中所可討論的逸軌現象所組合）。知識也是一個空間，在其中主體也許會採取一個地位，而且言及在他的話語中會處理到的客體（由這個觀點來說，臨床醫學的知識是一整個醫學話語中的主體所運用的觀察、質疑、解難、記錄，及決定等功能的集合）。知識也是「聲明」相互連結及依屬的一個場地，在其中觀念出現，被定義、運用及轉變（在這一層次，十八世紀「博物學」的知識並非是被「說明」出來的事物總合，而是一整套的模式與場所，按照這一模式或場所，我們可將每一新的「聲明」融合到已經說過的事物中）。最後，知識是由話語所有種種運用及挪用之可能性來定義（因此，在新古典主義時期，政治經濟的知識不是由不同命題證實的命題，而是它在其他話語或非話語性運作中所作表明的各點之集合）。許多知識的集合並不依賴科學（這些知識既非科學在歷史上的雛型，也非它們實際的副產品），但是所有的知識都必須擁有一特殊的話語運作；而且任何的話語運作都可由它所形成的知識來定義。

考掘學不去探討「意識」／（專業）知識（connaissance）／科學這一軸線，而要去探討話語運作／（總體）知識（savoir）／科學的一個軸線。思想史在專業知識的因素中找到了它分析的平衡點（也因此被迫去接觸超越式的質詢），但考掘學在總體知識中找到分析的平衡點——也就是說，考掘學所在的一個領域中，其話語主體必須是被安置好且只依賴性，也永遠不能形成一有名無實的單位（不管是作爲一超越式的活動，或是一經驗意義）。

在此情況下，我們順理成章的應對**科學領域**（scientific domains）與**考掘學範疇**（archaeological territories）細加劃分：因爲此兩者的表明及組織原則極不相同。只有遵從某些建構法則的命題屬於一科學性的領域；至於與命題具有相同意義，述說同樣事情，或像「命題」一樣眞實的「斷言」，卻可能因爲屬於不同的系統性而被逐出這一領域之外。狄羅德在《Alembert 的夢》（*Le Rêve de d'Alembert*）中對物種發展所討論的話很可以表達該時代某些觀念或某些科學假說；它甚至可能預示一未來應驗的眞理。它不屬於「博物學」科學性的領域，但假如我們發現在它們之形構規則的運作至少是與李諾、布風、道賓頓或杰素的著作相同的話，它們的確屬於考掘學範疇。考掘學的領域可以延伸到哲學及文學的作品，以及科學的作品。知識不僅可在實際引證中得見，也可在小說傳奇、反應回想、敍述記載、制式法規及政治決定中發現。博物學的考掘學範疇包括布內（Bonnet）的《進化再生論》（*Palingénésie philosophique*）或德馬累的《累馬德》（*Telliamed*）（編按：《累馬德》〔*Telliamed*〕爲德馬累〔Benoît de Maillet,1656~1738〕的姓氏字母〔de Maillet〕反過來排列，當做作品集名稱），雖然這兩書在很大的程度上並不與當時一般所接受的科學規則相符合，或更少與後來成爲必要者相符合。「綜合文法」的考掘學領域包括了法不勒•德奧利維（Fabre d'Olivet）的想像（這從未有科學地位，而是屬於神秘思想的領域），其重要性不亞於歸屬性命題之分析（此命題被視爲一明白確切的眞理，而且在其中生成文法可以找到它的前身）。

話語運作與由它衍生出來的科學發展不必若合符節；而它們形成的知識既非一未完成的原型，也不是合成科學式的每日生活副產品。科學（就目下而言，忽略了具有科學性地位，或自以爲有科學性地位的話語，與那些眞正表現科學形式規則的話語之不同），以知識爲背景，在一話語形構中之元素中出現。這導致了兩個系列的問題：一科學性的區域在它所出現的考掘學領域中，其地位與角色如何？按照什麼秩序或什麼過程，在某一話語形構中的科學性區域才得以完成其出現？對這些問題我們目前還沒有解答，我們所能作的只是指出，朝什麼方向它們可以被分析。

三、（整體）知識與意識形態

一個科學一旦組成後，雖然擁有各種適合它的相互連屬關係，卻不會吸收形成一（讓該科學出現於其中的）話語運作的每一樣東西。科學也不會驅散環繞在它四周的知識，以求將其貶斥爲錯誤、偏見，或空想的「先史學」（prehistory）。病態解剖學不會將臨床醫學的「實效範疇」降低到科學性的規則。作爲一種認知的場所，知識不會消失於取代它的科學之中。科學（或不管什麼、但以此爲名的學問）在知識的領域中集中化，且在其中扮演一個角色。這個角色按照不同話語形構而變化，而且在其變化中受到修訂。在新古典主義時期被看作是心理疾病的醫學知識，在有關瘋狂的知識中只佔有一非常小的地位：它僅只構成後者許多接觸面中之一而已（其他的包括法律學、宗教決疑論、警察規則等）。另一方面，十九世紀心理病理學分析也被視爲一種心理疾病的專門知識，但卻在有關瘋狂的總體知識中扮演了一極其不同，但更爲重要的角色（一個模式的角色，以及制定決策的權威角色）。同樣的，十七世紀的經濟知識中科學話語（或科學假設）的功用與其十九世紀的功用亦不相同。在任何的話語形構裡，我們都可發現科學與知識的特殊關係；而考掘學不去定義這兩者間排斥和主從的關係（藉著嘗試去發現在知識中什麼仍規避拒絕科學，在科學中什麼仍受知識的影響或與之妥協），考掘學式分析必須積極去顯示一個科學如何在知識的元素中作用。

很可能就是在那相互作用的空間中，意識形態與科學間的關係得以建立。意識形態對於科學的掌握以及科學中意識形態的功能並不在它們理想結構的階層上清楚表現出來（即便它們多少可以以可見形式表達出來），亦不會在一個社會中它們的技術運用層次上表現出來（雖然該社會會獲得從它而來的結果），也不會在建立它的主體的意識階層表達出來；它們是在科學所根據的知識基石上被清楚的表示出來。假如意識形態的問題要與科學一塊來討論，我們可說其條件爲：在科學不與知識認同，但也不抹消或排斥知識的時候，科學是被置於知識之中，建構了它某些目標對象，將其中某些聲明系統化，將其部分觀念與策略形式化；

條件爲：此一發展一方面明確表達知識，修正它，並重新分配它，而另一方面肯定它，給予它確實性。或者其條件爲科學在話語規律性中找到其地位，且因此在一整個話語運作的範圍中被安置或不被安置，發揮功能或不發揮功能。簡而言之，科學的意識形態的問題並不是意識形態有多少反映的狀況或運作的問題，也不是它可能被使用或誤用的問題，而是意識形態以話語運作形式存在的問題，以及它夾處於其他運作中的功能問題。

讓我們將所有細節及中介性問題暫且擱置一旁。廣泛的來說，我們可以說在資本主義社會裡政治經濟佔有一席之地，政治經濟爲中產階級服務，是由該階級爲其本身利益而作成的，而且在其觀念及邏輯結構上它也有啓始的特徵。但任何對政治經濟的認知結構及它意識形態功能間關係更細膩的探討，必須考慮使得它生成的話語形構之分析，以及它所必須發展及系統化的目標、觀念，及理論選擇組合。而且我們必須顯示使得這樣一個實效性生成的話語運作是如何在其他運作中作用，且那些運作可能具有一話語性，但也具有一政治或經濟性的秩序。

這使得我們得以進一步提出幾個命題：

(1)意識形態不能自科學性中排除。很少話語會像醫學話語或政治經濟話語那般給予意識形態這樣大的地位。但如果我們把它們「聲明」的總體性看作是被錯誤、矛盾，及缺乏客觀性的因素所左右，這不是充分的理由。

(2)理論的矛盾、知識的空隙、缺失可能會提示出一個科學（或帶有科學意圖的話語）的邏輯功能，它們可使我們決定在結構中的那一點這一功能會生效。但是這一功能的分析則必須在實效性及形構規則和科學性的結構間的層次上進行。

(3)藉著自我修正，修改其錯誤，以及將其形式清晰化，話語不見得要將其與意識形態的關係分解。意識形態的角色並不因爲話語更趨嚴謹或錯誤而亦趨減少而減損。

(4)爲了要揭示及修訂一個科學而緊扣住一科學的意識形態功能，並不是要去顯露那潛伏於其中的哲學先見；也不是要回溯到使它成爲可能或使它合理合法化的基礎上：而是要去把它當作一話語形構般來質詢。它不是要去抱住它命題上形式的矛盾，而是要掌握它的目標對象的形構系統、它「聲明」的表述型態、它的觀念、它的理論選擇。意即把意識形態當作科學眾多運作功能中的一個。

四、不同的「門檻」及它們的編年表

去描述一個話語形構不同的出現時機是可能的。一個話語運作成就其單獨性及自主性的時刻，一個聲明形構的單一系統被付諸實現的時刻，或這一系統被轉化的時刻，可以被稱作是**實效性範疇的門檻**（threshold of positivity）。當處於一話語形構的運作中時，一「聲明」的組合被清晰表達，並付之以連貫和眞確的實在標準（即使是不太成功的），還有當它運用一主要功能（作爲一模子、一個批評，或一證明）於知識之上時，我們會說該話語形構跨越了一**認識論化的門檻**（threshold of epistemologization）。當如此勾勒出來的認知形象依循許多形式準繩，當它的「聲明」不只與考掘學式的形構規則吻合，而且與命題的建構所依據的某些法則相配合時，我們稱它已通過了**科學性的門檻**（threshold of scientificity）。而當這一種科學性話語能夠定義聲明所必要的準則，它運用的元素，它所認可的命題結構，及它所接受的轉化，當它因此能夠將自己當作一個起點，佈置它所構築成的形式架構時，我們說它已跨越了**形式化門檻**（threshold of formalization）。

這些不同「門檻」在時間上的分配，它們的連接順序、它們可能的偶合（或它們之缺少這類巧合）、它們相互支配控制或者相互糾纏的方式、它們被建立的條件等，都使它成爲考掘學探討主要的領域之一。事實上，這些「門檻」在時間上的順序是既非規律化也非性質相同的。話語形構並不按照規律化的間隔或在同一時間內通過這些「門檻」，好使人類的（專業）知識劃分成不同的時代。有的時候當許多話語「實效性」已經跨越了「形式化的門檻」，許多其他的「實效性」卻尚未達到「科學性」的門檻，或甚至「知識論化的門檻」。不僅此也，每個話語形構並不像生物成熟的自然階段一般輪流的通過這些不同的門檻；對後者來說，其中唯一的變數是間隔的長度及潛伏期而已。作爲事件而言，「門檻」實際上不具進化性質。它們獨特的秩序是每一話語形構的特色之一。

在某些案例中，「實效性」的門檻是早在「知識論」化的門檻前就已被跨越了。職是，作爲一帶有科學化傾向的話語而言，心理病理學在十九世紀初年隨著皮奈爾、亨諾斯及伊斯而被知識論化，但其話語運作卻遠較其先發展，而且早已獲得其自轄自主的權力以及規則性的系統。但也有的例子中，這兩項階段相互混淆，比如說當實效性建立時，同時包含了一認知形象的出現。有時候，科學性的門檻是和自一實效性轉化到另一實效性的情形相連接；但有時卻不同；所以自「博物學」（連同屬於它的科學性）至「生物學」（作爲一種研究不同有機體間相互關係而非只將生物分門別類的科學而言）的過渡，是和在居維耶時期一個實效性轉型成另一積極性的現象，同時發生的。另一方面，柏納德（Claude Bernard）實驗醫學，當時是以巴斯德（Pasteur）的微生物學的模式形成，修正了病理解剖學及生理學所需的科學性模式，但同時已建立的臨床醫學的話語形構卻並未因此而停擺。同樣的，因進化論產生而導致的生物學各學科的新科學性卻並未修正居維耶時期所定義的生物學實效性。在經濟學的例子中，這類不相連屬的例子更是不可勝數。在十七世紀，我們可以認清楚一實效性的門檻：此一門檻幾乎是與重商主義的理論與實際同時發生的；但是它的「知識論化」卻到後來世紀末或下世紀初，因洛克和堪提雍的論述才告發生。但是十九世紀隨著李嘉圖的理論卻爲兩者帶來了新的實效性模式及新的知識論化的形式，這兩者都爲古拿（Cournot）及舍望所修正，而其時馬克斯也以一政治經濟理論爲基礎揭示了一全新的話語運作。

假如我們在科學中只看到了各種「眞理」以直線模式累積，而不能認清其中的話語運作有它自己的層次、自己的門檻、自己各種不同的縫隙的話，我們只能描述一單一的歷史劃分。這一歷史劃分被我們拿來運用在各種形式和時間的知識上，這種區分是建立在已經確定具有科學性及尚未成爲科學性的兩種事物之間。所有其間不相連接的密度、縫隙的四散、效果的移轉、相互依賴的運轉等，都因此被減低到一種永遠自相重複、單調乏味的基礎上了。

也許只有對一種科學我們無法區分這些門檻，也不能描述類似的轉換：那就是數學。數學是唯一的話語運作在同時跨越實效性、知識論化、科學性，及形式化的門檻。它存在的可能性暗示了它在所有科學中透過歷史而一直被散置，也應該在一開始就被重視。它最原始的實效性要去持續一已經形式化的話語運作（即使其他形式化稍後要被用到）。所以它們之被建立的事實一方面是如此神秘難解，如此難以分析，如此被局限在全然啓始本源的形式內，但又如此的確實（它確實是可作爲一個起源、一個基礎）。也因此在第一個數學家的第一次姿態裡，我們已然得見橫亙整個歷史的那一種理想的形成，而我們只是不斷的重複及澄清這一理想而已。也因此數學的開始常常被當作確鑿的歷史原則來思考，而非一歷史事件般的來質疑。也因此，對其他科學而言，數學在歷史上起源的描述、其探究與失敗、它在晚近的生成，是與從測量土地的行爲中一躍而起、永不改變的幾何學的「超越一歷史」模式相連接的。但是假如我們把數學話語的建立看作是其他科學生成與發展的基本雛型的話，我們就會蹈入將歷史性的各種特別模式一視同仁的危險；或是犯了將一話語運作可能要跨越的各種不同門檻縮減成一單獨的罅隙的弊病，並因此隨時製造出「起源」的問題——歷史性-超越性分析的權力因此得以恢復。在大多數的科學追求形式上的嚴謹及表達性的努力中，數學當然是一個模式。但是對於一個質疑科學實際進展的歷史學家而言，數學是一個壞例子，這一個例子之所以不好，是因爲在最低限度內我們不能據之以綜論其他。

五、科學史的不同型態

我們前此所定位的複雜門檻使我們得以對歷史分析作出清晰的形式。首先，就形式化層次的分析而論：在數學自己的發展中，它從未停止詳述有關它自身在這一歷史層次的發展。在某一時刻它所擁有的（它的領域、它的方法、它所定義的對象、它所運用的語言）永遠不會再被擲回非科學性的外沿範疇，而是不斷在數學所構置成的形式結構中被重加定義（只要它一旦遭到冷落或暫時的停止活力）。這樣的過去是被當作一個較抽象較有力且存在於較高層次之理論的特別的例子、一單純的模子、一局部且未能充分綜論的草圖，來揭露的。數學將它眞正的歷史軌跡重新謄寫成近似、依賴、從屬、進展的形式化，及自我封閉之概闊性的語彙。對於這一數學的歷史（即由數學自己組成的歷史，以及數學討論自己的歷史），戴氏 (Diophantus) 代數並不是一懸而未決的經驗；而是一種自阿伯 (Abel) 及加羅伊 (Galois) 以來我們即已知曉的一個代數案例。希臘的竭盡法 (method of exhaustions) 並不是我們必須躲避的一種死胡同；它只是複合微積分一種最幼稚的雛型。每一個歷史事件有它自己的形式階層及所在。這一種**回歸再現性的分析** (recurrential analysis)，它只能在一合成的科學中（已跨越形式化門檻的科學）實現。

第二種歷史分析座落在科學性的門檻上，而且質詢本身如何在各種知識論的基礎上被跨越。它的目的是去發現，比如說，一個觀念（仍然被掩蓋以隱喩或想像的內容）是如何被釐清，以符合一科學觀念的地位及功能。去發現一個已經被規劃、已經部分被釐清的的經驗領域（但這些領域仍然爲立即實際運用或與這些運用相關的價值）是如何像一個科學領域般的被組成。去發現大體上一個科學是如何對應一「科學前」的階段而建立；此一階段既爲未來發展鋪路卻又同時拒絕它，而科學是如何克服那些阻礙它發展的局限和阻撓。巴許拉和康居漢爲這類歷史提供了例子。不像「回歸再現性分析」，這類歷史分析不需將它自己放在科學之中，在其建構中重新分配每一小節，運用它今天仍擁有的形式字彙去細表它的形式化。它顯示了科學自何者中解放，以及在朝向科學化門檻的過程中必須放棄的每件東西。這種描述把完全合成的科學當作是它的規則，它所敘述的歷史必須是有關對或錯、理性或非理性、阻礙及生產力、單純與不單純、科學與不科學的極端對立現象。這是一種科學的「知識論式」歷史。

第三種歷史分析的形式把「知識論化」的門檻當作攻擊的對象——攻擊的焦點是話語形構間的罅隙（爲它們的實效所定義，或由並非全是科學的知識形象（而且事實上可能永遠不會變成科學）所定義者）。在這一階段，科學性並不能作爲一個準則。在這一考掘學式歷史中，我們所試著要揭露的是那些話語運作——只要這些運作導生了一知識的集結，只要它們扮演了一個科學的角色或地位。在這一階段去研討歷史不是只描寫話語形構而不顧知識論上的結構；而是要去顯示科學的建立，以及其過渡到形式化的階段，是如何在一話語形構間出現，並且修正這一形構的實效性。所以，這樣一個分析是要根據對話語運作的描寫，勾勒出「科學的歷史」來；去定義按照那一種規律性，或是作爲何種修正的結果，它才能導生知識論化的過程，達到科學性的準則，以及可能達到形式化的門檻。我們在科學綿密的歷史中要找出話語運作的階層，不是要把話語運作放在比較深邃且原始的階層上，也不是要把它放在已生活過的經驗層次上（所謂「經驗」，是在地球上、在所有幾何學以前，以片段及不規則方式被賦予者，而在天上卻是透過所有星象學的網絡而閃爍者）。我們是想要揭露在實效性、知識、知識論的形象及科學間，整個差異、關係、鴻溝、移轉、獨立、自轄的情形，以及它們互相釐清其歷史性的方式。

這種探討話語形構、實效性、知識與認知形象與科學間之關係的分析，是被稱之爲**知識領域的分析**（the analysis of episteme），以有別於其他科學的歷史之可能的形式。這種「知識領域」可能會被誤疑爲是像「世界觀」之類的東西。這類所謂「世界觀」的東西像是一歷史的橫切面，與知識的其他分枝無異，而且強加於每一分枝上同樣的準則與假說，理性的一總括的階段，一個籠罩某一時代每個人的思想結構——一個約定俗成、一勞永逸的立法的總合。其實所謂「知識領域」指的是在某一時期，連結那些（衍生認知形象、科學，或可能形式化系統）話語運作間之關係的總合。或指的是在每一個話語形構中，過渡到知識論化、科學性，及形式化的座落及運轉的方式；指的是這些門檻的分配情形，門檻之間可以重合、從屬，或爲時間的移轉而劃分離開的情形；指的是在知識論形象或科學屬於相鄰但相異的話語運作範圍下，可能存在於它們之間的旁生關係。「知識領域」不是一（專業）知識的形式，或是理性的型態。這兩者跨越了最多樣性的科學界限，昭示了一個主體、精神或一個時代的一統性。「知識領域」是一各種關係集合的總體，這些關係在某一時代當我們在話語規律性的階層上分析各種科學時，可在它們之間得見。

因此，對「知識領域」的描述表現幾種基本的特色：它開展了一無窮盡的領域，而且永遠不會封閉。它的目標不是重新構築在某一時期中統御一切專業知識的假說的系統，而是去涵蓋一個無垠無盡的關係領域。此外，「知識領域」並不是一個靜止的形象，有一天挾帶泯滅其以前的一切的任務出現；相反的，「知識領域」是一個不斷變動的申明與移轉的組合、被建立起來的巧合，但更由此而引生出其他巧合。作爲在各科學、認知形象、實效性，及話語運作之間關係的組合，「知識領域」使我們得以把握在某一時間內，加附於話語之上的那些因素與限制。但是這裡的限制並不是那些將（專業）知識與無知、理性與想像、經驗與沉迷表象、巧想與推論，及演繹、相對立的負面限制。「知識領域」不是在某一時期可以被知道的東西，不適切的技巧所持的正確解釋、心理態度，或傳統所加諸的限制；而是在話語運作的實效性中，使得知識形象及科學成爲可能的東西。最後，我們看到「知識領域」的分析不是要回歸到批評性問題的方式（如「如果有一個像科學的東西存在，它的適切合理性是什麼？」）。「知識領域」的分析是一種質疑。它之所以接受科學的事實，無非是爲了要問，使某科學之爲一科學的到底是什麼？在科學性話語的迷陣中，「知識領域」的分析所詢問的，不是它作爲一種科學的權力，而是它存在的事實。而「知識領域」性的分析與其他種專門知識的哲學截然不同的一點，就在於前者不把這一事實連接到一本源給予式的行動的權威上（後者是在一超越的主體中建立「事實」及「權力」，而將這一事實連接到一歷史運作上）。

六、其他的考掘學式研究

到目前仍有一個問題懸而未決：我們可否想出一種考掘學式的分析，這種分析能夠揭露一知識整體的規律性，但它卻不會以知識論的形象與科學來分析那整體知識？難道只有朝向「知識領域」的分析才是一種朝向著考掘學的分析？難道考掘學非得僅只特別的作爲一種質詢科學的歷史的方式不可？換句話說，藉著將自己與科學話語相配合的方式，難道考掘學已經被一些不能超越的必須性所控制了嗎？或者它在一特殊案例的基礎上，爲那些可能有更廣闊運用餘地的分析形式提供了一個大綱嗎？

要回答這個問題，我自忖目前力有未逮。但是我卻很可以想像——這些想像有待更進一步的探討與檢視——考掘學實在可以朝不同的方向發展。比如說，有對於「性」所作的考掘學式描述。而且我可以明白的看到這類的描述是如何淵源於「知識領域」。我們可以顯示在十九世紀像性生物學及性心理學這類的知識論的形象如何形成；而且透過由佛洛依德所帶來的罅隙。我們可以顯示一個科學型態的話語是如何建立的。但我也可以看到另外一個可行的分析方向：我們不去研究在某一時期內人類的性行爲（藉著追尋在一社會結構、集體潛意識，或者在某一種道德態度中的法則），我們不去描述人類對性的想法如何（他們給予「性」

什麼樣的宗教解釋，他們贊成或不贊成性到什麼程度，它們引起了什麼樣的意見或道德上的衝突等）。我們要問我們自己，是否在這一行爲上，就像在上述這些表現中，整個話語運作在運作？是否性和其他導源於科學的話語的門徑相反，並不是一組可資談論的目標對象（或者它是被禁止討論的），也不是一個可能的聲明範疇（不論在抒情或在法律的語言），不是一組觀念的組合（這些觀念無疑可以以觀念或主題的基本形式表達之）、一套選擇（這些選擇可以出現在行爲的連貫或處方的系統上）。這樣的一個考掘學會顯示（假如它能成功的話），所有能用語文及其他形式表達出來的性的禁忌、排斥、限制、價值、自由及越軌，是連鎖到一個特別的話語運作上。它也會揭露（當然不是揭露性的最終眞理，而是我們能按圖索驥的許多層面之一）某一種「言談說話的方式」；而我們也會顯示這種「言談說話的方式」不是在科學的話語中運用，而是在一套禁忌與價值的系統中進行。這分析不會朝著「知識領域」的方向，而是朝著我們所謂的倫理方向被實現。

但另外一種可能的源頭也可見於下例。在分析一幅繪畫時，我們可以重建畫家潛在的話語，我們可以試著重新捕捉他意圖的呢喃，但這些意圖並未被「謄寫」成文字，而是成爲線條、表面，及色彩。我們可以試著去徵引、顯露可能形成他世界觀的哲學。我們也可以去質詢科學，或至少該時代的意見，以試著認清它們在畫家的作品中顯現到了何種程度。但考掘學式的分析有另一個目標：它會試著發現是否在某一時期內空間、距離、色彩、光線、對比、數量、大要等，在一話語運作中被考慮、指稱、表面，及觀念化；以及由這種話語運作所導生的知識可能不只是在理論與猜測、教授的方式和實行的符號中具體化形，而也是在過程、技巧，以及甚至是畫家的姿態中具體化。這一分析不想去顯示該繪畫是一種特別的「意義」或「述說」的方法，因爲它不用文字來表達。這一分析會試著顯示，至少在某一層次，該繪畫在技術與效果中烘托成形的正是話語運作。這樣來說該繪畫不一定要被傳抄成空間物質性的純粹視象（vision）；它也不是一赤裸的姿態，其靜默及永遠空虛的意義一定要自各種詮釋中解放出來。它被總體知識的「實效性」貫穿——而且獨立於科學專業知識及哲學主題之外。

對我而言，我們似乎也可以把政治知識拿來作類似型態的分析。我們可以試著分析是否一個社會、群落、階級的政治行爲是由一特別的、可以描述的話語運作來貫穿。這種「實效性」明顯的不會與該時期的政治理論或經濟決策相吻合。它會定義那個能夠成爲「聲明」對象的政治因素；這一聲明會採取的形式、運用於其中的觀念，以及其中所作的策略性選擇。我們不去朝著可能導生此知識的「知識領域」方向（這永遠是可能的）來分析這一知識，我們會朝著行爲、奮鬥、衝突、決定，及策略的方向來分析。如此我們就會揭示一整體的政治知識，這種政治知識不是某種將運作理論化的二流行徑，也不是一個理論的運用。因爲這一政治知識通常是由某一話語運作的規劃形成，而這一話語運作又是雜處於其他的話語運作中，並依據它們來表述。它不是一個所謂可以適切「反映」許多目標資料或眞實經驗的表達。從開始它就被銘刻在不同運行的範圍中，在其中它找到了它的明確性、它的功能，及它所依賴的網絡。假如這樣的一個描述是可能的話，我們就不會非得透過一個個人或集體意識的權威來求取一個政治運作及理論表達的地位，也沒有必要去發掘這個意識在什麼程度下可以一方面表達寂靜的條件，而另一方面又顯示它是容易受制於理論性的眞理。我們也沒有必要把意識行動（prise de conscience）的心理問題拿來討論；相反的，我們可以分析一知識的形成與轉化。我們所注意的問題，比如說，將不是去決定一個革命的意識自那一個時間開始出現，也不是經濟條件與理論的廓淸在這一意識衍生的過程中各自所扮的角色。我們將不去重新追溯作爲一典範的革命人物的生平，或是找出他的事業的起源，而是想要去解釋一話語運作的形成，或去解釋一套革命知識——此一知識導生了一社會的理論，而且操縱了該行爲及那些策略間的相互干預及轉變——如何在行爲及策略中表現出來。

對以上所提出的問題，即是考掘學只關注於科學嗎？難道考掘學永遠是一科學性的話語分析嗎？對這兩個問題我們可以各給一否定的答案。考掘學所想要描述的不是科學特別的結構，而是知識非常不同的領域。此外，考掘學雖然關切知識與知識論形象和科學間的關係，它也朝著不同方向質詢知識，而且以不同的關係組合來描述它。到目前爲止，我們只探尋了它與「知識領域」間的淵源。理由是，我們的文化無疑的爲一種傾向所刻劃：話語形構是不斷的被知識論化。藉著詢問科學，它們的歷史、它們奇怪的結合、它們的分佈、它們的縫隙、實效性的領域才得以出現；而也正是在各科學話語的罅隙中，我們得以掌握話語形構間的運轉衝擊。所以，新古典時期之所以是最容易描述、最有豐碩效果的領域，是一點也不足爲奇的。這個時代見證了自文藝復興以迄十九世紀間許多的實效性範疇被知識論化；而另一方面，知識的話語形構以及特殊的規律性在科學性及形式化最難達到的階層上被勾劃出來，也是不足爲奇的。但那只是一個大家喜歡攻擊的焦點；對考掘學而言，卻不是必須涵蓋的領域。

【第五部】

結論

——透過整本書，你花費許多心力要與「結構主義」劃清界線，或至少想要與通常我們使用該詞所含的意義脫離關係。你試著去顯示，你既不用結構主義的方法，也不用它的觀念，你不求與語言學描述的過程有任何瓜葛；而且你也不關心形式化的問題。但假若你不能趁機利用結構分析中最具積極性、最嚴謹、最明顯的優點，你作這些區分又有什麼價值呢？你試著去探討的那個領域對於這種工作並沒有什麼感受性，而它的豐富性又一再的規避你的結構所企圖涵蓋的範圍，那麼你的區分又有什麼價值呢？而且你顯然並不關心這些問題，只試著要掩飾你方法的軟弱無力，對於那個將你與眞正的結構分析分開，而且看來永遠會將你們之間分開、不可克服的距離，你卻故意用有意的區分來搪塞。

你想要欺騙我們的舉動並沒有成功。雖然你決定不採用某些方法並留下了一片空白，但你又在這空白中注入了一些不爲描述語言、神話，或文學作品者所習知的觀念。你談到了形構、實效性、知識、話語運作；在每一個階段你都沾沾自喜的指出這些觀念的特殊性及奇妙力量。但假如你原不想去運用結構主義一些最基本的主題（而且是那些構成最具爭論性和哲學上可疑的假說）於一個不能被化減到這些主題上的領域，你又爲什麼發明這些奇奇怪怪的東西呢？看起來你好像不在用結構分析經驗式而且嚴肅的工作，而只用了兩三個主題，這兩三個主題不是必要的原則而只是一些推測而已。

你試圖化約屬於話語的各個層次，忽略它們特別的不規則性；藏匿它所擁有的主動性及自由，而且遮掩虛飾話語在語言（langue）中所有的不平衡現象。你想封閉這些原本開展的情形。就像某種語言學的形式一樣，你想要拋棄說話的主體；你相信我們可以把話語和它所有與人類學的因緣切斷，而把話語當作是個不是由任何「人」所營建的東西，好像話語不是在特殊情況下出現，好像話語並未受到「重現」（representation）的影響，好像話語沒有申述的對象一樣。最後，你在話語上運用了一個同時性的原則；你不願看到話語也許和語言（langue）不一樣，基本是歷史性的；你拒絕認清話語不是由現成順手的因素所構成，而是由眞實的、連續性的事件所構成，且這些事件一定要擺在它們所發生的時間之內才可以被分析。

——你實在言之成理：我誤解了話語的超越性；在解釋話語時，我拒絕把它和一主體性相連結。我對它在時間上延伸的特性也沒有給予相當的考慮，好像把這一性質視爲當然。但這些並不意味我要把在語言（langue）範圍以內受到試驗的觀念及方法延展到該範圍以外。假如我談論話語，我不是要顯示語言（langue）的功能運作及過程是完全包含保持於話語之內，而是要去顯露在文字表達的綿密性中，所有能有的各種歧異的分析階層。去顯示：除了語言結構（或詮釋）的方法之外，我們仍可以詳加描述各種「聲明」，它們的形構，以及恰屬於話語的種種規則性。假使我中止了所有對說話主體的指涉，我並非想要發現適用於所有說話主體的結構或形式法則，也不是要發揚某一時期所有人類共通的話語。恰恰相反的，我的目標是要顯示在同一話語運作內，種種的歧異構成了什麼，人類又如何可能談論不同的目標，有相矛盾的意見，及作出相矛盾的選擇。我的目標也是要顯示在什麼方式下話語運作彼此相異。簡言之，我並不想要排除主體的問題，而是想要界定在話語的紛擾相歧情況下，主體所能佔有的地位與功能。最後，就像你所看到的，我並不否定歷史，而只是中止那些對變遷作綜合空洞分類的行爲，好去標示不同階層上的轉型。我拒斥時間化的一種整體劃一式的模型，它的堆積、驅除、重新運作的規則，它自己原始的形式，以及它自己連貫各種各樣順序的特別模式。

所以我並不是要把結構主義式工作帶到它合理的界限以外，而且你必須承認在《事物的類別》一書中我也從來沒有用過「結構」一字。但讓我們暫且把關於結構主義的爭議放下不論。在嚴肅學者已經遺棄的一些範疇裡，這些爭議也難存在。這種奇怪的爭議，過去可能說來頭頭是道，但現在不過是些可笑的舉動罷了。

——想要去避免這些議論是徒勞無功的；你可不能如此輕易的就迴避了這些問題。因爲這問題並不眞正切中結構主義。我當然看出結構主義內裡洞見的價值。當它在分析一個語言(langue)、神話、民間故事、詩歌、夢、文學作品，甚至也許電影，結構式描述揭露了一些關係，這些關係在其他情況下都不可能獨立起來。藉著描述重複出現之因素的對立形式，它們獨立化的規矩，結構分析使我們得以定義重複的因素；它也使我們可以訂下建構的法則、相對平等，以及轉化規則。儘管我當初開始會有所保留，我現在可以毫無困難的接受人的語言（langues）、他的潛意識、他的想像力是爲結構的法則所支配。但我所完全不能接受的是，一個人可以按照順序來分析科學話語，但卻不將其指涉到像一個組合活動這樣的事情。甚至在話語搖擺不定時也認不出一個有創造力的計劃，或一根本的目的論行將開始，不能發現連接它們，或者將它們引至我們能把握處的深遠的連貫性。我不能接受一個人可以如此分析理性的發展，並藉此將思想史從所有主觀色彩中解放出來。讓我們再進一步的解釋這一問題：我同意我們可以藉著建構的規則與因素來討論語言（langue）——至少在其他時空中的語言，這種語言是神話的語言，或者是屬於我們下意識或文學作品中那種十分奇特的語言。但是我們不能討論我們知識的語言，我在此時此地所用的語言，使我們能分析許多別種語言（langues）的結構話語，以及我們在歷史的縝密網絡下被認爲不可化約的語言。你當然不能忘掉，我們是在那個語言的基礎上（還有它緩慢的衍生，和使它成爲目前狀態的晦暗發展），我們才可以藉著結構的方式來討論其他的話語。就是那個語言給予我們這樣作的行爲性和權力；它形成了盲點，而且在這盲點之上，事物以我們今天所見的樣子在周遭被安排。我不在意當分析印歐神話或拉辛（Racine）的悲劇時，我們討論因素、關係，及不連貫性等話題。而且我甚至可以接受我們應該盡量避免有關說話主體的討論；但是我不贊成這些成功使我們有權將分析的矛頭迴轉到致使這些成功的話語形式上，而且質詢我們今天說話所站的地位。

那些分析的歷史（在分析中主觀性逃避了我們的注意）仍保持了它自己的超越性。

——對我而言，我們之間的不同似乎正在於此（而且比前面過分被討論的結構主義猶有過之）。就像你知道的，我對詮釋沒有多大喜好，但是請讓我就像作遊戲一樣，來談談我對你剛才所說的有多了解。你說：當然，我們現在必須承認，不管所有「後衛部隊」的攻擊，我們將演繹的話語形式化了。當然我們必須承認我們對於一個靈魂的歷史，或是一存在的計劃所作的描述，遠不如對一哲學系統的結構描述來得多。當然，不論我們對它怎樣的想，我們必須忍受那些把文學「全集」與語言（langue）的結構而非個人的生活經驗連接起來的分析。當然，我們必須放棄所有那些曾經領導我們到意識的統治權的話語。但是對我們在上半世紀所失去的，我們希望藉著那些分析的分析，或至少藉著我們應用於其上的基本質詢，來將其作次等程度的恢復。我們要問它們從何而來，朝向那一個未可知的歷史目標進行，什麼樣的天眞將它們與使其成爲可能的諸種條件相混合，什麼樣的形上範圍涵蓋了它們根本的實效性。準此，就算下意識不是（像我們所相信和堅信的那樣）意識的隱秘的邊緣，已是無關宏旨了。而神話不再是一種世界觀，或小說不是一個生活經驗的外向化，也是無關緊要了。因爲所有建立這些新「眞理」的理由是在嚴密的監管之下生成。這一理由既不是它自己，也不是它的過去，亦非使它成爲可能者，更不是那使我們的逃避成爲超越的屬性的東西。因爲我們對它——而且我們決定永遠不放棄它——可以提出本源的問題、第一次形成的問題、目的論的水平、時間的連貫性問題，也就是那一想法（現在已經成爲我們的）將會在歷史——超越性的統治下保持。這就是爲什麼，如果我們必須對這些結構主義兼容並蓄，我們不會讓我們「自己的」思想歷史受到汚點；我們不會讓那些自十九世紀以來即將其與本源或主觀性等問題綁在一起的「超越式線團」再度解開。對我們賴以藏身的堡壘，以及我們決心捍衛的信條，若有誰想接近，我們都要用一種寧爲玉碎不爲瓦全的姿態重複：「不要碰我一根汗毛」。

但我仍執迷不悟的向前進行。這不是因爲我胸有成竹或勝券在握，而是因爲對我而言，當前最重要的問題似乎是將思想史從它附屬於超越存在的情形下解脫出來。對我而言，問題的核心當然不是如何藉著把在語言（langue）領域中得到證明的類別分類應用到科學的生成或知識的發展上，以求把思想史結構化。我的目標是分析這一歷史，而且是要在目的論無法事先化約它的不連續狀況下進行；在沒有事先建立的水平籠罩下去規劃界定思想史；讓思想史在一沒有個人色彩的情況下被安置起來，而且沒有超越先驗的建構得以強加主體的形式於其上，將思想開展到一新境界而不必要保證「曙光」的重現。我的目標是將所有超越論的自戀傾向自思想史中清除。它必須要從那「失落的本源」的小圈子中解放出來，而且去重新發現它原來的限制到底在那裡。我們一定要顯示思想史不能再扮演揭示自康德以來理性論調即已不再擁有的超越性時光，或自胡塞爾以來數學理想即已不再擁有的超越性時光，或是自馬盧-龐蒂（Merleau-Ponty）以來被感知的世界的意義即不再擁有的超越式時光的角色

——儘管許多人仍致力要在其中發現此一超越論。

而且我以爲，儘管我們對結構主義的爭論帶來了許多疑點，我們仍然對互相十分了解。我的意思是，我們都互相了解對方想去作什麼。你要捍守一個連貫性歷史，使這一歷史適合於一目的論或無盡的因果過程。這實在是很正常的，但不能保衛它免於結構式的侵襲，而結構式分析並不能認識思想史中的運動、自發性，及內在的衝擊。你其實是想保持一個有創制權的意識之力量，因爲就是這些力量現在成了爭執的核心。但這樣的防禦應在別的地方展開，而不應該在議論本身產生的地方展開。理由是如果你認清一件經驗式研究，或歷史一些片段，可與超越論爭抗的權力，那你的主要論點也將另起爐灶了。也因此我們有了一連串的移轉與轉型：把考掘學當作是一種對本源，對先驗形式，對基礎行動的追尋，簡言之，把考掘學當作是一種歷史現象學（而正相反的，它的目的原本是要將歷史自現象學中解放出來）。然後去反駁說它沒有達成目標，它只發現了一系列經驗性事實而已，接著將考掘學式描述，以及它所想建立的門檻、縫隙、轉型等，與眞正的歷史學家工作（就是顯示連貫性，而其實數十年前這已不再是史家主要工作）作差異性比較，而斥責考掘學缺乏對經驗式的關切，然後把考掘學當作去描寫文化統合性的一種事業，並把最明顯的差異也一視同仁，也重新發現收縮性的形式之共通性（而考掘學的目標是定義話語運作的特殊性），並反對差異、變化、變動。最後是去把考掘學當作結構主義輸入歷史領域中（而它的方法及觀念其實不可能與結構主義相混淆），而後再顯示它不能像眞正的結構分析那樣作用。

這一整串的置換與誤解聽來振振有辭而且十分必要。它同時也有另一個好處相隨而來；就是能夠從一個迂迴的角度去接觸所有應該被容忍的，也不可能再被拒絕的結構主義形式，而且向它們說：「你看，如果你碰觸了那些仍屬於我們的領域，你自己會面臨什麼樣的問題。你的方法在別的地方有些確實性，但是它們的局限很快就會一覽無遺。所有你想要分析的具體內涵都會消弭遠蕩，你也會被迫放棄你謹愼戒懼的經驗主義；而且與你原意相違的，你仍會陷入一個奇特的結構上的本體論。所以你還是小心防衛你無疑已經到手的疆域爲妙，我們只是假裝讓步，因爲畢竟是我們已經定下了它們的界線。」但上一段辯論主要的利益當在於它掩飾了我們長久以來即陷入的危機，而且危機的性質仍每下愈況：這個危機是那個自康德以來即已自相印證的超越性反射，這一危機肇因於它對本源主題、回歸之承諾的關切，藉著這承諾我們避免了我們目前的不同。這一危機關係到一種人類學的思想，這種思想要把所有的問題藉著環繞於人的存在之問題來理出個頭緖，而且准許我們去從事實習性分析，這一危機關切所有人類意識形態。而最重要的，它關心主體的地位。你想要壓制的就是這樣的討論，而且希望藉著追求起源與系統、同時性與發展、關係與原因、結構與歷史等賞心悅日的遊戲，好將注意力從那上面引開。你確定你難道不是在玩弄一理論上的置換嗎？

——讓我們假設我們的爭論就在於你上面所說的那樣，讓我們假設我們的目的就在於攻擊或防守超越性思想的最後據點，而且讓我們承認的確是處於你上面所描述的危機中：那你所謂的話語的名堂到底是什麼呢？它從何而來，它從那裡得到說話的權力？它如何可被合法化？如果你只作了一些有關話語之出現和轉變的經驗式質問，如果你已描述了種種聲明、認知形象、一個知識的歷史形式之組合，你又怎麼逃避得了所有實證主義的天眞性呢？而且你的探討又怎能抵擋本源的問題，以及必須對一有創制權之主體的仰賴呢？但假如你聲稱你正開啓一個激進的審查、質疑，假如你想要把你的話語放在我們所處的地位上，你會非常明白這話語將進入我們的圈套，而且會適得其反的將它原想脫離的那個層次大大推展開來。所以要不就是你的話語不能碰到我們，要不就是我們掌握了它。無論如何，你已保證要告訴我們在過去十年你這麼固執的追求（但卻從來無意定義其地位）的話語是什麼。簡言之，它們是什麼？是歷史，還是哲學？

——我承認你這些問題要比剛才那些更讓我不好意思。但我也不是十分驚訝；我原來寧願要再把這些問題拖得更久一點的，這是因爲在目前及可見的未來，我的話語不但不能決定它所說話的所在，而且想要避那可以支持它的地點。我的話語是一有關其他種種話語的話語。但它不是要在其中找到一隱匿的律法，一個逍遙自在但卻難得一見的本源；它也不是要把自身當作一個起點，靠自己去建立一個以那些話語爲實際模子的總體理論。我的話語是試著要佈置一個分散的狀態，這一狀態永遠不能化約到一個表示歧異的單一系統；或是化約到一個與其他指涉無關的零星東西。我的話語是要去操作一離心裝置，使得任何一個中心都沒有定於一尊的特權。這一話語的角色不是要去驅散「湮沒」、「淡忘」的威脅，好在說過的話語或默不作聲的地方，重新發現它們出生的時刻（不管這一時刻是被視爲經驗上的創造，或是賦予它們起始的那超越性行動）。我的話語不打算回味本源，追溯眞理。相反的，它的工作是「製造」種種歧異不同：把它們像事物般的聚合起來，分析它們，並定義它們的觀念。我的話語不要巡弋各種話語的領域以求爲自己重新創造懸置已久的整體化系統，不要去發現所謂潛藏的「另一」話語原來也是與它自己同樣的（也不要一再玩弄**比喻**或**同義再重複**的把戲）。我的話語要製造**歧異差別**，它是一種細心的**診斷分析**。假如哲學是一種回憶或回歸本源的學問，那麼我所從事的就不能被看作是哲學；假如思想史只是要把已經湮沒的形象重新復活，那麼我所從事的也不能被稱之爲歷史。

——從你剛才所說的，我們必須至少推論你的考掘學不是一種科學。你讓它高下浮動，而且你的描述也不能給予它一確定的地位。無疑你的考掘學是那些可被看作是尙在初期的學科的另一種，這樣的一個學科給予作者雙重的便利：一方面不必建立明晰嚴謹的科學性，另一方面爲它將來開展了一種概括性，使得它自它誕生的麻煩問題解脫出來。你的考掘學是又一種計劃；這些計劃能在它們所不是的基礎上來確定自己的意義，永遠將它們基本的工作，它們確定的時刻，它們連貫性之明確的建立挪後。你的考掘學是許多自十九世紀以來被宣佈的基礎中的又一個：因爲我們很明白，在現代理論範圍內，我們所喜歡發明的不是可以舉證的系統，而是我們可以開啓眾多可能性、勾劃一個大要，且將其未來留給他人來完成的學科。但是它們的大綱一被列舉出來後，它們就與其作者同時聲消跡匿。而它們理應留存與其內的範疇仍是空蕪一片。

——的確，我從來沒有把考掘學當作是個科學般，或是未來科學的一種開端來討論。我曾經試著去刻劃出一些我實際所從事研究範圍的工作（以及許多改正的努力），而不只是揑造空中樓閣。考掘學這個字並毋須帶有任何預期的暗示，它只指出針對文字表達的分析所可能有的攻擊線：一個階層的特別化——如聲明及檔案的階層，一個領域的決定和舉例——如聲明的規律性、實效性，把這樣觀念當作形構規則的運用、考掘學的源承，及歷史的先驗。但是在所有的層次，及所有它的顛峯上，此一考掘學計劃都是與科學相關聯的，而且與一科學型態的分析相關，或者和具有嚴謹準則的理論相連。首先，它是和在考掘學式描述的知識中組成並建立其準則的科學相連接。對考掘學工作而言，這些科學是許多**科學-對象**（science-objects），就像解剖學、聲韻學、政治經濟學，以及生物學已經是「科學-對象」一般。它也與分析的科學形式相關聯，但與其或在層次、領域、或方法上有所不同，而且與其在具有特色的區分線上相互對應並立。藉著千萬被說出來的事物中，緊緊依附那（被定義爲文字**表**

現（performance）實際化的一個功能之）聲明，考掘學自別於對語言學**能力**（competence）範圍內活動的研究。後者組成一衍生的模子，以期定義「聲明」之可以接受的程度，而考掘學則企圖建立形構的規則，以期定義那些「聲明」之得以實現的條件。在這兩個分析的模子之間，由是有了許多相類之處，但也有許多相異之處（尤其是在關於形式化之可能的階段上）。無論如何，對考掘學而言，衍生文法扮演了一**相關的分析**（related analysis）的角色。此外，考掘學式分析所散置的位置，以及它們所涵蓋的範圍，都是基於其他的知識才得以表明的。在企圖（於所有對心理學或創制性的主體性之外）找尋可能處於種種「聲明」中的不同的主體地位時，考掘學觸及到今天心理分析正提出的問題。在企圖揭露觀念的形構規則、「聲明」的接續、關聯，及並存的模式時，考掘學觸及到知識論之結構的問題。在研究話語對象的形成，或是目標出現並且明朗化的範圍，還有在研究話語之適切的條件時，考掘學探觸到社會形構的分析。對考掘學而言，這些都是**相互有關的空間**（correlative spaces）。最後，在它能夠構成一有關生產的總體理論之範圍內，考掘學分析屬於不同話語運作的規則，發現可以被稱之爲它的**包含理論**（enveloping theory）。

如果我把考掘學放在許多其他已經被組成的話語之中，這不是因爲要給它一種不能被單獨了解的地位，也不是要在一永恆不動的位置圖中，確立它的所在。而是爲了要表現一與檔案、話語形構、實效性、「聲明」，及它們形成的條件有關的特殊領域。這一領域到目前爲止還沒有被當作任何分析的對象（至少，還不是那最精確、最不會把它化約成有關它的詮釋和形式化的分析的對象）；而這一領域卻不能保證（在目前我所處的研究初期）它將來會保持穩定及自治自轄。畢竟，考掘學也許只能扮演一個工具的角色，使我們得以用一種比過去較精確的方法，來表明社會形構及知識論式描述的分析；或使我們得以將對主體地位之分析連接到科學之歷史的理論上；或使我們得以確定一有關生產之總體理論與「聲明」之衍生性分析交會的所在。最後，也許我們會發現考掘學只是個名字，用來描寫當各理論性交會處之一部分現象。不論這一交會將導致一可單獨化的學問（它的初期特色及整個局限在此有個大概的交待），或者它將導致一連串問題（而這些問題目前的連貫性並不意味它會在別處重被提起），我現在都不能決定。而且老實的說，怎麼決定也許根本由不得我。因此，我同意我的話語也許會有一天和生成它和把它帶到目前狀況的形象一同消失。

——你對「自由」的尺度運用，人己有別，啓人疑竇，因爲你給你自己一整個自由的餘地，但卻居然拒絕去定義它。難道你忘了斤斤計較的要把別人的話語涵括在規則的系統中了嗎？難道你忘了你小心翼翼描述的所有限制了嗎？難道你沒有剝奪「個人」的權力，不讓他們介入自己話語所座落的實效性之中嗎？你所作的是將他們最微不足道的話歸納到一種一致性，這種一致性也把所有的小發明都一視同仁。你自己爲所欲爲，但卻不讓別人放手一搏，如果你明白你得以說話的情況，而且對人類行動及其可能性有較大信心的話，也許會好得多了。

——我恐怕你在此犯了一個雙重的錯誤：第一是你對我所企圖定義的話語運作有誤解，第二是你賦予人類自由的角色也有誤解。我所試圖建立的實效性決不能被當作是 套有外部強施於個人思想上的決定，或事先自內部禁止思想的流通的決定。我所定義的實效性組成了一組條件，按照這些條件一個話語運作即得以施行，按照這些條件該運作導生半新或全新的聲明，也按照這些條件該運作可以被修正。與其說這些實效性是加諸於主體主動性的一些限制，還不如說它們構成一個範圍，在其中主動力得以申明（但該範圍不會組成主動力的中心），或構成一些主動力付諸實用的規則（但主動力不會已發明或形成這些規則），或是構成支援主動力的關係（主動力不是這些關係的最後結果，也不是它們匯合的焦點）。實效性要顯現話語運作的複雜綿密性；也顯現出談論它就是要去有所作爲——這一作爲不是只去表達一個人所想的而已；去傳譯一個人所知道的東西，以及除了玩弄一個語言（langue）以外的東西；去顯示，如果要在已經先存在的系列聲明之上再加一個「聲明」，就是去表現一個複雜及代價浩大的姿態，這一姿態包含了條件（不僅止於一個狀況、一個背景，及動機），及規則（不是建構的邏輯及語言性規則）；去顯現一個話語秩序中的轉變並不以「新觀念」、一點小發明小創造，或一個不同的心態爲其先決條件，而是以一運作的轉型，或甚而包括毗鄰運作，乃至於它們共同的表明的轉型，爲其先決條件。我並沒有（實際恰恰相反）

否定轉換的話語之可能性：我所剝奪的只是主體對話語之轉換所擁有的排他性、現成性的特權而已。

現在輪到我來問你一個問題；假如你把轉變與意義、計劃、本源、回歸、創制性主體等主題相連接；簡言之，假如你把改變與那個保證歷史永恆不變的宇宙之道理的整個主題相連接，你怎麼來看至少發生在科學性秩序及話語範圍中的改變與革命呢？假如你按照動盪的、生理學的、進化論式的隱喩（在其中歷史變動的難題通常被化解了）來分析改變，你賦予了它什麼樣的可能性？更精確的說，假如你在話語中只看到一點薄弱的透明性，這點話語透明性在事物與思維的限制內一閃即滅，你又賦予了改變什麼樣的政治地位呢？過去兩百年來歐洲革命的話語以及科學話語等的運作難道還不能使你認淸，文字記載只是歷史嚴肅事件中輕描淡寫的無根之言嗎？或者，難道我們一定要下結論說，只爲了拒絕這個教訓，你是橫下心要誤解話語運作本身存在的意義，或是說你不顧這一教訓，你仍想維持一個唯心的、理想知識的、理念和意見的歷史嗎？當有人告訴你有關一個運作，它的條件、規則和它歷史性的轉型時，是什麼樣的恐懼使你硬拿「意識」這類的字眼來搪塞呢，是什麼樣的恐懼使你跨越了所有的限制、縫隙、轉移，和分化，而去追尋那有關西方歷史超越性的命運呢？

對我而言，這個問題的唯一答案是一個政治性的答案。但今天讓我們先把這個擱到一邊，也許我們很快以另一種途徑來探討它。

這本書之所以寫成，就是爲了要克服一些基本的難題。像任何人一樣，我知道我大概十年以前開始的這項工作是多麼的難以討好。我也知道，我討論話語時不依循那文雅安靜而又親切的「意識」（這亦表現於其中），而經由一套隱晦無名的規則的作風，是多麼的令人生厭。大家一向習慣欣賞天才與自由，但我卻要在天才和自由的所在中，去顯露一個話語運作的限制與必要，這是多麼令人不快的事。話語的歷史自古至今一直是作爲有保障性的生命的象徵，或者是爲存活過者有意築成的連貫性所生色，現在我卻要把它們看作是一些轉型的現象，這是如此惱人的事。我更知道每一個人在說話時都想要（也以爲）把他「自己」的種種放到自己的話語中，但現在我自己卻要去分割、分析、合併、重組這些重啓緘默的「作品」，卻不許「作者」（兼指傅柯本人）氣急敗壞的出來叫罵：「什麼！所有這些重重疊疊的文字，所有在那些紙上所作的記號而且呈現在千萬人的眼前的東西，還有我爲了使這些記號傳諸久遠所花的苦心，爲了要保存它們並將它們銘刻在人們記憶中所費的心血——怎麼所有這些都得面臨考驗，怎麼什麼都不能留下以慰那曾經記錄它們的手，以慰那只有在這些記號文字中找到慰藉的焦慮，或以慰只有在這其中才能找到完整意義的生命呢？話語在它自己最深刻的決策中，難道不就是要留下『軌跡』嗎？難道它的呢喃不就是那把意義傳諸不朽存在的點點薪火嗎？難道我們必須承認，話語的時間不是意識的時間延伸到歷史的層次嗎？難道我必須假設，我在我自己話語中都不能佔有一席之地嗎？難道我不是在驅除死亡反而在建立死亡嗎？或者說難道我必得假設我必須毀棄我的內爍性而就外緣性，而這一外緣性對我的生命卻如此冷漠無情，如此**中立**，而且我的生死在其中也難分輕重嗎？」這一切都的確是令人難堪的！

我了解所有這樣的人的不安。他們也許會覺得很難去理解他們的歷史、他們的經濟、他們的社會運作、他們說的語言（langue）、他們祖先的神話，甚至他們在孩提時所聽到的故事，都是被他們的意識所不能完全掌握的規則所控制著。這些人也不會願意他們的話語（在其中他們想去立即且直接的說出他們想到的、相信的，或想像的事情）被永劫不復的剝奪，而由可以分析的規則和轉型所統治；也不願話語失去那份溫馨慰藉的肯定感；這份肯定感使他們認爲只要用個新鮮字眼，而且用這個由他們自己所作，並會永遠切近字源的字眼，那麼他們就算不能改變世界或生命，也至少可以改變他們的「意義」。在他們的語言（langue）中，有這許多的東西已經隱遁難覓。這些人可不想**他們所說的話**也落個這樣下場；他們必須不惜一切代價來保存那些話語的枝枝節節——說出來的也好，寫下來的也好——他們生命的延續就是靠這些細節孱弱不定的存在。他們不能忍受（而這眞不禁讓我們油然而生同情之意）聽到有些人說：「話語不是生命；話語的時間不是你我的時間；在其中，你將不會和死亡妥協；你的話語也許已經殺死了上帝；但你可不要以爲就以你所說的一切，你就可以造作一個比祂活得更久的人。」

附錄

人名小註

Abel, Niels Henrik（1802–1829），挪威數學家，創建一套三角功能的理論。他的著作對十九世紀的數學具深遠影響。

Adanson, Michel（1727–1806），法國植物學家，曾依植物外形特色，建立一個植物分類和命名的體系，強調科的分類。

Anquetil-Duperron, A. H.（1731–1805），語言學家；一般認爲，他是第一位以現代歐洲語言翻譯祆教經典的人。

Arnauld, Antoine（1612–1694），十七世紀著名的堅忍派神學家，倡導自由意志與命定論等觀念，其綽號爲「偉大的阿諾」。

Artaud, Antonin（1896–1948），法國劇作家、詩人、演員、超現實運動的理論家，創設一種以原始儀式經驗解放人類下意識的劇場，名爲「殘酷劇場」。

Bernard, Claude（1813–1878），法國生理學家，其重大發現包括胰臟在消化中的角色，肝醣的功能，和血管舒縮神經調節血液供應的功能。

Bichat, Marie-François-Xavier（1771–1802），解剖學者兼生理學家，曾對人體細胞組織作

系統性研究，並藉此建立組織學。

Bleuler, Eugen（1857–1939），心理學者；他是第一位以人格分裂症（schizophrenia）這術語描述精神分裂病症。

Blumenbach, Johann Friedrich（1752–1840），德國生理學家兼比較解剖學家；一般咸稱他是物理人類學之父，曾提出一套人種分類方法。

Bonnet, Charles（1720–1793），瑞士博物學者兼哲學家，發現單性生殖，並研發進化論的激變理論。

Bopp, Franz（1791–1867），德國語言學家，建立印歐語言的比較研究，並發展一套語言分析的方法。

Broussais, François-Joseph-Victor（1772–1838），法國醫生，其所提倡水蛭放血治療和禁食曾在十九世紀早期成爲巴黎醫界的主要治療方法。

Buffon, Georges-Louis, count of（1725–1788），法國博物學者，其所著《一般與特殊博物學》爲該領域之經典。

Butor, Michel（1926-　　），法國小說家兼散文作家，同時也是一九五〇年代崛起之前衛小說創作「新小說」(nouveau roman) 的代表人物之一。

Cantillon, Richard（？-1734），愛爾蘭經濟學者、金融專家，曾著有論述，探討現代經濟學。

Colbert, Jean-Baptiste（1619-1683），法王路易十四之主計長兼海軍大臣。

Condillac, Étienne Bonnet de（1715-1780），哲學家、心理學家、邏輯學者、經濟專家，極力在法國倡導洛克的理念。

Cournot, Antoine-Augustin（1801-1877），法國經濟學者和數學家，是數理經濟學的先驅。

Cuvier, Georges, Baron（1769-1832），法國動物學家和政治家，創建比較解剖學和古生物學兩門學科。

Daubenton, Louis-Jean-Marie（1716-1800），博物學家，也是比較解剖學和古生物學這兩大領域的先驅。

Désarglles, Girard（1591–1661），數學家，研發投射幾何的重要概念。

Destutt de Tracy, Antoine-Louis-Claude, count of（1754–1836），法國哲學家、軍人，曾創建意識形態哲學學派。

Diderot, Denis（1713–1784），法國文學家及哲人，曾於一七四五至一七七二年間主編百科全書；該書爲啓蒙時期重要著作之一。

Diophantus（AD 250），希臘數學家，以代數學的研究著稱於世。

Esquirol, Jean-Étienne-Dominique（1772–1840），法國心理醫生，也是第一位綜合精確的臨床經驗和統計分析以探究精神疾病的法國學者。

Euler, Leonhard（1707–1783），瑞士數學家及物理學者，是純數學研究的創始人之一。

Galois, Évariste（1811–1832），法國數學家，所著稱於世的貢獻是高級代數中群體理論的研究。

Gresham, Sir Thomas（1518–1579），英國商人、金融專家，是倫敦證券交易所的創始人。

Grimm, Jacob Ludwig Carl（1785-1863），畢生極力採集民謠及民間故事，而導致民俗學的誕生。

Herder, Johann Gottfried von（1744-1803），德國文評家、神學家、哲人，是狂飆運動的代表人物之一。

Husserl, Edmund（1859-1938），德國哲學家，創建現象學，專注於人類意識活動的描述與分析。

Jevon, William Stanley（1835-1882），英國邏輯學者及經濟學家，曾於其著作《政治經濟學理論》中闡釋價值邊際利用理論。

Joyce, James（1882-1941），愛爾蘭小說家，以其在語言和小說創作技巧的實驗享譽，是意識流（stream of consciousness）小說的代表人物之一。

Jussieu, Bernard de（1699-1777），法國植物學者，曾依照植物胚胎在解剖學上之特性，建立一套植物分類的方法。

Keynes, John Maynard（1883-1946），英國經濟學家、記者、金融專家，曾研發革命性的

經濟理論，探究長期失業率偏高的原因。

Kraepelin, Emil（1856–1926），德國心理醫生，曾創建一套精神疾病的分類系統。

Laënnec, R. T. H.（1781–1826），法國醫生，聽診器的發明人，也是胸腔醫學之父。

Lamarck, Jean-Baptiste（1744–1829），法國生物學先驅，也是第一位進行化石與有機組織比較研究的學者。

Lavoisier, Anttoine-Laurent（1743–1794），法國科學家，現代化學的創始人。

Law, John（1671–1729），蘇格蘭幣制改革專家，曾設計「密西西比計畫」，幫助法國拓展美洲殖民地。

Linnaeus, Carolus（1707–1778），瑞典植物學者及探險家，創建基本分類原理，解釋有機體的屬和種之區分。

Mallarmé, Stéphane（1842–1898），法國詩人，象徵主義運動的代表人物。

Merleau-Ponty, Maurice（1908–1961），哲學家，法國現象學的泰斗。

Michelet, Jules（1798-1874），法國國家主義史學家，以《法蘭西歷史》一書著稱於世。

Morgagni, Giovanni Battista（1682-1771），義大利解剖學和病理學專家，其著作使解剖學成爲一門精密的學科。

Pasteur, Louis（1822-1895），法國化學和微生物學學者，曾研究證明微生物是發酵和疾病成因。

Peirce, Charles Sanders（1839-1914），美國科學家、邏輯學者、哲人，其有關實證論（Pragmatism）及邏輯關係的著作對現代語言學和文學研究都有重大影響。

Petty, Sir William（1623-1687），英國政治經濟學者和統計學者，曾於其著作中論國家在經濟發展中所扮演的角色，並觸及勞力價值理論。

Pinel, Philippe（1745-1826），法國醫生，極力倡導以人道醫療方式對待精神病患。

Quesnay, François（1694-1774），法國經濟學者，是第一個政治經濟學派「重農主義學說」的創始人。

Racine, Jean-Baptiste（1639–1699），法國詩人和劇作家，是法國古典悲劇的大師。

Ramus, Petrus（1515–1572），法國哲人、邏輯學者、修辭學者，其理論曾於一六及十七世紀期間，在歐洲造成一股極大風潮。

Rask, Rasmus（1787–1832），丹麥語言學者，是比較語言學的主要創始人之一。

Saussure, Ferdinand de（1857–1913），瑞士語言學家，其有關語言結構的理念爲二十世紀語言學研究奠下基礎。

Turgot, Anne-Robert-Jacques（1727–1781），法國經濟學家，曾任路易十五的行政官，以及路易十六的主計長。

Vico, Giambattista（1668–1744），義大利哲學家，專注於文化史和法律研究，是當代文化人類學（亦稱民族學）的先驅。

Willis, Thomas（1621–1675），英國醫生，爲醫療化學（iatrochemistry）的創始人之一，專注於人體中化學作用之研究。

Wittgenstein, Ludwig（1889-1951），生於奧地利的英國哲學家，其所倡言之懷疑論哲學對二十世紀哲學和文學研究有深遠影響。

國立中央圖書館出版品預行編目資料

知識的考掘 / 米歇・傅柯 (Michel Foucault)
著 ; 王德威譯. --初版. -- 臺北市 : 麥田,
民82
面 ; 公分. -- (麥田人文 ; 2)
譯自 : L'archéologie du savior
ISBN 957-708-119-3 (平裝)

1. 知識論

161 82006774